高等职业教育"十二五"规划教材

Qiyou Fadongji Gouzao yu Weixiu
汽油发动机构造与维修

主编 刘锐 高寒
主审 耿金兵

人民交通出版社

内容提要

本书为高等职业教育"十二五"规划教材。本书基于学习情境设计,以任务作驱动,以项目为载体,将理论知识与实践操作进行一体化的教学设计,重点介绍了汽油发动机构造、工作原理和检修过程中所需要的知识和技能。本书共分为8个项目,分别为曲柄连杆机构的维修、配气机构的维修、汽油机燃油喷射供给系统的维修、进排气系统的维修、电子控制系统主要元件的检修、点火系统的维修、冷却系统的维修、润滑系统的维修。

本书主要供高职高专院校汽车运用技术、汽车检测与维修等汽车类专业教学使用。

图书在版编目(CIP)数据

汽油发动机构造与维修/刘锐,高寒主编. —北京:人民交通出版社,2013.3
高等职业教育"十二五"规划教材
ISBN 978-7-114-10216-5

Ⅰ.①汽… Ⅱ.①刘… ②高… Ⅲ.①汽车—汽油机—构造—高等职业教育—教材②汽车—汽油机—维修—高等职业教育—教材 Ⅳ.①U464.171

中国版本图书馆 CIP 数据核字(2012)第 279921 号

高等职业教育"十二五"规划教材

书　　名:	汽油发动机构造与维修
著 作 者:	刘　锐　高　寒
责任编辑:	翁志新
出版发行:	人民交通出版社
地　　址:	(100011) 北京市朝阳区安定门外外馆斜街 3 号
网　　址:	http://www.ccpress.com.cn
销售电话:	(010) 59757973
总 经 销:	人民交通出版社发行部
经　　销:	各地新华书店
印　　刷:	中国电影出版社印刷厂
开　　本:	787×1092　1/16
印　　张:	14
字　　数:	329 千
版　　次:	2013 年 3 月　第 1 版
印　　次:	2016 年 8 月　第 2 次印刷
书　　号:	ISBN 978-7-114-10216-5
定　　价:	49.00 元

(有印刷、装订质量问题的图书由本社负责调换)

编委会

主　任：明平顺（武汉理工大学）
副主任：林　平（福建船政交通职业学院）
　　　　刘　锐（吉林交通职业技术学院）
委　员：陈文均（贵州交通职业技术学院）
　　　　段泰崃（重庆交通职业学院）
　　　　郭远辉（四川交通职业技术学院）
　　　　何细鹏（武汉交通职业学院）
　　　　姜　攀（武汉交通职业学院）
　　　　李大光（吉林交通职业技术学院）
　　　　李　明（吉林交通职业技术学院）
　　　　廖向阳（湖南交通职业技术学院）
　　　　屈亚锋（武汉交通职业学院）
　　　　曲英凯（吉林交通职业技术学院）
　　　　史　婷（武汉交通职业学院）
　　　　唐晓丹（上海科技职业学院）
　　　　王贵槐（武汉交通职业学院）
　　　　王秀贞（邢台职业技术学院）
　　　　徐静航（吉林交通职业技术学院）
　　　　易　波（湖南交通职业技术学院）
　　　　张立新（辽宁省交通高等专科学校）
　　　　周春荣（重庆交通职业学院）
　　　　周　燕（南京交通职业技术学院）

前言

为落实《国家中长期教育改革和发展规划纲要（2010－2020年）》精神，深化职业教育教学改革，积极推进课程改革和教材建设，2010年10月，全国十几所高职院校的汽车专业的骨干教师及相关汽车企业专家齐聚武汉，参加了由人民交通出版社组织的高等职业教育"十二五"规划教材编写会议，在会上成立了编写委员会，策划启动了本套教材，希望为高职高专院校汽车专业建设尽一点绵薄之力。

本套教材从编写到审校，都是由职业院校汽车专业的教师与相关企业的技术人员一起合作完成的，真正实现了学校和企业的紧密结合。教材基于学习情境设计，以任务作驱动，以项目为载体，将理论知识与实践操作进行一体化的教学设计，体现了工学结合的本质特征——"学习的内容是工作，通过工作实现学习"，突出学生的综合职业能力培养。本套教材的编写，打破了传统教材的章节体例，以具有代表性的工作任务为一个相对完整的学习过程，围绕工作任务聚焦知识和技能，体现行动导向的教学观，提升学生学习的主动性和成就感。

《汽油发动机构造与维修》是本套教材中的一本。本书易教易学，以典型任务为切入点，引领相关理论知识，图文并茂地诠释了汽油发动机的结构、原理及维修方法，真正做到了将汽车理论知识与生产实践紧密结合，体现了理论源于实践再应用于实践的转化过程。

本书是以轿车为主来介绍汽车发动机知识，所以，对于载货汽车发动机部分内容本书未做详细阐述。

参加本书编写工作的有：吉林交通职业技术学院的刘锐（编写项目一中任务一、任务二，项目三中任务一、任务二，项目四中任务二、任务四，项目六中任务一）、高寒（编写概述、项目二）、曲英凯（编写项目五）、张万春（编写项目四中任务五）、郭玲（编写项目一中任务三）、汲羽丹（编写项目三中任务三）、娄万军（编写项目四中任务三）、金守玲（编写项目四中任务一）、商建军（编写项目七中任务二），吉林省吉刚汽车贸易有限公司李明（编写项目六中任务二、任务三）、刘跃东（编写项目八）、滕飞（编写项目七中任务一），长春金山丰田汽车销售服务有限公司高一强（编写项目四中任务六）。全书由吉林交通职业技术学院的刘锐、高寒担任主编，吉林交通职业技术学院的曲英凯、吉林省吉刚汽车贸易有限公司的刘跃东担任副主编，长春通立汽车服务有限责任公司耿金兵担任主审。

限于编者经历和水平，教材内容难免有疏漏和不当之处，希望各高职院校在使用本教材时，及时提出意见和建议，以便再版时补充完善。

编委会

2012 年 6 月

目 录
> MULU

概述 ·· 1

项目一 曲柄连杆机构的维修 ··· 12
任务一 更换汽缸垫 ·· 12
任务二 更换活塞或活塞环 ··· 18
任务三 更换主轴承 ·· 33

项目二 配气机构的维修 ·· 45
任务一 更换正时皮带 ·· 45
任务二 检查与更换液压挺柱 ··· 52
任务三 更换气门 ··· 57
任务四 更换凸轮轴正时调整器 ··· 63

项目三 汽油机燃油喷射供给系统的维修 ································· 72
任务一 认知汽油机燃油喷射供给系统 ·· 72
任务二 检测与更换汽油泵 ··· 84
任务三 检测、清洗与更换喷油器 ·· 92

项目四 进、排气系统的维修 ··· 101
任务一 更换空气滤清器 ·· 101
任务二 更换三元催化转换器 ··· 105

任务三　检测 EGR 阀 ………………………………………………………… 110
　　任务四　检测与更换二次空气控制阀 …………………………………………… 116
　　任务五　检测进气歧管转换电磁阀 ……………………………………………… 119
　　任务六　更换涡轮增压器 ………………………………………………………… 125

项目五　电子控制系统主要元件的检修 ……………………………………… 133
　　任务一　检测与更换空气计量装置 ……………………………………………… 133
　　任务二　检测凸轮轴/曲轴位置传感器 ………………………………………… 143
　　任务三　检测与更换氧传感器 …………………………………………………… 150
　　任务四　检测与更换节气门位置传感器 ………………………………………… 161

项目六　点火系统的维修 …………………………………………………………… 168
　　任务一　更换点火开关 …………………………………………………………… 168
　　任务二　检查与更换火花塞 ……………………………………………………… 174
　　任务三　检查点火提前角 ………………………………………………………… 180

项目七　冷却系统的维修 …………………………………………………………… 189
　　任务一　检查与更换冷却液 ……………………………………………………… 189
　　任务二　更换水泵 ………………………………………………………………… 195

项目八　润滑系统的维修 …………………………………………………………… 200
　　任务一　更换润滑油 ……………………………………………………………… 200
　　任务二　更换机油泵 ……………………………………………………………… 210

参考文献 ……………………………………………………………………………… 216

概 述

发动机是将其他形式的能量转变为机械能的一种机械装置。汽车所采用的发动机绝大多数是内燃机。内燃机是燃料在发动机内部燃烧的一种热力机。内燃机每实现一次热功转换，都要经历一系列连续的工作过程，构成一个工作循环。

根据所用燃料的不同，汽车发动机分为汽油发动机（简称汽油机）和柴油发动机（简称柴油机）。汽油机通常是将汽油直接喷入进气管或汽缸内，与空气混合形成可燃混合气，再用电火花点燃，这种发动机被称为汽油喷射式发动机。汽车用柴油机使用的燃料一般是轻柴油，它是通过喷油泵将柴油直接喷入汽缸，与汽缸内经过压缩的空气混合，使之在高温下自燃作功。

1. 发动机的基本组成

汽车发动机的结构形式很多，即使是同一类型的发动机，其具体构造也是有所不同的。但就其总体结构而言，基本上都是由曲柄连杆机构、配气机构、供给系统、润滑系统、冷却系统、点火系统（柴油机无此系统）、起动系统和发动机管理系统组成。桑塔纳 AJR 发动机的总体结构如图 0-1-1 和图 0-1-2 所示。

1.1 曲柄连杆机构

曲柄连杆机构由机体组、活塞连杆组、曲轴飞轮组三部分组成。机体组由汽缸体、曲轴箱、汽缸盖、汽缸套、汽缸垫及油底壳等组成；活塞连杆组主要由活塞、活塞环、活塞销、连杆等组成；曲轴飞轮组由曲轴、飞轮、扭转减振器、平衡重等组成。曲柄连杆机构的功用是将燃料燃烧时产生的热能转变为活塞往复运动的机械能，再通过连杆将活塞的往复运动变为曲轴的旋转运动而对外输出动力。

1.2 配气机构

配气机构由气门组和气门传动组组成。气门组由气门、气门弹簧座、气门弹簧、气门导管组成。气门传动组由曲轴正时齿轮驱动的凸轮上的正时齿轮（或正时链轮和传动链条，或正时带轮和传动皮带）、凸轮、气门挺杆、推杆、摇臂、摇臂轴等组成。配气机构的功用是按照发动机各缸的作功次序和每一缸工作循环的要求，定时地开启或关闭进、排气门，使新鲜可燃混合气（汽油机）或空气（柴油机）及时充入汽缸，并把汽缸内的废气及时排出汽缸。

1.3 供给系统

汽油机供给系统由进排气装置、供油装置两部分组成。进排气装置包括空气滤清器、进气软管、进气总管、进气歧管、排气歧管、排气管、三元催化转换器、中间消声器和主消声器等；

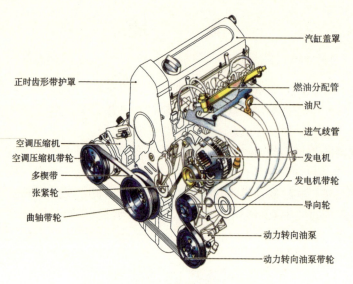

图 0-1-1　桑塔纳发动机总体结构（外形图）

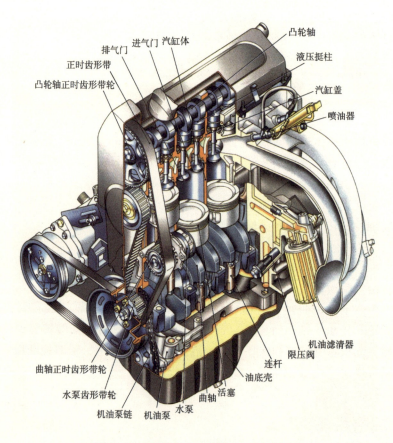

图 0-1-2　桑塔纳发动机总体结构（纵剖图）

供油装置包括汽油箱、汽油泵、汽油滤清器、燃油压力调节器和喷油器等。供给系统的功用是把汽油和空气混合成合适的可燃混合气供入汽缸，以便燃烧，并将燃烧生成的废气排出发动机。

1.4　点火系统

点火系统由电源（蓄电池或发电机）、发动机电子控制单元、凸轮轴位置传感器、发动机转速传感器、空气流量传感器、冷却液温度传感器、进气温度传感器、爆震传感器、节气门位置传感器、带输出驱动级的点火线圈组件及火花塞等组成。点火系统的功用是保证按规定时刻及时点燃汽缸中被压缩的混合气。

1.5　冷却系统

冷却系统主要由水泵、散热器、风扇、汽缸体放水阀以及汽缸体和汽缸盖里铸出的空腔——水套等组成。冷却系统的功用是把受热机件的热量散到大气中去，以保证发动机正常工作。

1.6　润滑系统

润滑系统由机油泵、集滤器、限压阀、润滑油道、机油粗滤器、机油细滤器和机油冷却器等组成。润滑系统的功用是将润滑油供给作相对运动的零件以减少它们之间的摩擦阻力减轻机件的磨损，并部分地冷却摩擦零件和清洗摩擦表面。

1.7　起动系统

起动系统由起动机及其附属装置组成，它的功用是使静止的发动机起动并转入自行运转状态。

1.8　发动机管理系统

发动机管理系统（Engine Management System，简称EMS）采用各种传感器，把发动机吸入的空气量、冷却液温度、发动机转速以及车辆行驶的加减速等状况转换成电信号，提供给控制器。控制器将这些信息与储存信息相比较，再经精确计算后输出控制信号给相应的执行器，并由执行器完成相应的控制工作。EMS不仅可以精确控制燃油供给量，以取代传统的化油器，而且可以控制点火提前角和怠速空气流量等，极大地提高了发动机性能。

通过喷油和点火的精确控制，可以大大降低污染物排放量。如果采用氧传感器和三元催化转换器，可以降低有毒排放物90%以上。在怠速调节范围内，由于采用了怠速调节器，怠速转速降低约 $100 \sim 150 r/min$，并使油耗得到进一步下降（3%～4%）。如果采用爆震控制，在满负荷范围内可提高发动机功率3%～5%，并可适应不同品质的燃油。

汽油机一般都由上述两个机构和六个系统组成。对于汽车用柴油机，由于其混合气是自行着火燃烧的，所以没有点火系统，由两个机构和五个系统组成。

2. 发动机的编号

2.1 国家标准 GB/T 725—2008 的规定

为了便于内燃机的生产管理和使用，我国于 2008 年对内燃机名称和型号编制方法重新审定，并颁布了国家标准 GB/T 725—2008，该标准的主要内容如下。

内燃机产品名称均按所采用的燃料命名，例如柴油机、汽油机、天然气机等。

内燃机型号由阿拉伯数字、汉语拼音字母或国际通用的英文缩略字母组成。

内燃机型号由下列四部分组成（图 0-1-3）。

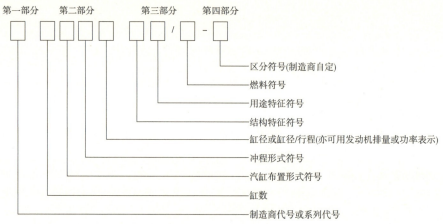

图 0-1-3　型号表示方法

（1）第一部分：由制造商代号或系列符号组成。本部分代号由制造商根据需要选择相应 1~3 位字母表示。

（2）第二部分：由汽缸数、汽缸布置形式符号、冲程形式符号、缸径符号组成。

①汽缸数用 1~2 位数字表示；

②汽缸布置形式符号按表 0-1-1 规定；

③冲程形式为四冲程时符号省略，二冲程用 E 表示；

④缸径符号一般用缸径或缸径/行程数字表示，亦可用发动机排量或功率数表示。其单位由制造商自定。

汽缸布置形式符号　　　　　　　　　　表 0-1-1

符　号	含　义	符　号	含　义
无符号	多缸直列及单缸	H	H 型
V	V 型	X	X 型
P	卧式		

注：其他布置形式符号见 GB/T 1883.1。

(3) 第三部分：由结构特征符号、用途特征符号组成。其符号分别按表0-1-2、表0-1-3的规定。

(4) 第四部分：区分符号。同系统产品需要区分时，允许制造商选用适当符号表示。第三部分与第四部分可用"-"分隔。

结构特征符号　　　　　　　　　　　　表0-1-2

符　号	结　构　特　征	符　号	结　构　特　征
无符号	冷却液冷却	Z	增压
F	风冷	ZL	增压中冷
N	凝气冷却	DZ	可倒转
S	十字头式		

用途特征符号　　　　　　　　　　　　表0-1-3

符　号	用　途	符　号	用　途
无符号	通用型及固定动力（或制造商自定）	D	发电机组
T	拖拉机	C	船用主机、右机基本型
M	摩托车	CZ	船用主机、左机基本型
G	工程机械	Y	农用三轮车（或其他农用车）
Q	汽车	L	林业机械
J	铁路机车		

注：内燃机左机和右机的定义按GB/T 726的规定。

2.2 型号示例

1）柴油机型号

（1）G12V190ZLD——12缸、V型、四冲程、缸径190mm、冷却液冷却、增压中冷、发电用（G为系列代号）；

（2）R175A——单缸、四冲程、缸径75mm、冷却液冷却、（R为系列代号、A为区分符号）；

（3）YZ6102Q——六缸直列、四冲程、缸径102mm、冷却液冷却、车用（YZ为扬州柴油机厂代号）；

2）汽油机型号

（1）1E65F/P——单缸、二冲程、缸径65mm、风冷、通用型；

（2）492Q/P-A——四缸、直列、四冲程、缸径92mm、冷却液冷却、汽车用（A为区分符号）。

3）燃气机型号

（1）12V190ZL/T——12缸、V型、四冲程、缸径190mm、冷却液冷却、增压中冷、燃气为天然气；

（2）16V190ZLD/MJ——16缸、V型、四冲程、缸径190mm、冷却液冷却、增压中冷、发电用、燃气为焦炉煤气。

4）双燃料发动机

（1）G12V190ZLS——12缸、V型、缸径190mm、冷却液冷却、增压中冷、燃料为柴油/天然气双燃料（G为系列代号）；

（2）12V26/32ZL/SCZ——12缸、V型、缸径260mm、行程320mm、冷却液冷却、增压中冷、燃料为柴油/沼气双燃料。

3. 汽车发动机的基本名词术语

发动机的基本术语如图0-1-4所示。

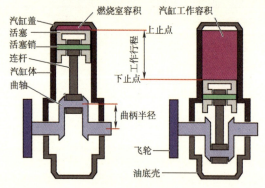

图0-1-4 发动机的基本术语

（1）上止点。活塞在离曲轴回转中心最远处时，活塞顶所处的位置称为上止点。

（2）下止点。活塞在离曲轴回转中心最近处时，活塞顶所处的位置称为下止点。

（3）曲柄半径。曲轴上连杆轴颈轴线与曲轴轴颈轴线（曲轴的回转中心）之间的距离称为曲柄半径，一般用 R 表示。

（4）工作行程。活塞从一个止点运动到另一个止点间所移动的距离称为活塞的工作行程（简称工作行程，也称活塞行程），一般用 S 表示，工作行程为曲柄半径的两倍，即：$S=2R$。

（5）汽缸工作容积。活塞从一个止点到另一个止点所扫过的容积称为汽缸工作容积，即：

$$V_h = \frac{\pi D^2 S}{4 \times 10^6}$$

式中：V_h——汽缸工作容积，L；

D——汽缸直径，mm；

S——活塞行程，mm。

（6）发动机工作容积。发动机所有汽缸工作容积的总和称为发动机工作容积（也称为发动机的排量），即：

$$V_L = iV_h$$

式中：V_L——发动机工作容积，L；

i——发动机的汽缸数。

（7）燃烧室容积。活塞在上止点时，活塞顶上部空间的容积称为燃烧室容积，一般用 V_c 表示。

（8）汽缸总容积。活塞在下止点时，活塞顶上部空间的容积称为汽缸总容积，一般用 V_a 表示；它等于汽缸工作容积与燃烧室容积之和，即：

$$V_a = V_c + V_h$$

(9) 压缩比。汽缸总容积与燃烧室容积之比称为压缩比，一般用 ε 表示。即：

$$\varepsilon = \frac{V_a}{V_c} = \frac{V_c + V_h}{V_c} = 1 + \frac{V_h}{V_c}$$

压缩比表示活塞从下止点移到上止点时，汽缸内气体被压缩的程度。压缩比越大，压缩终了时汽缸内气体的压力和温度越高。汽油机压缩比一般为 6~11，柴油机压缩比一般为 16~22。

4. 四冲程发动机工作的基本原理

为使发动机产生动力，必须先将燃料和空气供入汽缸，经压缩后使之燃烧产生热能，以气体为工作介质并通过推动活塞和连杆使曲轴旋转，从而使热能转变为机械能，最后再将燃烧后的废气排出汽缸。至此，发动机完成了一个工作循环。此循环周而复始地进行，发动机便产生连续的动力。

活塞在汽缸内往复四个行程（相当于曲轴旋转两周）完成一个工作循环的发动机，称为四冲程发动机。四冲程发动机每个工作循环中的四个活塞行程分别为进气行程、压缩行程、作功行程和排气行程。

4.1 四冲程汽油机工作原理

（1）进气行程。进气行程如图 0-1-5a）所示。进气行程中，进气门打开，排气门关闭，转动的曲轴带动活塞从上止点向下止点运动，缸内容积增大，压力降低而形成真空，将可燃混合气吸入汽缸。由于进气系统的阻力，进气终了时缸内气体的压力略低于大气压，约为 0.075~0.09MPa，温度为 370~400K。

（2）压缩行程。压缩行程如图 0-1-5b）所示。为使吸入缸内的混合气迅速燃烧，放出更多的热量，从而使发动机发出更大的功率，必须在混合气燃烧前对其进行压缩，使其容积变小，温度升高。为此，进气终了时便立即进入压缩行程。在此行程中，进、排气门均关闭，曲轴推动活塞由下止点向上止点移动。

压缩终了时，活塞到达上止点，混合气被压入活塞上方很小的燃烧室中。此时混合气压力高达 0.6~1.5MPa，温度可达 600~700K。

发动机的压缩比大，则混合气燃烧迅速，发动机发出的功率大、经济性就好。但压缩比过大，会导致爆震和表面点火等不正常燃烧现象的出现，从而造成发动机过热、功率下降、油耗增加等一系列不良后果。因此，在提高汽油机压缩比时，必须防止爆震和表面点火现象的发生。

（3）作功行程。作功行程如图 0-1-5c）所示。在压缩行程接近终了时，火花塞产生电火花点燃混合气，此时进、排气门仍关闭。由于混合气的迅速燃烧，使缸内气体的温度和压力迅速升高，最高压力可达 5~9MPa，最高温度可达 2200~2800K。在高温高压气体的作用力推动下，活塞向下止点运动，活塞的下移通过连杆使曲轴旋转运动，产生转矩而作功。发动机至此完成了一次将热能转变为机械能的过程。

在作功行程终了时，压力降为 0.3~0.5MPa，温度降为 1300~1600K。

（4）排气行程。排气行程如图0-1-5d）所示。混合气燃烧后成为废气，应从汽缸内排出，以便下一个工作循环得以进行。因此，当作功行程接近终了时，排气门打开，进气门仍关闭，因废气压力高于大气压而自动排出，此外，当活塞越过下止点上移时，还靠活塞的推挤作用强制排气。活塞到上止点附近时，排气行程结束。

图0-1-5 四冲程汽油发动机工作循环示意图

排气终了时，缸内压力约为0.105～0.115MPa，温度约900～1200K。

至此，发动机完成一个工作循环，接着又开始下一个工作循环。

4.2 四冲程柴油机工作原理

四冲程的柴油机（压燃式发动机）和汽油机一样，每个工作循环也经历进气、压缩、作功、排气四个行程。但由于柴油机用的燃料是柴油，其黏度比汽油大，不易蒸发，而其自燃温度却比汽油低，故可燃混合气的形成及点火方式都与汽油机不同。

（1）进气行程。它不同于汽油机的是进入汽缸的不是可燃混合气，而是纯空气。进气行程终了的压力约为0.075～0.095MPa，温度约为320～350K。

（2）压缩行程。不同于汽油机的是压缩的是纯空气，且由于柴油机压缩比高，压缩终了的温度和压力都比汽油机高，压力可达3～5MPa，温度可达800～1000K。

（3）作功行程。此行程与汽油机有很大不同，在柴油机压缩行程末，喷油泵将高压柴油经喷油器呈雾状喷入汽缸内的高温空气中，柴油迅速汽化并与空气形成混合气，由于此时汽缸内的温度远高于柴油的自燃温度（约500K），柴油便立即自行着火燃烧，且此后一段时间内边喷油边燃烧，汽缸内压力、温度急剧升高，推动活塞下行作功。

此行程中，瞬时压力可达5～10MPa，瞬时温度可1800～2200K；作功行程终了时压力约为0.2～0.4MPa，温度约为1200～1500K。

（4）排气行程。与汽油机基本相同。排气终了汽缸内压力约为0.105～0.125MPa，温度约为800～1000K。

4.3 四冲程发动机的工作特点

（1）每一个发动机工作循环，曲轴转两周（720°），每一个行程曲轴转半周（180°），进气行程是进气门开启，排气行程是排气门开启，其余两个行程进、排气门均关闭。

（2）四个行程中，只有作功行程产生动力，其他三个行程是为作功行程做准备工作的辅助行程，虽然作功行程是主要行程，但其他三个行程也必不可少。

（3）在发动机运转的第一循环时，必须有外力使曲轴旋转完成进气、压缩行程，着火后，完成作功行程，并依靠曲轴和飞轮储存的能量便可自行完成以后的行程，以后的工作循环发动机无需外力就可自行完成。

4.4 柴油机与汽油机的不同之处

（1）汽油机的混合气是在汽缸外部的进气歧管中形成的，而柴油机的混合气是在汽缸内部形成的。柴油机在进气行程时，被吸入汽缸内的是纯空气。

（2）汽油机在压缩终了时，靠火花塞强制点火，而柴油机则靠自燃。

由此可见，四冲程发动机的每一个工作循环中只有一个行程是作功的，其余三个行程是为作功行程作准备的。因此，进气行程、压缩行程和排气行程被称为"辅助行程"。

5. 发动机的基本性能指标

评价发动机工作性能的指标有指示指标和有效指标。

以工质在汽缸内对活塞作功为基础的指标称为发动机指示指标。指示指标用来评价发动机实际工作循环进行的好坏，以及燃料的热能转变为功的完善程度。指示指标在生产和使用中应用不多。

以发动机曲轴对外输出功率为基础的指标称为有效指标。有效指标用来评定整个发动机工作性能的好坏，其比指示指标更有实用价值。

两种指标的主要区别在于：有效指标不包括发动机在热功转换过程中为维持实际循环工作过程中所消耗掉的功。有效指标的动力性指标显示了发动机对外输出实际能被利用的功的大小，而其经济性指标则显示了燃料的热能有多少转为能被利用的有效功。在实际生产和使用，评价发动机性能好坏，以及评价发动机维修质量好坏，都使用有效指标。这里只介绍几个常用的有效指标。

5.1 有效转矩

由发动机曲轴输出的转矩称为有效转矩，一般用 M_e 表示，可由测功器测得。根据所测得的有效转矩 M_e（N·m）和发动机转速 n（r/min），可以计算出有效功率。

5.2 有效功率

发动机曲轴所输出的功率称为有效功率，一般用 P_e 表示。有效功率 P_e 与有效转矩 M_e 和发动机转速 n 之间的关系如下：

$$P_e = \frac{2n\pi}{60}M_e \times 10^{-3} = \frac{n}{9550}M_e \quad (\text{kW})$$

速腾 1.8L 5V BP 发动机的有效转矩和有效功率曲线如图 0-1-6 所示。

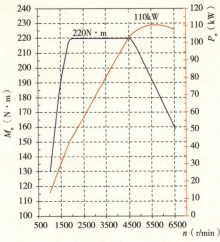

图 0-1-6　速腾发动机有效功率和有效转矩

5.3　有效热效率

发动机实际循环的有效功 W_e（J）与所消耗热量 Q_1（J）之比称为有效热率，一般用 η_e 表示。即：

$$\eta_e = \frac{W_e}{Q_1}$$

5.4　有效燃料消耗率

单位有效功所消耗燃油的量称为有效燃油消耗率，一般用 b 表示，通常以每千瓦·小时的耗油量表示。

$$b = \frac{B}{P_e} \times 10^3 \quad [\text{g}/(\text{kW}\cdot\text{h})]$$

式中：B——发动机在某一稳定工况下测得的燃油消耗量，kg/h；

P_e——有效功率，kW。

有效燃料消耗率越小，发动机的经济性越好。

5.5　升功率

在标定工况下（指标定转速、标定功率），发动机每升汽缸工作容积所发出的有效功率称为升功率，一般用 P_L 表示。

升功率 P_L 是表示单位汽缸工作容积的利用率。在发动机的功率相同的情况下，升功率越大，发动机就越小，质量也就越小，燃料经济性也就越好。2005 年 12 月，国务院办公厅转发的《关于鼓励发展节能环保型小排量汽车意见的通知》规定，汽油机的升功率应大于 50kW/L，柴油机的升功率应大于 40kW/L。

5.6　比质量

发动机的干质量（未加注燃油、机油和冷却液时发动机的质量）G 与标定工况下有效功率 P_e 之比称为发动机的比质量，一般用 G_e 表示。即：

$$G_e = \frac{G}{P_e} \quad (\text{kg/kW})$$

当发动机干质量 G 一定时，标定功率 P_e 值越大，比质量越小，则发动机强化程度越高。

5.7　发动机排放污染指标

发动机除要求具有良好的动力性、经济性和较高的强化程度外，还必须具有良好的排气清净性、较低的噪声度、较小的振动和可靠的低温起动性。

（1）排放限值。发动机排放的有害气体会对大气形成极大的污染，危害人体健康与动植物生长等，受到各国日趋严格的排放法规限制。

GB 18285—2005《点燃式发动机汽车排气污染物排放限值及测量方法（双怠速法及简易工况法）》和 GB 3847—2005《车用压燃式发动机和压燃式发动机汽车排气烟度排放限值及测量方法》对汽车的排放污染限值做了规定，具体排放污染限值见标准原文。

（2）噪声。汽车产生噪声污染对人和环境影响很大。发动机是汽车的主要噪声源。噪声是一种严重的公害，必须严格控制。

发动机噪声主要由气体的噪声、燃烧噪声和机械噪声三部分组成。

为保护人类生存环境，噪声法规日益严厉。对车辆噪声的限制也就相当于对发动机提出了相应噪声级的要求。

GB 1495—2002《汽车加速行驶车外噪声限值及测量方法》对汽车车外噪声限值做了规定，具体噪声限值见标准原文。

项目一　曲柄连杆机构的维修

曲柄连杆机构是发动机的重要组成部分之一，是发动机工作的主体，发动机上所有的部件都以曲柄连杆机构为基体进行安装，并进行正常工作。

在发动机工作时，汽缸内最高温度可达2500K，最高压力可达3～5MPa，现代汽车发动机的最高转速可达6000r/min，活塞在汽缸内每秒要完成约200个工作行程，可见活塞运动的线速度是非常大的。曲柄连杆机构不仅要承受高温、高压、高速和化学腐蚀的作用，还要承受各种变力，如：气体作用力、运动质量惯性力、离心力及相对运动件接触表面的摩擦力等。这就使曲柄连杆机构及其相关零件易产生磨损、裂纹、变形、烧蚀等损伤形式，从而影响发动机的正常工作。

因此，曲柄连杆机构的维修是发动机维修的重中之重。在维修过程中，我们要严格遵守维修手册上所规定的安全操作注意事项、操作流程和相关的维修技术要领，才能确保维修质量。

任务一　更换汽缸垫

1. 任务引入

如发动机不易起动、动力不足或抖动时，经分析确定是汽缸垫的原因，需要更换汽缸垫。

2. 相关理论知识

在压缩行程，活塞从下止点向上止点运动时，对汽缸内的气体进行压缩，使之达到一定的压力。若这一压力达不到规定值时，可能会引起发动机不易起动、发动机动力不足或抖动等现象。

若汽缸垫被烧穿、汽缸盖紧固不良、缸盖变形或汽缸壁拉伤等，就会导致汽缸密封不严，造成汽缸压力过低。

汽缸（体）、汽缸盖、汽缸垫均属于曲柄连杆机构中的机体组组成部件。机体组是发动机各机构和系统装配的基体，以保持发动机各运动件相互之间的准确位置关系。

2.1　汽缸体

水冷发动机的汽缸体与上曲轴箱常铸成一体，称为汽缸体—曲轴箱，简称汽缸体。汽缸体上部有一个或数个为活塞在其中运动作导向的圆柱形空腔，称为汽缸。水冷发动机的汽缸体内制有水套，风冷发动机在汽缸体外部制有散热片，它们的作用就是对发动机进行散热。汽缸体下部的上曲轴箱的内腔是曲轴运动的空间，在上曲轴箱的前、后壁以及中间隔板处加工有若干个同心的曲轴轴承座孔。曲轴轴承座孔的可拆卸部分称为曲轴轴承盖，它是通过螺栓固定在缸体内，用以对曲轴进行径向定位。缸体内还制有润滑油道。汽缸体的上、下两个平面用来安装汽缸盖和下曲轴箱（也称油底壳），这两个平面是汽缸修理的加工基准。

汽缸体承受较大的机械负荷和较复杂的热负荷，汽缸体的变形会破坏各运动件间的准确位置关系，导致发动机的技术状况变坏，使用寿命缩短。所以，汽缸体应具有足够的强度、刚度和良好的耐热性及耐腐性等。

汽缸体根据其工作条件及结构特点，一般采用灰铸铁、球墨铸铁或合金铸铁制造。近年来，越来越多的发动机为了减轻质量、加强散热而采用铝合金缸体。

汽缸体根据汽缸在其上的排列形式可分为以下五种结构形式，如图 1-1-1 所示。

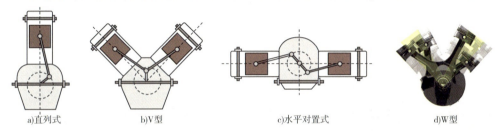

图 1-1-1　汽缸的排列形式

1) 直列式

汽缸排成一列，一般是垂直布置；但为了降低发动机在发动机舱内的布置高度，也可把发动机倾斜布置，甚至可以水平布置。

2) V 型

V 型排列是把汽缸分成两列排列，两列汽缸轴线的夹角 $\gamma < 180°$。如宝马 760Li 采用的是 V12 发动机，丰田皇冠 3.0L 采用的 V6 发动机。

3) VR 型

VR 型排列是 V 型排列的一种。其中，两列汽缸轴线的夹角 $\gamma = 15°$。如奥迪 TT 和高尔夫 R36 汽车装用的发动机为 VR 型发动机。

4) 水平对置式

水平对置式排列是把汽缸排成两列，两列汽缸轴线的夹角 $\gamma = 180°$。如斯巴鲁轿车发动机采用的就是水平对置式发动机。

5) W 型

W 型排列由两台 VR 发动机以 72°夹角组成。如大众辉腾和途锐汽车均装用了 W12 发动机。

2.2　汽缸与汽缸套

汽缸是活塞运动的空间，为了满足活塞往复运动和混合气燃烧产生的高温、高压的要求，所以，在铸造时一般在铸铁里加入少量合金元素，如镍、钼、铬和磷等，以提高汽缸表面的耐磨性。有些汽缸还采用表面处理，如表面淬火和镀铬等。

但是，如果汽缸体全部采用优质耐磨材料制造，将会造成材料上的浪费，同时也会增加制造成本。因为除了与活塞配合的汽缸壁表面外，其他各部分对耐磨的要求并不高。所以，可以采用在汽缸体的汽缸承孔内镶入汽缸套的方法加以解决。这样，汽缸套可用耐磨性较好的合金材料制造，而缸体则可以用价格较低的铸铁或铝合金等材料来制造。

汽缸套（图1-1-2）有干式和湿式两种类型。

干式缸套与汽缸体制为一体，且不直接与冷却液接触，壁厚一般为1~3mm。其上表面与缸体上表面平齐。

湿式缸套是与缸体分开制造，且与冷却液直接接触，壁厚为5~9mm。为了确保缸套在缸体间的定位，在缸套外表面的上、下两端均有保证径向定位的圆带，而缸套的轴向定位则是利用上端的凸缘来保证的。汽缸套的上支撑定位带的直径略大，与缸套座孔配合较紧密。下支撑密封带与座孔配合较松，常装有1~3道耐热、耐油橡胶密封圈来封水。其密封形式有两种，使用较广泛的一种是将密封环槽开在汽缸套上，将具有一定弹性的密封圈装入环槽内。另一种是将安置密封圈的环槽开在汽缸体上。

大多数湿式汽缸套装入座孔后，其顶面高出汽缸体上平面0.05~0.15mm。这样当紧固汽缸螺栓时，可将汽缸盖衬垫压紧，以保证汽缸更好地密封和汽缸套更好地定位。

安装湿式缸套的缸体上没有封闭的水套，铸造较容易，又便于修理更换，且散热效果较好。但缸体的刚度差，易产生穴蚀，且易漏气漏水。主要用于高负荷发动机和铝合金缸体发动机。

2.3 汽缸垫

汽缸盖与汽缸体之间置有汽缸垫，如图1-1-3所示，以保证在汽缸盖螺栓拧紧后汽缸的密封，即防止燃气、冷却液及润滑油发生窜漏。这就要求汽缸盖衬垫要有足够的强度，不会烧损、腐蚀和变质，具有良好的对冷却液和润滑油的耐受性，在高温高压下仍能保持足够的弹性，以弥补结合面的不平度，并能重复多次使用。

现代轿车发动机多数已采用实心金属衬垫，通常为整块冷轧低碳钢板或铝板，在冷却液孔、润滑油孔、汽缸孔周围冲压出一定高度的凸筋，利用凸筋的弹性变形实现密封。这种金属汽缸盖衬垫具有较高的弯曲疲劳强度，所以也可适应发动机强化的需要。

a)干式　　　　　　　b)湿式

图1-1-2　汽缸套类型

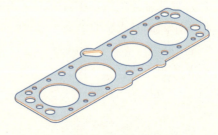

图1-1-3　汽缸垫

2.4 油底壳

油底壳用来封闭机体的下部和储存润滑油。汽车发动机的油底壳大部分是用薄钢板冲压而成的,通过螺栓紧固在曲轴箱底面上,其间有密封垫片或涂密封胶以防止漏油,如图1-1-4所示。在铸造油底壳的外面铸有散热筋,用来冷却油底壳中的润滑油。油底壳的形状与容量取决于储油量的需要和发动机总体布置的需要,并保证汽车在可

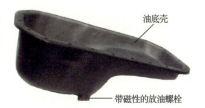

图1-1-4 油底壳

能碰到的各种道路条件下,使润滑油泵可以从油底壳内吸到润滑油。油底壳上有深凹处和隔断,即使车辆倾斜,油底壳底部也有足量的机油可供使用。油底壳底部装有放油螺栓,有的放油螺栓是有磁性的,能吸附机油中的金属屑,以减少发动机的磨损。

3. 任 务 实 施

3.1 检测项目

☞ **3.1.1 汽缸压力的检测**

1)检测条件
(1)机油温度必须在30℃以上。
(2)发动机供电正常。
2)检测方法
(1)拆下各缸高压线。
(2)用压缩气体清洁各缸火花塞座孔处,然后再拆下各缸火花塞。

思考:
为什么在拆卸各缸火花塞前要对火花塞座孔处进行清洁?

(3)将汽缸压力表或汽缸压力测试仪的橡胶锥头压抵在火花塞孔处,起动起动机,直到测试仪上的压力不再增加为止,并将测试结果记录下来。
(4)依次测完各缸压力后,如某缸测试结果低于规定值,可向该缸内注入20mL左右的新机油后,再测一次。
(5)测试完毕后,装复火花塞,并按规定力矩将其拧紧。

注意!
在装复火花塞时,应先用手将火花塞拧上后再用工具将其拧紧,以防将火花塞座孔处的螺纹拧坏。

（6）清除发动机控制单元故障存储器中的故障码。

> **技术提示：**
> 在拆卸火花塞后，会有故障码被存储。

3）检测结果分析

当测得的汽缸压缩压力不符合标准要求时，可根据测量结果分析其原因。

如果测量的结果高于原设计规定，不一定是汽缸密封性能好，要结合使用与维修的情况分析。这种情况有可能是燃烧室积炭过多、汽缸垫过薄或缸体经多次修理厚度变薄而使压缩比变大所致。

如果测量结果低于原设计规定，可向该缸火花塞（喷油器）孔内注入20mL左右的新机油后再测量。

（1）第二次测出的压力比第一次高，接近标准压力，表明是汽缸、活塞环、活塞磨损过大或活塞环对口、粘环、断裂及汽缸壁拉伤等原因造成汽缸密封不良。

（2）两次测出的压力结果均表现出某相邻两缸压力为零或特别低，说明是相邻两缸之间的汽缸衬垫烧损造成窜气。

（3）第二次测出的压力与第一次基本相同，仍然比标准压力低，表明是进、排气门关闭不严或汽缸垫密封不良漏气。

汽缸压缩压力测量能间接反映汽缸的密封性能。其测量结果不但与汽缸密封性有关，还与测量时发动机的转速有关，所以在测量时，为减少测量误差，对发动机转速要进行检测，按要求进行测量，这将是减少测量误差、获得准确测量结果的重要保证。

☞ 3.1.2 汽缸的测量

1）测量前的准备

备好量缸表、千分尺（50～100mm）、维修手册，并分解完发动机。

2）测量方法

（1）查阅维修手册，获取汽缸直径基本尺寸和修理尺寸。（宝来：基本尺寸81.01mm，修理尺寸：81.51mm）

（2）用千分尺校量缸表。

> **思考：**
> 为什么在测量汽缸前，要对量缸表进行校准？

（3）用量缸表在图1-1-5所示①、②、③三位置上分别按缸体的纵向平面A和横向平面B两个方向测量汽缸的直径。汽缸直径允许偏差最大值不得超过0.01mm。

（4）圆度误差和圆柱度误差的计算。

圆度误差和圆柱度误差的测量应按图1-1-5所示的位置进行测量。

圆度误差＝同一截面的两个直径差值/2。

> **技术提示：**
> 一般以三个截面分别得到的圆度误差最大的一个作为该汽缸的圆度误差。

圆柱度误差 =（三个截面的最大直径 – 三个截面的最小直径）/2。

3) 根据汽缸测量结果确定维修方案

（1）汽缸的圆度误差达到 0.050 ~ 0.063mm；圆柱度误差达到 0.175 ~ 0.250mm；最大磨损量为：有修理尺寸的汽缸达到 0.2mm、无修理尺寸的汽缸达到 0.4mm；其中一项达到限值时必须修理或更换汽缸（套）。

（2）汽缸的圆度误差和圆柱度误差均小于限值，而磨损量小于 0.15mm 时，可更换活塞或活塞环。

☞ 3.1.3 汽缸体、汽缸盖变形的检测

1) 检测前的准备

备好刀形直尺、厚薄规，分解完发动机，并清洁被测量缸体或缸盖的测量表面。

2) 检测方法

汽缸体和汽缸盖的变形检测，在维修中多采用直尺—厚薄规法来进行检验。如图 1-1-6 所示，利用大于或等于被检测平面全长的刀形直尺，沿汽缸体或汽缸盖的平面在横向、纵向和对角线方向多处进行测量。方法是先擦拭好直尺的刃口，把被检测的平面也擦拭干净，将直尺按前述的几个方位靠向被检测平面，然后选择厚薄规厚度，将厚薄规塞入直尺与平面之间，读出能塞入厚薄规的最大厚度的读数，该读数即为平面在这个方向上的平面度误差，将几个方位都进行测量后，其最大误差数值即为该平面平面度误差。汽缸体上平面的平面度误差使用极限为：铸铁汽缸体一般为 0.10mm，铝合金汽缸体一般为 0.25mm。

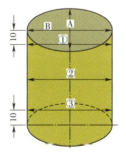

图 1-1-5　圆度与圆柱度测量

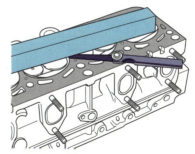

图 1-1-6　汽缸盖变形检测

3.2　准备工作

阅读维修手册，列出所需的工具，制订更换作业方案，领取备品。

3.3　操作流程

（1）先检查所安装的收音机是否有密码。如有必要，应先获得收音机密码。

（2）在点火开关断开时，脱开蓄电池的搭铁线。

（3）排空冷却液。

（4）拆卸发动机外围相关零部件。

（5）拆卸齿形正时皮带。

（6）拆卸汽缸盖。

（7）拆卸汽缸垫。

（8）按拆卸的相反顺序安装汽缸垫。

3.4　操作提示

（1）在拆卸汽缸盖前，发动机的温度不得过高而烫手。

图1-1-7　凸轮轴正时齿轮正时标记

（2）在拆卸燃油管时，因燃油系统中有压力，所以拆卸时，应在接头周围放置一块布，小心地松开接头释放压力。

（3）在拆卸正时皮带前，必须要转动曲轴使凸轮轴上的正时齿轮位于一缸上止点。正时齿轮上的标记必须与齿形皮带护罩上的标记对齐，如图1-1-7所示。

（4）在拆卸汽缸盖时，要按图1-1-8所示的顺序旋松汽缸上的螺栓。

（5）在拆下汽缸盖时，要注意不要碰伤汽缸盖的工作面。

（6）在安装缸垫时，有记号的一面朝向缸盖。若缸垫无安装记号，卷边的一面应向汽缸盖。

（7）在紧固缸盖螺栓时，请先用手将缸盖螺栓旋入，然后再按图1-1-9所示的顺序用工具将螺栓旋紧。先把所有螺栓预拧紧到规定力矩，然后再用扳手把所有螺栓继续转动一定角度（请按维修手册规定的角度进行操作）。

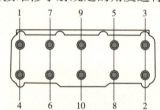

图1-1-8　旋松缸盖螺栓的顺序

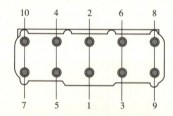

图1-1-9　缸盖螺栓紧固顺序

（8）在安装正时皮带时，要注意正时记号是否对正。

（9）旋转凸轮轴时，活塞不得位于上止点位置，否则有损坏活塞顶部的危险。

任务二　更换活塞或活塞环

1. 任务引入

如发动机出现下列情况之一：①发动机初期烧机油；②缸筒内进水；③发动机拉缸；

④ 正时皮带断或皮带齿断导致活塞顶气门,经分析确定需要更换活塞或活塞环的,应予以更换。

2. 相关理论知识

发动机的活塞连杆组通常由活塞、活塞销、活塞环(气环和油环)、连杆、连杆大头盖、连杆轴瓦等主要零件组成。活塞环装在活塞头部的环槽中,活塞销装在活塞的销孔中,用于连接连杆小头,为了防止活塞销滑出销孔刮伤汽缸,用活塞销挡圈卡在销孔的槽内。连杆大头内装有连杆轴瓦用于减少摩擦,连杆大头盖与连杆大头用螺栓固定装在曲轴连杆轴颈处。

2.1 活塞

活塞的功用是与汽缸盖、汽缸等共同组成燃烧室,承受气体压力,并将此力通过活塞销传给连杆,以推动曲轴旋转。

☞ 2.1.1 活塞工作条件

活塞的工作条件如下:
(1) 气体压力大;
(2) 工作温度高;
(3) 活塞顶部在作功时,承受着高压气体的冲击力。

对于汽油机活塞,瞬时的压力值可达5MPa;对于柴油机活塞,其最大值可达10MPa,增压时则更高。气体压力突然作用到活塞顶上,高速时每秒钟要发生100次左右,高压导致活塞的侧压力大,加速活塞外表面的磨损,也容易引起活塞的变形。

由于活塞顶部直接与高温气体接触,燃气的最高温度可达2500K,而活塞的散热条件极差,因此,活塞的温度很高,可达600~700K。高温一方面使活塞材料的机械强度显著下降,另一方面会使活塞的热膨胀量增大,容易破坏其与相关零件的配合。活塞在汽缸内做高速运动,一般汽车用汽油机最高转速约为6000r/min,如活塞工作行程为77.4mm,则活塞的平均速度约为15.48m/s,其瞬间速度会更高。因活塞运动速度的大小和方向在不断地变化,故可引起较大的惯性力,使曲柄连杆机构的各零件承受额外的附加载荷。

鉴于上述原因,为保证发动机能正常工作,这就要求活塞:
(1) 有足够的强度和刚度;
(2) 导热性要好;
(3) 有足够的耐热性;
(4) 质量要尽量小,以保持最小的惯性力;
(5) 活塞与汽缸壁间应有较小的摩擦系数;
(6) 温度变化时尺寸和形状变化要小。

☞ 2.1.2 活塞的材料

汽车发动机目前广泛采用的活塞材料是铝合金。少数机械负荷和热负荷较大的柴油机活塞采用了高强度和耐热性较好的铜镍镁铝合金，它的膨胀系数和密度都大于硅铝合金。有些高负荷的柴油机为了提高活塞顶部的强度，采用了表面硬质铝阳极化处理，甚至采用陶瓷纤维增强复合材料。

近年来柴油机活塞又开始采用灰铸铁材料，以发挥铸铁的成本低、耐热性好、膨胀系数小、能减少装配间隙的优势。

☞ 2.1.3　活塞结构

图1-2-1　活塞的基本结构

如图1-2-1所示，活塞可分为顶部、头部、裙部三个部分。

1）活塞顶部

活塞的顶部是燃烧室的组成部分，用来承受气体压力，为此活塞顶部的金属要有一定的厚度。根据不同的目的和要求，活塞顶部制成各种不同的形状，如图1-2-2所示。

当进、排气门的升程比较大时，为了避免活塞和气门在接近上止点时发生运动干涉现象，常在活塞顶面上加工出气门避让凹坑，如图1-2-3所示。有些活塞还在活塞顶部制有安装方向标记。

2）活塞头部

活塞头部是活塞环槽以上的部分，其主要作用是：

（1）安装活塞环；

（2）承受气体的压力并传给连杆；

（3）与活塞环一起实现对汽缸的密封；

（4）将活塞顶所吸收的热量通过活塞环传给汽缸壁。

平顶　　　凹顶　　　凸顶

图1-2-2　活塞顶部形状　　　图1-2-3　活塞顶部的气门避让凹坑

活塞头部切有若干道用于安装活塞环的环槽。其中最下面一道槽用以安装油环，其余环槽用以安装气环。所以，为了保证活塞头部的强度和活塞顶部的散热，活塞头部一般较厚。

在油环槽底面上钻有许多径向小孔（图1-2-1）。油环从汽缸壁上刮下的多余的机油经过这些小孔流回油底壳。有的发动机活塞在油环槽中切出一道较环槽窄的隔热槽（图1-2-4），其作用是迫使热流方向折转，把原来应由第一道环散走的热量，分散给第二、第三道环，以消除第一环过热后产生积炭和卡死在环槽上的可能性。

为了保护环槽，有的发动机在环槽部位镶有用耐热材料制造的环槽护圈，以提高活塞的使用寿命。

3）活塞裙部

自油环槽下平面到活塞底部的部分称为活塞裙部。活塞裙部是用来为活塞导向和承受侧压力的，因而裙部要有一定的长度，以保证可靠的导向；又要有足够的面积，以防止活塞对汽缸壁的单位面积压力过大，破坏润滑油膜、加大磨损。

裙部的基本形状为一薄壁圆筒，完整的称为全裙式（1-2-5）。有些发动机为了避免活塞与曲轴平衡重块相碰，有时也为了减少质量，在保证有足够承压面积的情况下，在活塞不受作用力的两侧，即沿销座孔轴线方向的裙部去掉一部分，形成半拖板式裙部，或者全部去掉，形成拖板式裙部。

图1-2-4 活塞的隔热槽

a)全裙式

b)拖板式

图1-2-5 活塞裙部的类型

在位于活塞裙部的上部，制有活塞销座孔。活塞销座孔为厚壁圆筒结构，用以安装活塞销。活塞所承受的气体压力、惯性力，都是通过销座经活塞销传给连杆。

4）对活塞轮廓形状的要求

鉴于活塞的结构特点，根据金属的热胀冷缩的原理，金属质量大热膨胀量就大；反之，热膨胀量就小。所以活塞受热后，活塞头部的膨胀量要大于裙部；在活塞裙部处，活塞销座孔轴线方向的膨胀量要大于其他方向。为保证发动机在正常工作温度下，活塞与汽缸的配合是圆柱形，所以，一般将活塞制成裙部大于头部的锥形；在裙部处将其制成椭圆形，即椭圆的短轴为活塞销座孔轴线方向，如图1-2-6所示。

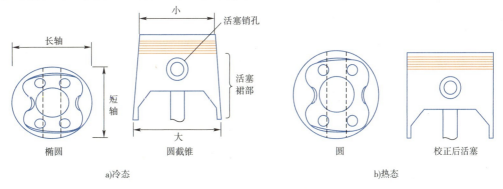

图1-2-6 活塞的轮廓形状

为了保证活塞的正常工作，活塞各部与汽缸壁之间必须保持一定的间隙，其中起导向作用的裙部与汽缸之间的间隙尤为重要，若间隙过小，活塞膨胀时，易出现拉缸、卡死等故障；若间隙过大，又将出现敲缸、窜气、烧机油等故障。

5）预防活塞变形的措施

活塞工作时的变形主要原因是热膨胀，其次是侧压力，另外，气体压力也会引起活塞顶部弯曲变形，但变形情况较复杂，而且影响较小，故予以忽略。

为了使活塞各部分，特别是裙部，在各种工作情况下与缸壁的配合间隙都尽可能保持在一定范围内，不同的活塞在结构上采取了一些措施，与变形相适应或控制其尽可能小的变形。

（1）在裙部处开膨胀槽。为了预防活塞在发动机正常工作时胀死在汽缸内，有的活塞在其裙部侧压力较小的一侧开有膨胀槽。膨胀槽的作用是使裙部具有一定的弹性和热态时能起补偿作用，使活塞在装配间隙较小的情况下热膨胀时不致卡缸。为了防止由于应力集中造成开槽沿槽端延伸破裂，开槽的端部均钻有圆孔。活塞裙部开槽削弱了其强度和刚度，只适用负荷不大的汽油机。

（2）双金属活塞。双金属活塞即在活塞裙部或销座内嵌铸钢片，以减小活塞裙部的膨胀量，这是目前国内外广泛采用的一种措施。双金属活塞由于结构和作用原理不同，可分为恒范钢片式、自动调节式和筒形钢片式三种（图1-2-7）。

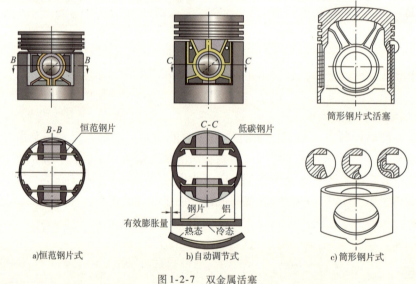

图1-2-7 双金属活塞

①恒范钢片式。恒范钢片式活塞中的恒范钢是含镍33%～36%的低碳合金钢，它的膨胀系数仅为铝合金的十分之一左右。活塞销座通过恒范钢片与裙部相连，这样，销座的膨胀对裙部不直接产生影响。此外，由于裙部在膨胀时，侧压力受恒范钢片的牵制，使膨胀量大为减小。

②自动调节式。自动调节式活塞是把较小膨胀系数的低碳钢片贴在钢座铝层的内侧，它不仅依靠钢片的牵制作用，更主要的是利用钢片与铝壳之间的双金属效应来减小裙部侧压力方向的膨胀量（双金属效应原理：双金属贴合在一起，温度升高膨胀后，二者伸长不同而产生弯曲，使有效膨胀量减小，温度愈高，弯曲愈大，减小程度也愈大）。由于双金属效应对膨胀的控制作用随温度的提高而增大，所以称为热膨胀自动调节式活塞，或热补偿式活塞。此类结构在高速汽油机中广泛使用。

③筒形钢片式。筒形钢片式活塞,多用于柴油机。浇铸时,将钢筒夹在铝合金中,由于铝合金的膨胀系数大于钢,冷凝后位于钢筒外面的铝合金层就紧固在钢筒上,使外层铝合金的收缩受到钢筒的阻碍而减小,同时产生预应力,铝合金为拉应力,钢筒为压应力。钢筒内侧铝合金层由于与钢筒没有金属结合,就无阻碍地向里收缩,二者之间形成一道"收缩缝隙"。当活塞工作温度升高时,内层铝合金的膨胀先要消除"收缩缝隙",而后才能推动钢筒外胀,外层铝合金与钢筒的膨胀过程中首先要消除应力,从而减少了铝合金的膨胀量。因此整个裙部的膨胀相应减小。另外钢筒形状特殊,在销座部分为平面形,膨胀时产生圆环效应,力图使平面外鼓将筒变圆,从而使侧压力面膨胀更小,而主要在销座方向膨胀。

6) 活塞销偏置

如图 1-2-8 所示,一般发动机活塞的销座轴线与活塞的中心线垂直相交,当活塞在上止点改变运动方向时,由于侧压力瞬间换向,使活塞与缸壁的接触面突然由一侧平移至另一侧,便产生活塞对汽缸壁的"拍击"(敲缸);增加了发动机的噪声。高速发动机将活塞销座朝向承受膨胀作功侧压力的一面(图中左侧)偏移 1~2mm,这样,在接近上止点时,作用在活塞销座轴线以右的气体压力大于左边,使活塞倾斜,裙部下端提前换向;而在活塞越过上止点,侧压力反向时,活塞才以左下端接触处为支点,顶部向左转(不是平移),完成换向。可见偏置销座使活塞换向延长了时间且分为两步,第一步是在气体压力较小时进行,且裙部弹性好,有缓冲作用;第二步虽气体压力大,但它是个渐变过程。为此,两步过渡使换向冲击力大为减弱。

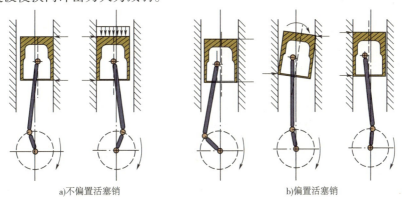

a)不偏置活塞销 b)偏置活塞销

图 1-2-8 活塞销的布置形式

2.2 活塞环

☞ 2.2.1 活塞环的功用

活塞环按其主要功用可分为气环和油环两类。

气环也叫压缩环,用来密封活塞与汽缸壁的间隙,防止汽缸内的气体窜入油底壳;将活塞头部的热量传给汽缸壁,再由冷却水或空气带走。另外还起到刮油、布油的辅助作用。轿车发动机的活塞一般设有两道气环。

油环用来刮走汽缸壁上多余的机油,并在汽缸壁上涂一层均匀的机油膜,这样可以防止机油窜入燃烧室燃烧,又可以减小活塞、活塞环与汽缸的磨损和摩擦阻力。此外,油环也起到密封的辅助作用。轿车发动机的活塞一般设有一道油环。

☞ 2.2.2 活塞环的工作条件

活塞环是在高温、高压、高速和润滑困难的条件下工作的,它的运动情况很复杂,不仅与缸壁间有相对高速的滑动摩擦,还与环槽侧面上下撞击,以及由于环的径向胀缩而产生的与环槽侧面相对的摩擦,因此,活塞环是发动机中磨损最快的零件之一,另外,高温热负荷不仅使环的耐磨性能下降,而且能使环的弹性下降。

☞ 2.2.3 活塞环的材料

根据活塞环的功用和工作条件,活塞环的材料应具有好的耐磨性、导热性、耐热性、磨合性、冲击韧性和足够的弹性等。所以,一般活塞环多用优质灰铸铁、球墨铸铁或合金铸铁制造,也有一些发动机的组合油环采用弹簧铜片制作。有些发动机的第一道气环,甚至所有的活塞环,其外表面都采用了多孔镀铬或喷钼处理,以减缓活塞环和汽缸的磨损。这是因为多孔镀铬后硬度高且能储存少量润滑油,且具有多孔性、能存油,所以抗拉毛能力强。

☞ 2.2.4 活塞环的三隙

发动机工作时,活塞、活塞环等都会发生热膨胀。活塞环既要相对于汽缸上下运动,又要相对于活塞作横向移动。因此,活塞环在环槽内应留有三个间隙,即端隙、侧隙、背隙(图1-2-9),以防止活塞环胀死在槽内,甚至卡死在汽缸内。

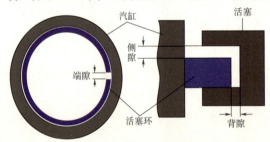

图 1-2-9　活塞环的三隙

1)端隙

端隙又称为开口间隙,是活塞环装入汽缸内磨损量最小处,其开口处的间隙,多在 0.25～0.50mm 之间,此数值随缸径增大而增大,柴油机略大于汽油机。如果活塞环开口间隙过大,则会使漏气量增加,如果环开口间隙过小,则活塞环受热后膨胀可使环的两端顶住,造成汽缸壁擦伤或活塞环本身断裂。为了减小气体的泄漏,装环时,各道环口应互相错开,如有三道活塞环,各环应沿圆周成120°夹角互相错开;如有四道活塞环,第一、二道互错180°,第二、三道互错90°,第三、四道互错180°,从而获得较长的迷宫式的漏气路线,增加漏气阻力,减小漏气量。

2)侧隙

侧隙又称边隙,是环高方向上与环槽之间的间隙。第一道环因工作温度高,一般为 0.04～0.10mm;其他气环一般为 0.03～0.07mm。油环的侧隙较小,一般为 0.025～0.07mm。

3)背隙

背隙是活塞及活塞环装入汽缸后,活塞环背面与环槽底部间的间隙,一般为 0.5～1mm,油环的背隙较气环大,目的是增大存油间隙,以利于减压泄油。为了测量方便,维修中以环的厚度与环槽的深度差来表示背隙，此值比实际背隙要小。

2.2.5 气环

1）气环的结构

气环为一带切口的弹性片状圆环。在自由状态下，气环的外径略大于汽缸的直径。

2）气环的密封原理

如图1-2-10所示，当气环装入汽缸后，弹力使气环紧紧压靠在汽缸壁上，并形成第一密封面。气体便不能从气环的外圆与缸壁之间通过，只能窜入气环的侧隙和背隙处。另外，活塞环在运动时产生惯性力，并与缸壁间产生摩擦力。因此，活塞环与环槽侧面密封的压紧力是气体压力、惯性力和摩擦力三个沿汽缸轴线方向力的合力。在作功和压缩行程时，气体压力一般起主导作用，使活塞环被压紧在环槽下侧面形成第二密封面。在排气行程时，其第二密封面也在环的下侧，而进气行程则在环的上侧。

此外，窜入活塞环背隙的气体，将产生背压力，使环进一步被压靠在汽缸壁上，加强了第一和第二密封面的密封性，称为第二次密封。作功行程时，环的背压力远远大于环的弹力，所以此时第一、第二密封面的密封性好坏，主要靠第二次密封。但是，如果环的弹力不够，而在环面和缸壁间出现缝隙，此缝隙就要漏窜气体，这样就削弱或形不成第二次密封。因此，活塞环弹力产生的密封，是形成第二密封的前提。

3）活塞环的泵油作用

如图1-2-11所示，由于侧隙和背隙的存在，当发动机工作时，活塞环在气体压力、惯性力、摩擦力的作用下，反复地靠在环槽的上、下沿上。其过程是：当活塞带着活塞环下行（进气行程）时，环靠在环槽的上方，环从缸壁上刮下来的润滑油充入环槽下方；当活塞又带动活塞环上行（压缩行程）时，环又靠在环槽的下方，同时将油挤压到环槽的上方，如此反复运动，就将润滑油泵到活塞顶部。

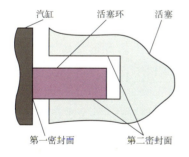

图1-2-10 活塞环的密封原理

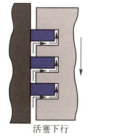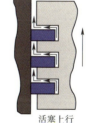

图1-2-11 活塞环的泵油作用

活塞环的泵油作用，一方面对润滑困难的汽缸壁是有利的；另一方面随发动机转速的日益提高，泵油作用加剧，不仅增加了润滑油的消耗，而且可能使火花塞因沾油而不能产生电火花，并使燃烧室内积炭增多，甚至在环槽中形成积炭，挤压活塞环，使环卡死，而失去密封作用，甚至折断活塞环。

4）气环的断面形状

为了提高压强和密封，加速磨合，减小泵油和改善润滑，除合理选择材料及加工工艺外，在构造上出现了许多不同断面形状的气环，如图 1-2-12 所示。

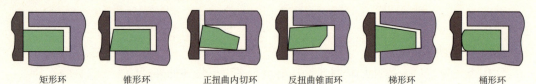

| 矩形环 | 锥形环 | 正扭曲内切环 | 反扭曲锥面环 | 梯形环 | 桶形环 |

图 1-2-12　气环的断面形状

（1）矩形环。矩形环的结构简单，制造方便，且与缸壁接触面积大，有利于活塞头部的散热。

（2）锥形环。锥形环的锥角一般为 30°～60°，这种活塞环只能按图示方向安装（环上多有标记）。由于它与缸壁是线接触，单位压力大，有利于密封和磨合。随磨合里程的增加，接触也逐渐增大，最后便成为普通的矩形环了。另外，这种环在活塞下行时有刮油作用，上行时有布油作用，并可形成楔形油膜而改善润滑。锥形环传热性差，常装到第二、三道环槽上，由于锥角很小不易识别，为避免装错，在环端上侧面标有记号（向上或 TOP 等）。

（3）扭曲环。扭曲环是将矩形环内圆上方或外圆下方切成台阶或倒角而成。为了减少开口处的漏气量，外圆下方切口的环，在离开口 3～5mm 内仍保持原矩形断面。

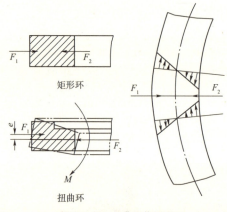

图 1-2-13　扭曲环作用原理

扭曲环的扭曲原理，如图 1-2-13 所示，当活塞环装入汽缸后，环受到压缩产生弯曲变形，断面中性层以外产生拉应力，中性层以内产生压应力，拉应力的合力 F_1 指向活塞环的中心，压应力的合力 F_2 背离活塞环中心。矩形环由于中性层内外端面对称，F_1 与 F_2 在同一平面内，不产生扭矩。扭曲环由于中性层内外断面不对称，使 F_1 与 F_2 不在向一平面内，从而形成力偶 M，在力偶的作用下，活塞环发生微量的扭曲变形，使环外圆周扭曲成上小下大的锥形，从而使环的边缘与环槽的上下端面接触，防止了活塞环在环槽内的上下窜动而造成的泵油作用，同时还增加了密封性，易于磨合并具向下刮油的作用。

（4）梯形环。某些热负荷较大的柴油机，第一道环容易因结胶而在环槽内失去作用，因而采用了梯形环。这种环当活塞在侧压力作用下左、右换向时，环的侧隙和背隙将不断变化，使胶状油不断从环槽中被挤出。

（5）桶形环。桶形环的特点是活塞环的外圆面为凸圆弧形。当桶形环上下运动时，均能与汽缸形成楔形空间，使机油容易进入摩擦面，从而使磨损大为减少；环面与缸壁是圆弧接触，接触面积小，有利于密封。

👉 2.2.6　油环

汽车发动机采用的油环有整体式和组合式两种，如图 1-2-14 所示。

目前，轿车发动机活塞所使用的油环均为组合式活塞环。组合式油环由起刮油作用的上、下两个钢片（也叫刮片）和产生径向、轴向弹力作用的衬簧组成。这种衬簧之所以能产生轴向弹力，是因为自由状态时衬簧和两个钢片的总厚度大于环槽的高度。径向弹力使钢片的第一密封面密封，轴向弹力使两钢片分别贴合在环槽的上、下侧面上，使第二密封面密封，并消除了间隙。组合式油环的钢片表面都是镀铬的，否则易产生黏附磨损。

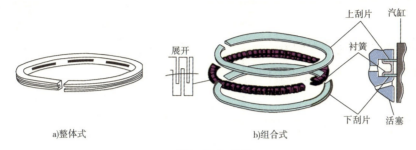

图 1-2-14 油环

2.3 活塞销

☞ 2.3.1 活塞销的功用

活塞销（图 1-2-15）用来连接活塞和连杆，并把活塞所受的力传给连杆。

☞ 2.3.2 活塞销的工作条件

活塞销在高温下承受着很大的周期性冲击载荷，且其润滑是靠飞溅润滑，故润滑条件较差。因此，要求有足够的刚度和强度和表面耐磨性，质量尽可能小。为此，活塞销通常制成空心圆柱体。

☞ 2.3.3 活塞销的材料

活塞销一般用低碳钢或低碳合金钢制造。先经表面渗碳处理，以提高表面硬度，并保证心部具有一定的冲击韧性，然后进行精磨和抛光。

☞ 2.3.4 活塞销的结构

活塞销一般为空心管状结构，如图 1-2-16 所示。其外表面为圆柱形，内孔形状有圆柱形、两段截锥形以及两段截锥和一段圆柱的组合形。

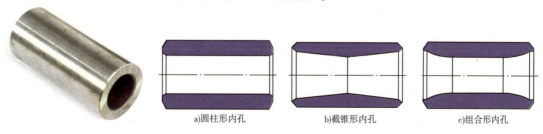

图 1-2-15 活塞销　　　　　图 1-2-16 活塞销的内孔形状

☞ 2.3.5 活塞销的连接方式

活塞销与活塞销座孔的连接方式有两种，如图1-2-17所示，即：全浮式和半浮式。

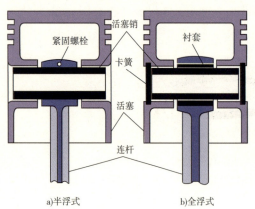

a) 半浮式　　　　b) 全浮式

图1-2-17　活塞销的连接方式

1）全浮式

全浮式连接是指发动机在正常工作温度时，活塞销在连杆小端的衬套孔和活塞销座孔均为间隙配合，活塞销可在活塞销座孔和连杆小端的衬套孔内自由转动和窜动。为了防止活塞销轴向窜动而刮伤汽缸壁，在活塞销两端用卡环嵌在靠近销座孔边部的凹槽中，对活塞销进行轴向定位。采用全浮式连接的活塞销，其各部分的磨损比较均匀。

2）半浮式

半浮式连接是指活塞销与活塞销座孔或连杆小头两处，一处固定，一处浮动（即间隙配合）。其中大多采用活塞销与连杆小头固定的方式。这种连接方式是销座孔内无卡簧，连杆小头处无衬套，省去了衬套的修理作业内容。

2.4　连杆

☞ 2.4.1 连杆的功能

连杆的功能是将活塞承受的气体压力传给曲轴，使活塞的往复直线运动转变为曲轴的旋转运动。

☞ 2.4.2 连杆的工作条件

连杆承受活塞销传来的气体作用力及其本身摆动和活塞往复运动时的惯性力。这些力的大小和方向都是周期性变化的。因此，连杆受到的是压缩、拉伸和弯曲等交变载荷。这就要求连杆在质量尽可能小的条件下有足够的刚度和强度。

☞ 2.4.3 连杆的材料

连杆一般采用中碳钢或中碳合金钢经模锻或辊锻而成，然后进行机加工和热处理。也有一些采用球墨铸铁制造的。为了提高连杆的疲劳强度，通常还采用表面喷丸处理。

☞ 2.4.4 连杆的结构

如图1-2-18所示，连杆由小端、杆身和大端（包括轴承盖）三部分组成。

连杆小端与活塞销相连，采用全浮式连接的活塞销时，小端承孔中一般压有减磨的青铜衬套或铁基粉末冶金衬套。在发动机正常工作时，活塞销相对于活塞销承孔和连杆小端之间存在着相对转动或窜动，必须进行润滑。润滑的方式有两种：一种是在小头和衬套上设有集油孔或铣出集油槽用来收集发动机运转时飞溅上来的机油,以便润滑。这种润滑方式一般在连杆大端与杆身连接处面对汽缸主承压面(面对发动机的左侧)的一侧,钻有一个直径1~1.5mm的喷油孔(图1-2-19)。当曲轴转至连杆轴径的油道口与该喷油孔相对的瞬间,(活塞处于上止点附近时)喷出润滑油,以润滑汽缸壁的承压面,喷油孔正好在上止点附近时连通,这样润滑油可喷射到汽缸的大部分表面上。另一种是在连杆杆身内钻有纵向的压力油道,利用润滑油的压力进行压力润滑。

杆身通常做成"工"字形断面,以求在强度和刚度足够的前提下减小质量。

连杆大端是与曲轴的连杆轴颈相连的。为了便于安装,大端一般做成分开式的,一半为连杆体大头,一半为连杆盖,二者一般用螺栓装配。连杆盖与连杆大端是组合后镗孔,为防止装配错误,在同侧制有记号。

连杆螺栓通常用优质合金钢制成,连杆螺栓只要螺纹精加工和正确拧紧后,不锁止也不会松动,所以不采用特别的锁止装置。但有些发动机为了更可靠还是采用了锁止装置,如开口销、双螺母、自锁螺母和自锁螺栓等。

连杆大端剖分面的方向有平切口和斜切口(图1-2-20)两种。平切口连杆,其剖切面垂直于连杆轴线。一般汽油机连杆大头尺寸都小于汽缸直径,故多采用平切口。斜切口连杆,一般用于柴油机,因为发动机连杆大头直径较大,为了拆装时能从汽缸内通过,采用了这种形式。剖分面与杆身中心线一般成30°~60°(常用45°)夹角。另外斜切口再配以较好的切口定位,还减轻了连杆螺栓的受力。

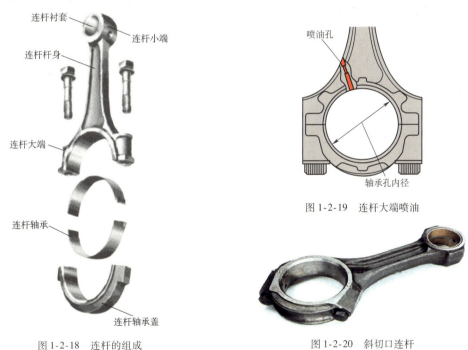

图1-2-18 连杆的组成　　　　　图1-2-19 连杆大端喷油

图1-2-20 斜切口连杆

连杆大端的装合,必须严格定位,以保证连杆轴承孔的正确形状。连杆大端剖分面的定位方式有锯齿定位、定位套定位、定位销定位和止口定位四种,如图1-2-21所示。

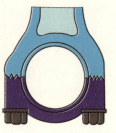
a)锯齿定位

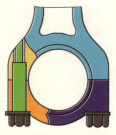
b)定位套定位

c)定位销定位

d)止口定位

图 1-2-21　连杆大端剖分面的定位方式

3. 任 务 实 施

3.1　检测

☞ **3.1.1　活塞的检测**

如图 1-2-22 所示,在距活塞裙部下边缘约 10mm 处,且与活塞销的轴线成 90°的位置测量活塞的直径。

☞ **3.1.2　活塞环的检测**

(1) 用活塞垂直地从上向下将活塞环推到距汽缸底部约 15mm 处。

(2) 按图 1-2-23 所示方法,用厚薄规测量活塞环的开口间隙,其间隙应符合规定的标准值。测量完后,按缸号将活塞环摆放好。

图 1-2-22　活塞直径的测量

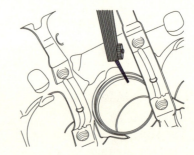

图 1-2-23　测量活塞环开口间隙

(3) 清洁活塞环槽,按图 1-2-24 所示方法检测活塞的侧隙。其间隙应符合规定的标准值。

图 1-2-24　活塞环侧隙的测量

☞ **3.1.3　连杆的检测**

1) 连杆的弯曲检测

连杆变形检验在连杆校验仪上进行。检验步骤如下:

(1) 将被检验的连杆盖装在连杆上(但不带轴承),并按规定力矩拧紧,同时装上修配好的活塞销。

(2)将连杆轴承承孔套装在检验仪的菱形支承轴上,调整轴端的调整螺钉,使菱形支承轴上的定心块外张,将连杆固定在检验仪上,如图1-2-25所示。

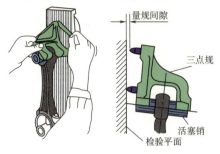

图1-2-25 连杆的检验方法

(3)将检验仪的三点规V形面靠合在活塞销顶面上,观察三点规的三个测点与检验仪三个平面的接触情况。

(4)如果三点规的三个测点都与检验平面接触,则说明连杆既无弯曲也无扭曲。

(5)如果上测点与平面接触,下面两个测点与平面不接触,且与平面间隙相等,或下面两个测点与平面接触,而上测点与平面不接触,则表明连杆发生了弯曲,此时用厚薄规在测点与平面间可测得间隙数值,该数值即为连杆在100mm长度上的弯曲度值。

(6)如果下测点中只有一个测点与平面接触,且上测点与平面的间隙等于另一个下测点与平面间隙的1/2,此时下测点与平面的间隙即为连杆在100mm长度上的扭曲值。

(7)如果一个下测点与平面接触,且上测点与平面的间隙不等于另个测点与平面间隙的1/2,此时表明连杆同时存在弯曲变形和扭曲变形,下测点与平面的间隙为连杆在100mm长度上的扭曲值。上测点与平面的间隙和下测点与平面的间隙的1/2的差值,为连杆在100mm长度上的弯曲值。

(8)让连杆大头端面与平面贴靠,测出连杆小端断面与平面的距离A;然后将连杆翻转180°,用同样的方法测出距离B,若两次测得的数值不等,说明连杆存在双重弯曲,两次测得的数值之差($A-B$),即为双重弯曲值。

2)连杆轴向间隙的检测

(1)将一缸连杆装到一缸的曲轴连杆轴颈上。

(2)用厚薄规检测连杆与曲轴的轴向间隙(如图1-2-26所示)。

(3)检测其余各缸连杆与曲轴的轴向间隙。

3)连杆径向间隙的检测

(1)把塑料间隙规放在被测的连杆轴径(或连杆轴承盖)上,如图1-2-27所示。

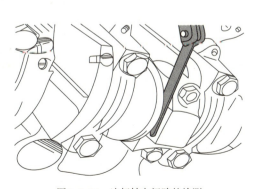

图1-2-26 连杆轴向间隙的检测

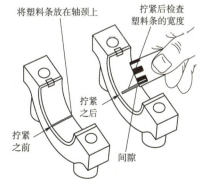

图1-2-27 连杆径向间隙的检测

(2) 将连杆及轴承装到曲轴连杆轴径上，并用规定力矩将连杆螺栓拧紧。

> **注意！**
> 切勿转动曲轴，以防轴颈和轴承工作面被划伤。

(3) 松开连杆螺栓，拆下连杆。
(4) 用量尺与压扁的塑料间隙规的宽度比较（见图 1-2-27），量尺条纹上的数值印为连杆径向间隙值。

3.2　准备工作

阅读维修手册，编制作业方案，列出作业所需要设备、仪器和工具，领取备品。

3.3　操作流程

（1）在发动机台架上将缸体及缸盖上的外围部件拆下。
（2）拆卸汽缸盖。
（3）拆卸油底壳。
（4）拆卸机油泵。
（5）拆卸连杆盖。
（6）拆卸活塞及连杆。
（7）拆卸活塞环。
（8）拆卸活塞销。
（9）按拆卸的相反顺序装配活塞连杆组。

3.4　操作提示

1）活塞选配的提示

（1）应选用与汽缸标准尺寸或修理尺寸等级相同的活塞，同一台发动机应选用同一型号的同组活塞。同组活塞直径差应不大于 0.02～0.05mm。

（2）活塞成套选配，同一台发动机要选用同一厂牌的活塞。因不同厂家生产的活塞存在材料成分比例上的差异，其热膨胀量也就不一样，所以在预留配缸间隙时，所留的间隙值也就不一样。

（3）同组活塞中，各活塞的质量应基本一致。中低转速发动机活塞之间的质量误差应不大于 8g，高转速发动机应不大于 5g。否则会导致发动机出现抖动现象。

（4）活塞裙部的圆度和圆柱度应符合规定的要求。

（5）在活塞选配时，要参照维修手册进行。

（6）为了保证活塞的正常工作，活塞与汽缸的配缸间隙不宜过大，也不宜过小。若间隙过小，活塞膨胀后，易出现拉缸现象，严重的会导致活塞卡死汽缸内的抱缸故障；若间隙过大，又将出现敲缸、窜气、烧机油等故障。

2）活塞与连杆组装的提示

（1）活塞与连杆杆身、连杆轴承盖上的安装记号要在同一方向面上。连杆轴承盖不能与连杆随意换装。如更换连杆，连杆与连杆轴承盖应一同更换。

（2）活塞销头上涂的颜色与活塞销座孔上涂的颜色应一致。

（3）要把活塞加热至60℃以上后再装入活塞销。

（4）活塞与连杆组装完后，应重测一下活塞的尺寸。如出现偏差应对活塞进行校正。

（5）安装活塞销卡簧时，卡簧应嵌入卡簧槽中的深度应不少于卡簧丝径的2/3。否则活塞销受热膨胀时，易把卡簧顶出，造成拉缸事故。

3）活塞环的安装提示

（1）在装配前应检查活塞环的"三隙"。

（2）活塞环的安装方向。

（3）活塞环的开口应按维修手册中规定的角度错开布置。

4）安装活塞连杆组的提示

（1）安装记号要朝向皮带轮一侧。

（2）要用活塞环卡箍将活塞环夹紧在活塞环槽内，以防活塞环折断。

（3）活塞在配缸后不应互换。在汽缸的镗、磨加工中，其镗、磨尺寸是根据活塞的外径尺寸和厂家规定的配缸间隙计算得来的。当汽缸镗、磨加工后，各缸的配缸间隙就被确定下来了。因此，镗、磨完的汽缸，其活塞是不能互换的。

（4）连杆轴承盖与杆身之间不应互换。对于连杆大端设有喷油孔的连杆，因其喷油孔的方向性，以及为防止在维修中不慎调位而破坏大端与配合件的配合位置，连杆都在杆身制有方向（朝前）标记，并在大端侧面有缸号标记，不可装反。

任务三 更换主轴承

1. 任务引入

当发动机出现主轴承响或机油压力过低情况时，经诊断是由于主轴承原因引起的，应更换曲轴主轴承。

2. 相关理论知识

2.1 曲轴

☞ 2.1.1 曲轴的功能与工作条件

曲轴是发动机的主要部件，它的功用是承受连杆传来的力，转变为转矩向外输出，驱动汽车行驶。曲轴还用来驱动发动机的配气机构、水泵、发电机、空调压缩机、转向助力泵等附件。

曲轴在工作时，要承受周期性变化的气体压力、往复惯性力和离心力，以及它们产生的转矩和弯矩的共同作用下，曲轴所产生的扭转振动和弯曲振动。在汽车紧急制动时，曲轴还会产生轴向窜动。

☞ 2.1.2　曲轴的材料

为了保证工作可靠，要求曲轴具有足够的刚度和强度，具有一定的耐磨性，并需要很好的平衡性。这就要求曲轴的材料要有比较高的强度、冲击韧性和耐磨性。一般采用中碳钢（如45号钢）、中碳合金钢（如45Mn2、40Gr等）模锻或球墨铸铁铸造。

☞ 2.1.3　曲轴的结构与平衡

如图1-3-1所示，曲轴主要由曲轴前端的正时齿形皮带轮（链轮、齿轮）、驱动链轮（皮带轮）、曲轴主轴颈、连杆轴颈（曲柄销）、曲柄、平衡重、曲轴后端凸缘等组成。有些电控发动机的转速传感器的信号轮安装在曲轴上。

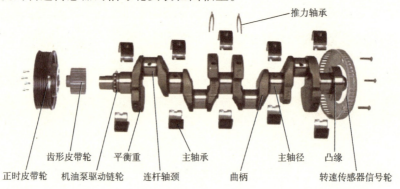

图1-3-1　曲轴的组成

曲轴上磨光的表面为轴颈。支承在曲轴箱轴承孔内旋转的轴颈为主轴颈，主轴颈的轴线都在同一直线上。偏离主轴颈轴线用以安装连杆的轴颈为连杆轴颈（或称为曲柄销），通常两个连杆轴颈在同一条轴线上，其轴线均匀分布在以主轴颈轴线为圆心的同一半径的圆周上。连杆轴颈与主轴颈之间加工有贯通的润滑油道，使主轴承内的润滑油经此油道去润滑连杆轴承。连接主轴颈与连杆轴颈的部分称为曲柄，曲柄与连杆轴颈共同把连杆传来的力转变成曲轴的旋转力矩。在轴颈与曲柄连接处加工有过渡圆角，以防在此出现应力集中，而导致曲轴出现裂纹或断裂。在曲柄远离连杆轴颈一端的相对位置上设有平衡重，用以平衡连杆轴颈、曲柄和活塞等产生的离心力、离心力矩和往复惯性力，使发动机运转更平衡。曲轴前端用以安装皮带轮、曲轴正时齿轮（或正时链轮）。曲轴后端凸缘用以安装飞轮。

为了使发动机运转平稳，须对曲轴进行平衡。对于四缸以上的直列多缸发动机，由于曲柄对称布置，往复惯性力和离心力及其产生的力矩，从整体上看都能互相平衡，但曲轴的局部却受弯曲作用。从图1-3-2中可以看出，第一和第四道连杆轴颈的离心力F_1、F_4与第二道和第三道连杆轴颈的离心力F_2、F_3大小相等、方向相反，故可以相互平衡。F_1和F_2形成的力矩M_{1-2}与F_3和F_4形成的M_{3-4}也能互相平衡。但两个力矩都给曲轴造成了弯曲变形,而引起主轴颈和轴承的偏磨。为了减轻主轴颈的负荷,改善其工作条件,一般都在曲柄的相反方向设置平衡重。

☞ 2.1.4 曲轴的支承形式

主轴颈是曲轴的支承部分。每个连杆轴颈的两端都有一个主轴颈者,称为全支承曲轴(图1-3-3a))。主轴颈数少于连杆轴颈数者,称为非全支承曲轴(图1-3-3b))。在直列发动机中,全支承的曲轴主轴颈总比连杆轴颈数多一个;在V型发动机中,全支承的曲轴主轴颈总数比汽缸数的一半多一个。

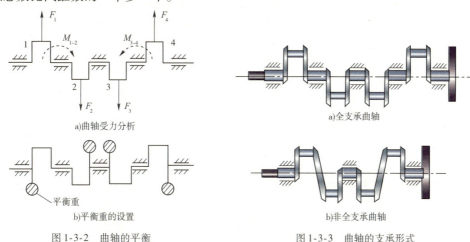

图1-3-2 曲轴的平衡　　　　图1-3-3 曲轴的支承形式

☞ 2.1.5 曲拐的布置形式

曲轴的连杆轴颈和其左右两端的曲柄及主轴颈组成一个曲拐,曲拐数取决于汽缸的数目、排列方式和点火次序(即各缸的作功行程交替次序)。当汽缸数和汽缸排列形式确定后,曲拐布置就只取决于发动机工作顺序。在确定发动机工作顺序时有以下原则:

(1) 曲拐布置尽可能对称、均匀,以使发动机工作平衡性好。

(2) 各缸发火间隔时间应相同。发火间隔时间若以曲轴转角计则称发火间隔角。在发动机完成一个工作循环的曲轴转角内,每个汽缸都应发火作功一次。对于汽缸数为 i 的四冲程发动机,其发火间隔角应为 $720°/i$,即曲轴每转 $720°/i$ 时,就有一缸发火作功,以保证发动机运转平稳。

(3) 连续作功的两缸相隔尽量远些,最好是在发动机的前半部和后半部交替进行,V型发动机的左侧汽缸和右侧汽缸交替进行,这样一方面可减少主轴承连续载荷,另一方面避免相邻两缸进气门同时开启而发生抢气现象,可使各缸进气分配较均匀。

以下介绍几种不同汽缸数的发动机的工作顺序及曲拐布置形式。

1) 四缸四冲程发动机的发火次序和曲拐布置

四缸四冲程发动机曲轴曲拐的布置如图1-3-4所示。

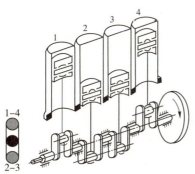

图1-3-4 直列四缸发动机曲拐布置

其曲拐对称布置于同一平面内，相邻作功汽缸的曲拐夹角为720°/4=180°。发动机工作顺序有1-3-4-2和1-2-4-3两种，显然其性能没有差别，都在1、2缸间及3、4缸间连续作功，这是不可避免的。但其他方面都符合上述规律。工作顺序为1-3-4-2的发动机的工作循环表见表1-3-1。

四缸机工作循环表　　　　　　　　　　　　表1-3-1

曲轴转角（°）	1缸	2缸	3缸	4缸
0～180	作功	排气	压缩	进气
180～360	排气	进气	作功	压缩
360～540	进气	压缩	排气	作功
540～720	压缩	作功	进气	排气

2）直列六缸四冲程发动机曲拐的布置

直列六缸四冲程发动机的曲轴曲拐布置形式如图1-3-5所示，其工作顺序为1-5-3-6-2-4，曲拐均匀的布置在互成120°的三个平面内，相邻工作两缸的曲拐夹角为720°/6=120°，其工作循环见表1-3-2。从表中可以看出，各缸作功行程是在整个发动机的前半部汽缸与后半部汽缸间交替进行的。连续作功的两缸相隔较远，基本符合上述规律。另外，如将3、4缸的曲拐与2、5缸的曲拐对调一下所在的平面，就

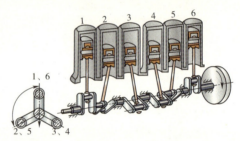

图1-3-5　直列六缸发动机曲拐布置

是另一种符合上述规律的曲轴，其工作顺序为1-4-2-6-3-5，这种结构的曲轴，其性能与前一种没有差别，在日系汽车上应用较多。前一种称为右式曲轴，后一种称为左式曲轴。

六缸机工作循环表（发火次序：1-5-3-6-2-4）　　　　表1-3-2

曲轴转角（°）	1缸	2缸	3缸	4缸	5缸	6缸
0～60	作功	排气	进气	作功	压缩	进气
60～120						
120～180			压缩	排气		
180～240	排气	进气			作功	压缩
240～300						
300～360			作功	进气		
360～420	进气	压缩			排气	作功
420～480						
480～540			排气	压缩		
540～600	压缩	作功			进气	排气
600～660						
660～720			进气	作功		

3）V型八缸四冲程发动机曲拐布置

八缸发动机的工作间隔角为720°/8=90°。V型发动机左右两列汽缸中其相对应的一

对汽缸共用一个曲拐。所以，V 型八缸发动机的曲轴只有四个曲拐。其曲拐的布置形式可以与四缸机一样布置在同一平面内；也可以布置成如图 1-3-6 所示的在两互相错开 90°的平面内，这样布置可使发动机得到更好的平衡性。八缸发动机的工作顺序有 1-8-4-3-6-5-7-2 和 1-5-4-8-6-3-7-2 等数种。表 1-3-3 表示的是其中的一种工作循环。

除上述三类常见曲轴外，还有许多种类，如直列五缸的曲轴曲拐均布在五个纵向平面内，其具体布置视发动机的工作顺序而定。发动机工作顺序 1-2-4-5-3 的曲拐布置，其作功间隔角为 720°/5＝144°。

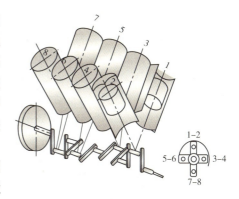

图 1-3-6　V 型八缸发动机曲拐布置

V 型八缸机工作循环表（1-8-4-3-6-5-7-2） 表 1-3-3

曲轴转角（°）	第一缸	第二缸	第三缸	第四缸	第五缸	第六缸	第七缸	第八缸
0～90	作功	作功	进气	压缩	排气	进气	排气	压缩
90～180	作功	排气	压缩	压缩	进气	进气	排气	作功
180～270	排气	排气	压缩	作功	进气	压缩	进气	作功
270～360	排气	进气	作功	作功	压缩	压缩	进气	排气
360～450	进气	进气	作功	排气	压缩	作功	压缩	排气
450～540	进气	压缩	排气	排气	作功	作功	压缩	进气
540～630	压缩	压缩	排气	进气	作功	排气	作功	进气
630～720	压缩	作功	进气	进气	排气	排气	作功	压缩

2.1.6　曲轴前后端的密封和轴向定位

曲轴前后端部伸出曲轴箱，为了防止润滑油沿轴颈流出油底壳（或正时齿轮盖），在曲轴前后都设有防漏装置（图 1-3-7）。常用的防漏装置有挡油盘、填料油封、自紧油封、回油螺纹等。一般发动机都采用两种或两种以上防漏装置组成复合式防漏结构。

曲轴的轴向定位有在曲轴前端设置止推垫片对曲轴进行轴向定位，如图 1-3-8 所示。轿车一般都采用在中间一道主轴承两侧设置止推垫片的方式对曲轴进行轴向定位。

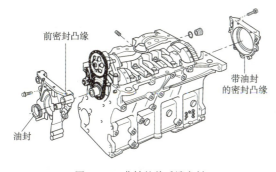

图 1-3-7　曲轴的前后端密封

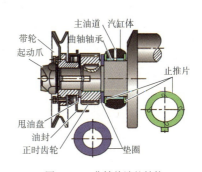

图 1-3-8　曲轴前端的结构

2.2 曲轴扭转减振器

发动机运转时，由于飞轮的惯性很大，可以看做是等速转动。而各个汽缸气体压力和往复运动件的惯性力是周期性地作用在曲轴连杆轴颈上，给曲轴一个周期性变化的扭转外力，使曲轴发生忽快忽慢的转动，从而形成曲轴对于飞轮的扭转摆动，即曲轴的扭转振动。为了消减曲轴的扭转振动，有的发动机在曲轴前端装有扭转减振器。

常用的扭转减振器有橡胶式、摩擦式和硅油式等。

橡胶式扭转减振器（图1-3-9）将减振器圆盘用螺栓与曲轴带轮及轮毂紧固在一起，橡胶层与圆盘及惯性盘硫化在一起。当曲轴发生扭转振动时，力图保持等速转动的惯性盘便使橡胶层发生内摩擦，从而消除了扭转振动的能量，避免扭振。

摩擦式扭转减振器是将惯性盘松套在风扇带轮毂上，两盘可作轴向相对移动，但不能相对转动。惯性盘的端面与带轮和曲轴前端凸缘的端面之间都夹有摩擦片。装在两个惯性盘之间的弹簧使惯性盘压紧摩擦片。在曲轴发生扭转振动时，惯性盘与带轮及曲轴前端凸缘发生相对角振动，靠它们与摩擦片的干摩擦来消减振动。

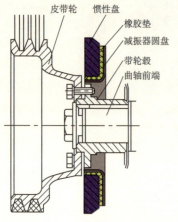

图1-3-9 橡胶式曲轴扭转减振器

2.3 飞轮

飞轮是一个转动惯量很大的圆盘，如图1-3-10所示。它的主要功用是储存作功行程的能量，用于克服进气、压缩和排气行程的阻力和其他阻力，使曲轴能均匀地旋转；飞轮外缘压有齿圈与起动机的驱动齿轮啮合，供起动发动机用，并使发动机有可能克服短时间的超负荷；汽车离合器也装在飞轮上，利用飞轮后端面作为驱动件的摩擦面，用来对外传递动力。

飞轮是一个外缘有齿圈的铸铁圆盘。为了保证飞轮有足够的转动惯量，尽可能减小飞轮的质量，则飞轮大部分质量都集中在轮缘上，因而轮缘通常做得又宽又厚。在飞轮的轮缘上一般制有1缸上止点标记和点火刻线。飞轮和曲轴的装配一般采用固定螺孔不对称布置方式。

现代轿车越来越多的采用双质量飞轮，如图1-3-11所示。双质量飞轮就是将原来的一个飞轮分成两个部分，一部分保留在原来发动机一侧的位置上，起到原来飞轮的作用，用于起动和传递发动机的转矩，这一部分称为初级质量。另一部分则放置在传动系变速器一侧，用于提高变速器的转动惯量，这一部分称为次级质量。两部分飞轮之间有一个环型的空腔，在腔内装有弹簧减振器，由弹簧减振器将两部分飞轮连接为一个整体。由于次级质量能在不增加飞轮的惯性矩的前提下提高传动系的惯性矩，令共振转速下降到怠速转速以下。例如德国鲁克（LUK）公司的发动机双质量飞轮将共振转速从1300r/min降到了300r/min。目前一般汽车怠速在800r/min左右，也就是说在任何情况下，出现共振转速都在发动机运行的转速范围以外，只有在发动机刚起动和停机时才会越过共振转速，这也是常见汽车发动机起动和停机时振幅特别大的原因。当然，如果采用高转矩起动机和提高起动机的转速，调整发动机装置缓冲器，也会使共振振幅尽可能地缩小。

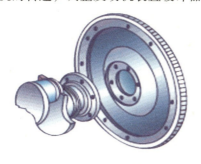

图 1-3-10　飞轮

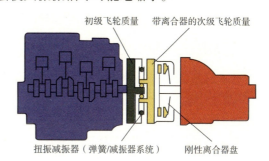

图 1-3-11　双质量飞轮

双质量飞轮的次级质量与变速器的分离和接合由一个不带减振器的刚性离合器盘来完成，由于离合器没有了减振器机构，质量明显减小。减振器组装在双质量飞轮系统中，并能在盘中滑动，明显改善同步性并使换挡容易。

2.4　曲轴轴承

曲轴轴承也称为主轴承（俗称大瓦），装在缸体的主轴承孔内。其作用是保护主轴颈及主轴承孔。

曲轴轴承是由钢背和减磨层组成的分开式薄壁轴瓦。钢背由 1～3mm 厚的低碳钢制成，是轴承的基体。减磨层是由浇注在钢背内圆上厚度为 0.3～0.7mm 的薄层减磨合金制成。减磨合金具有保持油膜、减少摩擦阻力和易于磨合的作用。减磨合金的材料有白合金、铜铅合金和铝基合金等。

为了防止轴承在工作中发生转动或轴向移动，所以在两个轴承的剖分面上，分别冲压出高于钢背面的两个定位凸键。在轴承内表面上有的还加工有油槽，用于储油，保证可靠润滑。

2.5　平衡轴系统

现在有些轿车发动机上装有平衡轴系统。平衡轴简单地说是一个装有偏心重块并随曲轴同步旋转的轴。其功用是利用偏心重块所产生的反向振动力，平衡曲轴连杆机构所产生的惯性力，以减轻发动机的振动。

☞ 2.5.1　发动机的振动原理

在发动机的工作循环中，活塞的运动速度非常快，而且速度很不均匀。在上下止点位置，活塞的速度为零，而在上下止点中间的位置速度达到最高。由于活塞在汽缸内做反复的高速直线运动，必然在活塞、活塞销和连杆上产生很大的惯性力。在连杆上配置的配重可以有效地平衡这些惯性力。但连杆上的配重只有一部分运动质量参与直线运动，另一部分参与旋转。除了上下止点位置外，各种惯性力不能被完全平衡，使发动机产生了振动。

当活塞每上下运动一次，将使发动机产生一上一下两次振动，所以发动机的振动频率和发动机的转速有关。在振动理论上，常使用多个谐波振动来描述发动机的振动，其中振动频率和发动机转速相同的叫一阶振动，频率是发动机转速 2 倍的叫二阶振动，以此类推，还存在三阶、四阶振动。但振动频率越高，振幅就越小，二阶以上可以忽略不计。其一阶振动占整个振动的70%以上，是振动的主要来源。

2.5.2 平衡轴的分类

发动机的平衡轴有两种：单平衡轴和双平衡轴。

1）单平衡轴方式

单平衡轴系统如图1-3-12所示。平衡轴安装在汽缸体上，前端由球轴承支承，后端由滚针轴承支承。平衡轴由凸轮轴齿轮驱动，而凸轮轴则由曲轴通过正时链驱动。平衡轴的转速与曲轴相同，而旋转方向与曲轴相反。单平衡轴可以平衡占整个振动比例相当大的一阶振动，可以使发动机的振动得到明显改善。由于单平衡轴方式结构简单，占用的空间小，在单缸和小排量的发动机中应用较广。

2）双平衡轴方式

双平衡轴系统如图1-3-13所示。两根平衡轴分别有三道支承轴颈，均采用滑动轴承支承，两根平衡轴通过传动链由曲轴驱动。其中一根平衡轴与发动机的转速相同，可以消除发动机的一阶振动；另一根平衡轴的转速是发动机转速的2倍，可以消除发动机的二阶振动，可达到理想减振效果。双平衡轴方式较为复杂，成本高，占用发动机的空间大，一般在大排量发动机上使用。

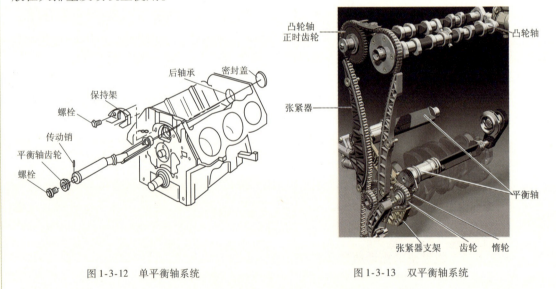

图1-3-12 单平衡轴系统　　　　　图1-3-13 双平衡轴系统

3. 任务实施

3.1 检验

3.1.1 曲轴轴颈磨损的检验

曲轴轴颈磨损情况的检验主要是用外径千分尺测量轴颈的直径、圆度误差和圆柱度误差。其测量的基本原理与测量汽缸的圆度误差和圆柱度误差相同。

☞ 3.1.2 曲轴弯曲变形的检验

检验曲轴弯曲变形应以两端主轴颈的公共轴线为基准，检查中间主轴颈的径向圆跳动误差，如图1-3-14所示。检验时，将V形块放在检验平台上；把曲轴的两端支承在V形块上，使中间主轴颈置于最高处；将磁力百分表固定在检验平台上；用百分表的触头垂直抵触在中间的主轴颈上，慢慢来回转动曲轴，通过百分表确定最高点；将百分表调零；慢慢转动曲轴一圈，百分表指针所指示的最大摆动数值即为中间主轴颈的径向圆跳动误差值，如果该值大于0.15mm，则应进行校正或更换。

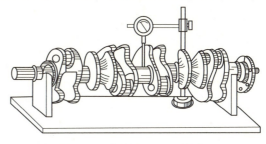

图1-3-14 曲轴弯曲变形的检验

☞ 3.1.3 曲轴扭曲变形的检验

检验曲轴扭曲变形时，其支承方式与曲轴弯曲变形检验相同；用百分表分别检验同一方位上的两个连杆轴在的高度差，这个差值即是曲轴扭曲变形量。若曲轴发生扭曲变形可通过在曲轴磨床上对曲轴进行磨削来修正或更换曲轴。

☞ 3.1.4 曲轴裂纹的检验

裂纹的检验方法有磁力探伤法和浸油敲击法两种。

磁力探伤的原理是当磁力线通过被检验的零件时，零件被磁化，如果零件表面有裂纹，在裂纹部位的磁力线就会因裂纹不导磁而被中断，使磁力线偏散而形成磁极。此时，在零件表面撒上磁性铁粉，铁粉就会被磁化而吸附在裂纹处，从而显现出裂纹的部位和大小。

浸油敲击法是将曲轴置于煤油中浸一会儿，取出后擦净表面上的煤油并撒上白粉，然后分段用小锤轻轻敲击，如有白粉中出现油迹，即为该处有裂纹。

曲轴出现裂纹必须更换曲轴。

☞ 3.1.5 曲轴轴向间隙和径向间隙的检测

1）轴向间隙的检测

曲轴轴向间隙的检查（图1-3-15）可采用百分表或厚薄规进行。

（1）把磁力百分表固定在缸体上，然后将百分表头抵触在曲轴前端平面上并调零，用撬棒向曲轴皮带轮方向撬动曲轴，观察百分表针的摆动数值，该值即为曲轴的轴向间隙。

（2）用撬棒将曲轴撬向一端，用厚薄规检查推力轴承和曲轴止推面之间的间隙，即为曲轴的轴向间隙。

2）径向间隙的检测

曲轴径向间隙的检测方法请参见连杆径向间隙的检测方法。

3.1.6 曲轴轴承的选配

根据曲轴轴颈的直径和规定的径向间隙选择合适内径的轴承。发动机曲轴轴承制造时，根据选配的需要，其内径已成一个尺寸系列。轴承定位凸点要完整，轴承钢背光滑、完整无损。轴承在自由状态下的曲率半径应大于座孔的曲率半径（图1-3-16），保证轴承压入座孔后，可借轴承自身的弹力作用与轴承座贴合紧密。轴承装入座孔后，其上、下两片的每端均应高出轴承座平面0.03～0.05mm，以保证轴承与座孔紧密贴合，提高散热效果。

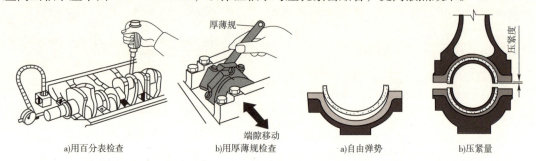

图 1-3-15　曲轴轴向间隙的检查　　　　图 1-3-16　曲轴主轴承的自由弹势和压紧量

有些发动机的轴承、轴承座孔和轴颈均按尺寸公差分组作了标记，有选配标记的轴承，选配时必须与汽缸体和曲轴上的标记对应。

1）北京切诺基汽车发动机

切诺基汽车发动机轴承必须根据所测轴颈尺寸或色标选配，配对的上、下片轴承尺寸或色标可以相同，也可以不同，但尺寸差不能大于一个轴承级别尺寸。

2）广州本田轿车发动机

广州本田轿车发动机曲轴主轴承的色标在曲轴主轴承边缘，曲轴主轴颈标记压印在相邻的曲柄上，轴承座孔标记压印在汽缸体上或连杆一侧，如图1-3-17所示。在选配时应分别按表1-3-4进行选配。

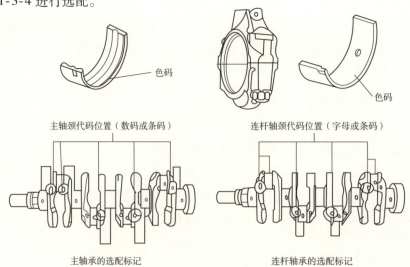

图 1-3-17　广州本田轿车发动机曲轴轴承的选配

广州本田轿车发动机曲轴主轴承的选配　　　　　表 1-3-4

识 别 标 记			主轴承座孔由左至右逐渐增大			
			1（或A或Ⅰ）	2（或B或Ⅱ）	3（或C或Ⅲ）	4（或D或Ⅳ）
			主轴承内径由左至右逐渐缩小			
主轴颈直径由上至下逐渐缩小	1（或Ⅰ）	主轴承内径由上至下逐渐缩小	粉	粉/黄	黄	黄/绿
	2（或Ⅱ）		粉/黄	黄	黄/绿	绿
	3（或Ⅲ）		黄	黄/绿	绿	绿/棕
	4（或Ⅳ）		黄/绿	绿	绿/棕	棕
	5（或Ⅴ）		绿	绿/棕	棕	棕/黑
	6（或Ⅵ）		绿/棕	棕	棕/黑	黑

3）日本丰田发动机

丰田22R发动机的曲轴主轴承尺寸分四组，以轴承背面压印的数码1、2、3、4表示。在汽缸体下平面上压印出一组5位数码，依次代表从第一至第五道主轴颈应选配的轴承号，如图1-3-18所示。这种曲轴主轴承必须对号入座。

雷克萨斯LS400轿车装用的1UZ—FE发动机曲轴主轴承的选配如图1-3-19所示。选配曲轴主轴承时，将压印在汽缸体和曲轴上的数码相加，然后按表1-3-5选配相应尺寸标记的主轴承。主轴承尺寸标记有5种，分别用数字1~5表示。

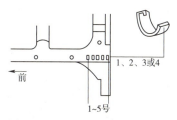

图1-3-18　丰田22R发动机曲轴轴承的选配

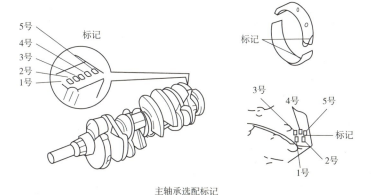

图1-3-19　1UZ—FE发动机曲轴主轴承的选配

IUZ—FE 发动机曲轴轴承的选配　　　　　表 1-3-5

	项　　目	数码及标记					
主轴承	汽缸体数码+曲轴数码	0~5	6~11	12~17	18~23	24~28	—
	相应主轴承尺寸标记	1	2	3	4	5	—
连杆轴承	连杆盖上数码	1	1	2	2	3	3	4	3	4	4
	曲轴上数码	1	2	1	2	2	1	2	3	2	3
	相应连杆轴承尺寸标记	2	3		4		5		6		7

3.2　准备工作

阅读维修手册，列出拆装所需工具，制订拆装方案，领取备品。

3.3　操作过程

（1）拆卸缸体及缸盖上的外围部件。
（2）拆卸楔形皮带。
（3）拆卸缸盖。
（4）拆卸油底壳。
（5）拆卸活塞连杆组。
（6）拆卸曲轴及飞轮。
（7）更换曲轴轴承。
（8）安装顺序与拆卸顺序相反。

3.4　操作提示

（1）在拆曲轴轴承盖时，不要乱放，应按顺序将轴承盖摆放好；否则在安装时容易装串。如果装串，会导致曲轴主轴承孔失圆，而引起曲轴轴颈拉伤，甚至出现抱轴现象。

（2）注意曲轴轴承盖的安装方向，记号朝前。

（3）在拆卸曲轴主轴承盖时，应按从两边到中间交叉旋松的方式旋松曲轴主轴承螺栓。

（4）在安装曲轴主轴承盖时，应按从中间到两边交叉预紧曲轴主轴承螺栓的方式预紧曲轴主轴承盖螺栓，然后，按维修手册上规定的力矩拧紧。这样做的目的就是为了防止曲轴在拆装过程中出现弯曲变形。

（5）在拆卸曲轴时，要注意曲轴转速传感器的信号轮不要与其他物体相碰，以免损坏，导致发动机工作时检测到的信号失常。

（6）在安装曲轴止推垫片时，有字的面应朝向轴瓦，不可装反，否则会导致推力轴承过度磨损，而造成曲轴的轴向窜动。

（7）在安装平衡轴系统时，应注意对正平衡轴驱动装置上的正时标记，否则平衡轴不仅起不到平衡作用，反而还会加剧发动机的振动。

项目二　配气机构的维修

为了提高发动机的充气效率，现代的发动机气门均采用顶置布置方式，而凸轮轴则采用顶置式（有单顶置凸轮轴和双顶置凸轮之分）或下置式（布置在缸体上）的布置方式。图 2-0-1 所示为单顶置凸轮轴式配气机构。

配气机构的技术状况好坏直接影响到发动机汽缸的密封性能和进、排气效率，从而导致发动机动力不足、运转不平稳、油耗增加，甚至容易产生进气道回火、排起管放炮等故障现象。

配气机构是发动机的两大机构之一，因此，配气机构的维修也是发动机机械维修的重点之一。维修质量的好坏，将直接影响发动机性能的发挥。所以，维修时要严格遵守维修手册上所规定的安全操作注意事项、操作流程和相关的维修技术要领，以确保维修质量。

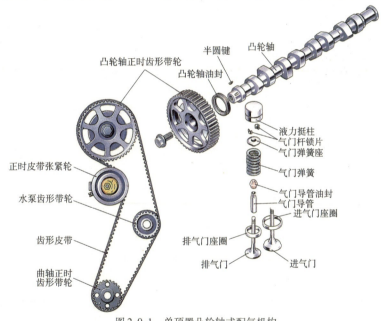

图 2-0-1　单顶置凸轮轴式配气机构

任务一　更换正时皮带

1. 任 务 引 入

在汽车出现以下三种情况之一时，需要更换发动机的正时皮带：

①行驶6万~8万km；②正时皮带齿断了；③正时皮带断了。

2. 相关理论知识

2.1 配气机构的工作原理

凸轮轴是通过正时齿形带轮由曲轴驱动的。四冲程发动机完成一个工作循环，曲轴旋转两周（720°），各缸进、排气门各开启一次，而凸轮轴只需转一周。因此，曲轴转速与凸轮轴转速之比为2:1。

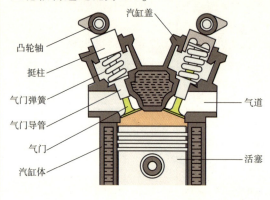

图2-1-1 配气机构工作原理

如图2-1-1所示，当凸轮的基圆部分与挺柱接触时，挺柱在气门弹簧张力的作用下，顶靠在凸轮的基圆上，使气门处于关闭状态；当凸轮的凸起部分与挺柱接触时，凸轮便将挺柱向下压，直接推动气门，将气门头部推离气门座而使气门打开。当凸轮凸起部分的顶点转过挺柱后，便逐渐减小了对挺柱的推力，气门在弹簧张力的作用下，开度逐渐减小，直到最后关闭，使汽缸密封。

由此可以看出，气门的开启是通过气门传动组的作用来完成的，而气门的关闭则是由气门弹簧来完成的。气门的开闭时刻与规律完全取决于凸轮的轮廓曲线形状。每次气门打开时，压缩弹簧，为气门关闭积蓄能量。

2.2 凸轮轴

☞ 2.2.1 凸轮轴的结构

凸轮轴是气门传动组中的一个主要零件，它的功用是按发动机的工作顺序，利用凸轮的轮廓控制着气门的开启和关闭时刻，并确保气门有足够的升程。轿车发动机通常采用顶置式布置，即将凸轮轴安装在汽缸盖中，由曲轴通过传动皮带或传动链条来驱动。

凸轮轴的转动方向取决于凸轮轴的布置位置，下置式凸轮轴采用一对正时齿轮传动，凸轮轴逆时针转动；顶置凸轮轴采用链传动或同步齿形带传动，凸轮轴顺时针转动。

凸轮轴的构造如图2-1-2所示，主要由凸轮、轴颈、凸轮轴位置传感器信号轮和凸轮轴定位凸肩组成。凸轮分为进气凸轮和排气凸轮两种，用来驱动与控制进、排气门的开启和关闭。轴颈对凸轮轴起支承作用。凸轮轴位置传感器信号轮与凸轮轴位置传感器一起用来检测凸轮轴的工作位置。凸轮轴定位凸肩用来对凸轮轴起轴向定位作用。凸轮轴的前端制有半圆键槽，通过半圆键与正时齿形带轮连接。

凸轮一般采用优质钢模锻而成，也有用合金铸铁或球墨铸铁铸造而成。凸轮与轴颈表面经过热处理，使之具有足够的硬度和耐磨性。

凸轮轴上的凸轮与挺柱或者摇臂的接触接近于线接触，接触面积很小。在工作中两者之间为滑动摩擦。由于气门弹簧刚度很大，凸轮表面的接触应力也很大。因此，要求凸轮表面要有足够的硬度和耐磨性；否则，凸轮的磨损与变形会影响气门的开、闭时刻和气门升程，影响发动机的正常工作。

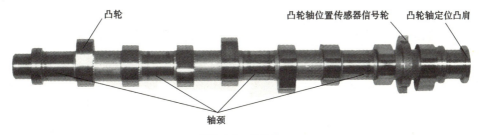

图 2-1-2　凸轮轴

☞ 2.2.2　凸轮的轮廓曲线和凸轮的相对位置

凸轮是凸轮轴上最重要的组成部分。凸轮的轮廓应能使气门的开启与关闭的时刻符合发动机的工作要求，使气门有尽量大的升程；同时，也决定着气门开启与关闭过程的运动规律。

图 2-1-3 为顶置凸轮轴的凸轮轮廓曲线图。其中 O 点为凸轮的旋转中心，圆弧 AE 称为基圆。

当挺柱与 E 点接触，凸轮按箭头方向旋转，基圆从 E 点起滑过挺柱一直到 A 点止，在这一转角范围内挺柱不动，气门处于关闭状态。对于普通挺柱来说，从 A 点起随着凸轮的转动，挺柱开始受压下移，但由于存在有气门间隙，气门不能打开。凸轮转到 B 点与挺柱接触时，气门间隙消除，气门开始打开。随着凸轮的转动，凸轮的工作半径逐渐加大（即圆弧 BC 段），凸轮通过挺柱和气门杆压缩气门弹簧，使气门继续下移，气门的开启量逐渐变大；当挺柱与凸轮轮廓的接触点处于 C 点时，气门开启量达到最大。随着凸轮的继续转动，凸轮的工作半径逐渐减小（即圆弧 CD 段），气门在弹簧张力的作用下，不断上移，使气门开启量逐渐变小。当凸轮转到 D 点与挺柱接触时，气门完全关闭。当凸轮 E 点与挺柱接触时，挺柱下移停止。凸轮转过一圈，气门打开一次。图中角 φ 为气门开启持续角，ρ_1 和 ρ_2 是消除气门间隙和恢复气门间隙所需的凸轮转角。凸轮轮廓曲线 BCD 段的形状，决定了气门打开与关闭过程的运动规律。

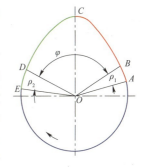

图 2-1-3　凸轮的轮廓曲线

> 🔖**知识链接：**
> 这里所说的普通挺柱是指由金属材料制成的一个简单的机械部件，其内部无任何其他部件。对于安装了普通挺柱的配气机构来说，在发动机工作时，气门将因温度升高而膨胀，这一膨胀量通过机械部件传到凸轮。因机械部件的不可压缩性，所以，气门只能向相反方向膨胀，即向缸内膨胀。如果凸轮轴顶置，气门及其挺柱之间，在冷态时无间隙或间隙过小，则在热态下，气门及其挺柱的受热膨胀势必引起气门关闭不

严，造成发动机在压缩和作功行程中漏气，使功率下降，严重时甚至不易起动。为了消除这种现象，通常在发动机冷态装配时，在气门与其挺柱间留有适当的间隙，以补偿气门受热后的膨胀量。这一间隙通常称为气门间隙。

如果发动机的配气机构中采用液力挺柱，其挺柱的长度能自由变化，随时补偿气门的热膨胀量，故不需要预留气门间隙。

大多数发动机采用一个凸轮驱动一个气门的布置方式。同一缸的进、排气凸轮称为异名凸轮。四冲程发动机的排气行程和进气行程是相连的两个行程，如果气门不早开晚关，从排气门开启到进气门开启，曲轴正好转过180°。反映到凸轮轴是两异名凸轮之间的夹角为90°。为了提高发动机的充气效率，气门被设计成早开晚关，所以两异名凸轮间的夹角大于90°。

凸轮轴上各缸的进气凸轮（或者排气凸轮）称为同名凸轮。从凸轮轴的前端来看，各缸同名凸轮的相对位置按发动机作功顺序逆凸轮轴转动方向排列，如图2-1-4所示，夹角为作功间隔角的1/2。如四缸发动机同名凸轮间夹角为180°/2＝90°，六缸发动机同名凸轮间夹角为120°/2＝60°。

a) 直列四缸顶置式

b) 直列六缸下置式

图2-1-4 同名凸轮相对位置

☞ 2.2.3 凸轮轴轴颈和轴承

凸轮轴是细长轴，在工作中承受的径向力（主要是气门弹簧的弹力造成）很大，容易造成弯曲、扭曲等变形。为减小凸轮轴的变形，发动机凸轮轴采用了全支承方式（全支承方式是指一个汽缸设置两个轴颈支承）或每两个汽缸设两个轴颈支承的方式。下置式凸轮轴的轴承大多数采用整体衬套式轴承，其与座孔的配合方式为过盈配合。衬套的材料多用低碳合金钢，也有采用粉末冶金衬套或铜套的。有些顶置凸轮轴式发动机，不采用衬套，轴颈直接与缸盖上镗出的座孔配合，座孔采用分开式结构。

凸轮轴轴颈的润滑采用压力润滑，缸体或缸盖上钻有油道与轴承相通。凸轮与挺柱间采用飞溅润滑。

☞ 2.2.4 凸轮轴的轴向定位

为了防止凸轮轴发生轴向窜动，凸轮轴都设有轴向定位装置。凸轮轴顶置式发动机一般在凸轮轴上直接设置定位凸肩（图2-1-2）。

☞ 2.2.5 正时传动装置

凸轮轴靠曲轴来驱动，其传动方式有齿轮传动、链传动和带传动三种。这里只介绍带传动方式。

正时带传动装置主要由曲轴正时齿形带轮、凸轮轴正时齿形带轮、正时齿形带、张紧轮、水泵齿形带轮等组成，参见图2-0-1。张紧轮通过弹簧紧压在齿形皮带上，使齿形皮带处于被张紧状态，以保持皮带传动功能的正常。凸轮轴正时齿形皮带轮的直径是曲轴正时齿形皮带轮的两倍,以保证曲轴与凸轮轴2:1的传动比。

为了保证传动的正确性,曲轴的转角位置与凸轮轴的转角位置要相互对应。一般都是通过安装记号来确保其对应关系的,安装记号一般被称为正时记号。凸轮轴下置式的布置形式的正时记号只有一对,因为曲轴的正时齿轮与凸轮轴的正时齿轮直接啮合进行传动的;凸轮轴顶置式的布置形式(一根凸轮轴)的正时记号有两对,一对是曲轴带轮与壳体之间的记号,另一对是凸轮轴带轮与壳体之间的记号;发动机每多一个凸轮轴就增加一对正时记号,其记号位置视其结构而定。

对于图2-0-1所示的配气机构,在曲轴正时齿形带轮(或链轮)与汽缸体前端之间、凸轮轴正时齿形带轮(或链轮)与汽缸盖前端之间设有两对正时记号(图2-1-5、图2-1-6中箭头所示)。在安装正时齿形带时,应保证这两个记号要对正。

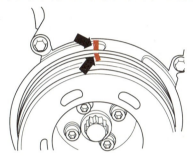
图2-1-5 曲轴正时齿形带轮正时记号

图2-1-6 凸轮轴正时齿轮带轮正时记号

2.3 配气相位

用曲轴转角表示进、排气门的开闭时刻和开启持续时间称为配气相位。

发动机在换气过程中,若能够做到排气彻底、进气充分,则可以提高充气系数,增大发动机输出的功率。

四冲程发动机的每一个工作行程,其曲轴要旋转180°。由于发动机转速很高,一个行程经历的时间是很短的。如发动机以5600r/min的转速运转,则一个行程的时间只有0.0054s。在这样短时间内往往会使发动机充气不足或排气不净,使发动机的功率下降。因此,发动机都采用延长进、排气时间,即:气门的开启和关闭的时刻并不正好是活塞处于上止点和下止点的时刻,而是分别提前或延迟一定曲轴转角,以改善进、排气状况,从而提高发动机的动力性。

> 知识链接:
>
> 所谓充气系数是指在进气行程中,实际进入汽缸的混合气或新鲜空气的质量ΔG,与在标准大气压和温度状态充满汽缸的混合气或新鲜空气的质量ΔG_0之比,常用η_v来表示。即:
>
> $$\eta_v = \frac{\Delta G}{\Delta G_0}$$

充气系数是衡量发动机进气过程完善程度的重要参数。充气系数越大，表明进入汽缸内的混合气或新鲜空气的量越多，发动机发出的功率越大。

2.3.1 进气门的配气相位

1）进气提前角

如图 2-1-7 所示，在上一循环排气行程接近终了，活塞到达上止点之前，进气门便开始开启。从进气门开始开启到活塞到达上止点时所对应的曲轴转角称为进气提前角，用 α 表示。一般为 $10°\sim30°$。

2）进气迟后角

在进气行程下止点过后，压缩行程中进气门才关闭。从活塞在下止点到进气门关闭时所对应的曲轴转角称为进气迟后角，用 β 表示。β 一般为 $40°\sim80°$。

进气门开启持续时间内的曲轴转角，即进气持续角为 $\alpha+180°+\beta$。

进气门提前开启的目的是为了保证进气行程开始时进气门已有一定的开度，新鲜气体能顺利地充入汽缸。当活塞到达下止点时，汽缸内压力仍低于大气压力，在压缩行程开始阶段，活塞上移速度较慢，这时在气流惯性和压力差的作用，气流仍能向汽缸充气，因此进气门晚关一点是有利于汽缸的充气。

2.3.2 排气门的配气相位

1）排气提前角

如图 2-1-8 所示，在作功行程的后期，活塞到达下止点前，排气门便开始开启。从排气门开始开启到活塞到达下止点时所对应的曲轴转角称为排气提前角，用 γ 表示。γ 一般为 $40°\sim80°$。

图 2-1-7 进气门配气相位

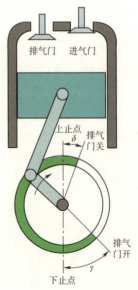

图 2-1-8 排气门配气相位

2）排气迟后角

在活塞越过上止点后，在下一循环的进气行程中，排气门才关闭。从活塞上止点到排气门关闭时所对应的曲轴转角称为排气迟后角，用 δ 表示。δ 一般为 $10°\sim30°$。

由于活塞到达上止点时，汽缸内的压力仍高于大气压，且废气流有一定的惯性，所以排气门适当晚关可使废气排得较干净。排气门开启持续时间内的曲轴转角，即排气持续角为 $\gamma+180°+\delta$。

排气门晚关的目的是，当作功行程接近下止点时，汽缸内的气体虽有 $0.3\sim0.5$ MPa 的压力，但就活塞作功而言，作用不大，这时若稍开启排气门，大部分废气在此压力作用下，可迅速从缸内排出；当活塞到达下止点时，汽缸内压力已降至 $0.11\sim0.12$ MPa，这时排气门的开度进一步增加，有利于减少活塞上行时的排气阻力。高温废气的迅速排出，还可以防止发动机过热。当活塞到达上止点时，燃烧室内的废气压力仍高于大气压力，加之排气时气流有一定的惯性，所以排气门迟一点关闭，可以使废气排放得较干净。

☞ 2.3.3　气门重叠与气门重叠角

由于进气门早开和排气门晚关，在排气终了和进气刚开始，活塞处于上止点附近时，存在着进排气门同时开启的现象，这种现象称为气门重叠。进排气门同时开启过程对应的曲轴转角，称为气门重叠角。气门重叠角的大小为 $\alpha+\delta$。

由于气门早开晚关，所以气门重叠现象是不可避免的。因新鲜气流和废气气流都有各自的流动惯性，在短时间内不会改变流向。只要角度选择合适，就不会出现废气倒流进气道以及新鲜气体随废气一起排出的现象。相反，进入汽缸内部的新鲜气体可增加汽缸内的气体压力，有利于废气的排出。但气门重叠角必须选择适当，否则会出现气体倒流现象。

☞ 2.3.4　配气相位图

通常将进排气门的实际开闭时刻和开启过程，用曲轴转角的环形图来表示，这种图形称为配气相位图。

实际上，配气相位图就是把图 2-1-7 和图 2-1-8 中的气门开启持续角叠加在一起，如图 2-1-9 所示。配气相位图直观地表示出了气门开闭时刻相对于活塞上下止点的曲拐位置、气门开启的提前角和关闭的迟后角、气门的实际开启时间所对应的曲轴转角以及气门重叠角等。

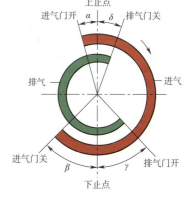

图 2-1-9　顶置式凸轮轴的配气相位图

3.　任 务 实 施

3.1　准备工作

阅读维修手册，列出拆装所需工具，制订正时皮带的更换方案，领取备品。

3.2 操作流程

（1）拆卸相关部件。
（2）拆卸齿形皮带护罩上体。
（3）转动曲轴，对正正时记号。
（4）拆卸曲轴多楔皮带。
（5）拆下齿形皮带护罩中间体和下体。
（6）拆下齿形正时皮带。
（7）换上新齿形正时皮带。
（8）安装时，按拆卸相反的顺序进行。

3.3 操作提示

（1）安装正时皮带时，要对齐正时记号。
（2）转动凸轮轴时，各缸活塞不得位于上止点，否则可能会导致活塞顶气门的现象，可能会造成气门或活塞顶损坏。
（3）调整张紧轮，使皮带的松紧度符合规定要求。
（4）注意正时皮带的更换周期。

任务二 检查与更换液压挺柱

1. 任务引入

当发动机气门出现响声或发动机不易起动时，需对液压挺柱进行检测，视情况更换。

2. 相关理论知识

气门传动组中如采用非液力挺柱式的挺柱，则因挺柱是纯金属制造，在受热膨胀后会导致气门关闭不严。因此，需要预留气门间隙；但这又会造成气门开启和关闭时的冲击，产生磨损、噪声和异响。所以，为了解决这一矛盾，越来越多的发动机（尤其是轿车发动机）都采用了无需预留气门间隙的液力挺柱。因液力挺柱的有效工作高度是可变的，它能自动抵消气门杆长度的变化，确保气门的密封性。

液力挺柱是气门传动组中一个主要零件，它起着传力和消除气门间隙的作用。液力挺柱分为直接驱动式和摇臂支点式两种形式。

2.1 直接驱动式液力挺柱

直接驱动式液力挺柱的结构如图 2-2-1 所示。它由挺柱体、柱塞、柱塞套筒、补偿弹簧、止回阀组成。

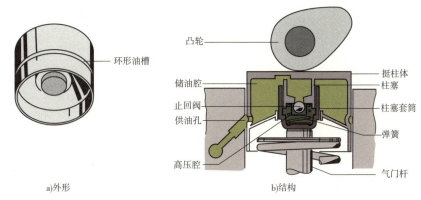

图 2-2-1 直接驱动式液力挺柱

挺柱体由圆桶和上端盖焊接而成。柱塞与挺柱体上端盖部分焊接，在与柱塞对应上端盖间还制有油槽，使挺柱体的储油腔与（低压油腔）柱塞的内腔相通。柱塞的外圆表面套装在柱塞套筒内，在柱塞与柱塞套筒之间的止回球阀被弹簧压靠在柱塞下端面的阀座上，将柱塞内的油道封闭，在柱塞套筒内形成高压油腔。

在气门关闭状态下，挺柱体外表面上的环形油槽与汽缸盖液力挺柱承孔内的斜油道孔对齐，这时缸盖油道内的润滑油通过环道油道上的供油孔进入液力挺柱的储油腔。当止回球阀打开时，高压油腔与储油腔相通；直至两腔油压相等时，止回球阀在弹簧弹力的作用下关闭。因此，无论是储油腔还是高压油腔，都充满了油液，且油压相等。弹簧还可以使柱塞套筒与柱塞相对运动，一方面保持挺柱体顶面与凸轮的紧密接触，另一方面保持柱塞套筒下端面与气门杆端面紧密接触，以保证凸轮与气门杆之间无间隙运行。

在气门打开的过程中（图 2-2-2），凸轮推动挺柱体和柱塞下移，柱塞套筒受到气门弹簧的阻力而不能马上下移，导致油压升高，止回球阀关闭。由于油液的不可压缩性，整个挺柱体如同一个刚性体一样下移，将气门打开。同时，会有少量的油液从柱塞与柱塞套筒之间的缝隙处向储油室泄漏，但这不会影响气门的正常打开。

在气门关闭的过程中（图 2-2-3），当凸轮的顶点转过挺柱体上端面后，将逐渐解除对挺柱体的压力，使挺柱体在气门弹簧弹力的作用下开始上移。由于挺柱体仍受到凸轮和气门弹簧两方面的顶压，高压油腔仍保持高压，球阀仍处于关闭状态，液力挺柱体仍是一个刚性体，直至气门完全关闭为止。

在气门关闭以后（图 2-2-4），柱塞套筒和挺柱体在补偿弹簧弹簧力的作用分别被压靠在气门杆下端面和凸轮轮廓表面上。因在气门开启过程中，有少量的油液从高压腔被挤压到储油腔中，这时高压腔内的油压变小，止回球阀被储油腔的油压顶开，储油腔中的润滑油便向高压腔中流入，进行油液补偿，直到两腔油压平衡为止，止回球阀在弹簧的作用下关闭。

当气门受热后，会导致气门杆膨胀伸长。这时气门杆在气门弹簧弹力的作用下上移，推动柱塞套筒上移。因凸轮轴不可移动，所以柱塞不动。柱塞套筒便将弹簧压缩，使高压腔中的油压升高。压力升高的油液便经柱塞与柱塞套筒之间的缝隙被挤压到储油腔中。由于高压腔中油液外泄，在高压腔容积变小的同时，柱塞与柱塞套筒也产生了相对运动，使挺柱体的顶端面到柱塞套筒的底端面间的距离自动"缩短"，从而保证了气门关闭的紧密。

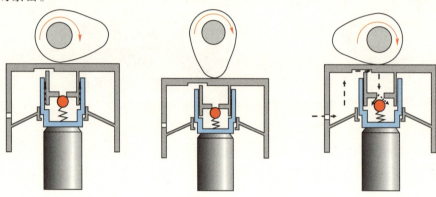

图 2-2-2　气门打开过程　　　图 2-2-3　气门关闭过程　　　图 2-2-4　气门关闭以后

当气门冷却后，会使气门杆收缩变短。这时气门杆的下端面向下移动，通过气门弹簧座将气门弹簧压缩，使气门仍然保持着关闭的紧密。由于气门杆的下移，柱塞套筒在弹簧弹力的作用下向下移动，使挺柱体的顶端面到柱塞套筒的底端面间的距离自动"伸长"，从而保证了气门杆与凸轮之间无间隙状态。因柱塞套筒下移，使高压腔容积变大，油压变小，这时储油腔中的油液便顶开止回球阀向高压腔中流入，进行油液补偿，直到两腔油压相等为止，止回球阀在弹簧的作用下关闭。

2.2　摇臂支点式液力挺柱

如图 2-2-5 所示，摇臂支点式液力挺柱由挺柱体、柱塞、补偿弹簧、止回阀、止回阀弹簧等组成。其安装于汽缸盖的液力挺柱承孔内，不受凸轮直接驱动，也不直接驱动气门；而是作为一个支承点，支承着摇臂的一端。其特点是摩擦力小、运动惯量小、后期使用噪音减轻。

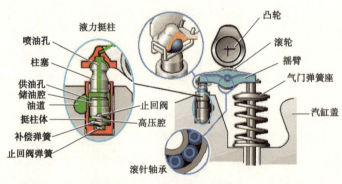

图 2-2-5　摇臂支点式液力挺柱

柱塞中心处制有一个与液力挺柱供油孔相通的上、下贯通的油道。柱塞顶的油孔是喷油孔，用于向凸轮与滚轮接触位置喷射润滑油，供其润滑；柱塞底部的油孔是止回阀的阀

— 54 —

座孔，其与止回阀配合用于高压腔与油道的接通或切断。止回阀的关闭由止回阀弹簧控制。

摇臂支点式液力挺柱的工作原理与直接驱动式液力挺柱的基本相同，有以下几点区别。

（1）如图2-2-6a）所示，在气门打开的过程中，凸轮的作用力经滚轮和摇臂同时作用在液力挺柱的柱塞和气门杆上。摇臂以柱塞支承端为圆心，顺时针转动，使气门打开。

（2）在气门关闭过程中，摇臂仍以柱塞支承端为圆心，逆时针转动，使气门关闭。

（3）如图2-2-6b）所示，当气门杆受热膨胀伸长时，摇臂在气门杆的推力作用下，以滚轮与凸轮的接触点为支承点，逆时针转动，使柱塞被压缩。

（4）如图2-2-6c）所示，当气门杆冷却收缩变短或气门刚刚关闭（因气门在打开过程中高压腔里的油液有少量因高压而渗漏到储油腔中）时，滚轮与凸轮之间瞬时出现间隙，柱塞被补偿弹簧压出，推动摇臂以气门杆为支点顺时针转动，直到滚子接触凸轮。在此过程中，高压腔油压减小，止回阀打开，机油流入。当高压腔和储油腔中压力平衡时，止回阀关闭。

a）气门打开过程　　　b）气门杆受热膨胀伸长　　　c）滚轮与凸轮间出现间隙

图2-2-6　摇臂支点式液力挺柱的工作原理

3. 任 务 实 施

3.1　检查

☞ 3.1.1　液力挺柱的检查

液力挺柱工作失常的原因主要是挺柱体外表工作面磨损或损伤、液力挺柱内部配合表面磨损等。

液力挺柱的柱塞与柱塞套筒之间磨损、止回阀关闭不严均会导致液力挺柱内部密封不良。在气门打开的过程中，会因高压腔内的油液泄漏而使液力挺柱的有效高度"缩短"，从而使气门升程减小并产生异响。

液力挺柱的检查项目有：

（1）挺柱体外表工作面损伤情况的检查；

（2）挺柱体与承孔配合间隙的检查；

（3）液力挺柱密封性的检查；

（4）液力挺柱自由行程的检查。

液力挺柱是不可修理件，当挺柱体外表工作面磨损或损伤、液力挺柱内部配合表面磨损等情况时，应进行更换。

☞ 3.1.2　自由行程的检查

德国大众车系的车辆规定用测量液力挺柱自由行程的方法检验其密封性。

（1）起动发动机，运行至冷却液温度约80℃。

（2）把发动机转速提高到大约2500r/min，并运转至少2min。

（3）拆下汽缸盖罩上的通风腔的连接软管。

（4）拆卸汽缸盖罩。

（5）拆卸导油器。

（6）逆时针方向转动曲轴，直到被检查的液力挺柱上的凸轮指向上方。

（7）用楔形木棒或塑料棒向下压液力挺柱体。用0.2mm的厚薄规检验凸轮与挺柱或凸轮与滚轮的间隙。如能插入，则应更换液力挺柱。

注意！

向下压液力挺柱时，不要使气门开启。

☞ 3.1.3　密封性的检验

液力挺柱的密封性检验应在拆下液力挺柱后，在液力挺柱密封性检验仪（图2-2-7）上进行。其检验方法如下。

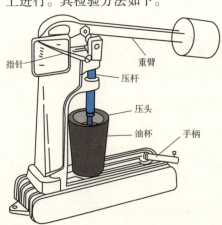

图2-2-7　液力挺柱密封性检验仪

（1）将液力挺柱装入油杯，并在油杯中加入试验油，使液力挺柱完全浸没在油中。

（2）用压头压住液力挺柱（或油缸），反复提压重臂，使挺柱体中的柱塞（或油缸）上下往复运动多次，以便排除液力挺柱内的空气。直至无气泡冒出后，再提起重臂，使柱塞（或油缸）自由升起到正常的位置。

（3）将重臂轻轻落下。（在重臂作用下液力挺柱逐渐"缩短"，这种变化可通过检验仪指针观察到）

（4）顺时针转动检验仪底座上的手柄，使油杯以30r/min的转速旋转。

（5）当检验仪指针指到刻度盘上"START"标记时，按下秒表，记录液力挺柱"缩短"一定尺寸时所需时间。如不符合规定，应更换液力挺柱。

3.2 准备工作

阅读维修手册,列出更换液力挺柱所需的工具和设备,制订更换方案,领取备品。

3.3 操作流程

(1) 拆卸正时齿形皮带。
(2) 拆卸气门室罩盖。
(3) 拆卸凸轮轴。
(4) 拆卸液力挺柱。
(5) 液力挺柱的检查。
(6) 按拆卸相反的顺序安装液力挺柱。

3.4 操作提示

(1) 不要碰伤凸轮的工作面。
(2) 缸盖上装有传感器的,在拆卸和装配过程中不要碰伤传感器。
(3) 安装凸轮轴时,1缸凸轮必须朝上,且各缸活塞均不得位于上止点。
(4) 安装液力挺柱时,其外表面、凸轮轴轴颈和凸轮应涂抹机油。
(5) 确保所有摇臂必须接触气门末端,而且各自卡在液力挺柱的柱塞中。
(6) 要注意密封胶的有效期。密封胶应均匀涂于干净的定位架槽沟中,不应涂得太厚或间断现象。安装完定位架和汽缸盖罩后,密封胶必须干燥约30min。
(7) 拆卸和安装螺栓时,要按维修手册上规定的顺序要求旋松或紧固螺栓。
(8) 拆卸和安装时,注意正时记号的对正。
(9) 安装完毕后,必须小心谨慎地用手转动曲轴至少2圈。

任务三 更换气门

1. 任务引入

当出现气门折断或由于气门的原因导致汽缸压力低的情况,需对气门进行更换。

2. 相关理论知识

2.1 气门

气门(图2-3-1)是配气机构的主要组成部件,其作用是用来封闭气道。气门由头部和杆身两部分组成。头部用来封闭进排气道，杆身用来在气门开闭过程中起导向作用。

气门的工作条件如下：

（1）气门头部直接与汽缸内燃烧的高温气体接触，承受的工作温度很高，进气门达 570～670K，排气门高达 1050～1200K，承受很高的热负荷。

（2）气门散热困难，主要靠头部密封锥面与气门座接触处散热，气门杆与气门导管之间也能散失一部分热量，但散热面积小于受热面积。

（3）气门在关闭时承受很大的落座冲击力，发动机转速越高，冲击力越大。

（4）气门还受到燃气中腐蚀介质的腐蚀。

（5）气门润滑困难。

（6）气门还要承受气体压力、传动组零件惯性力的作用。

由于气门的工作条件很差，要求气门材料必须有足够的强度、刚度、耐高温和耐磨损。进气门一般采用中碳合金钢（如镍钢、镍铬钢和铬钼钢等），排气门多采用耐热合金钢（如硅铬钢、硅铬钼钢）。为节约耐热合金钢，降低材料成本，有些发动机排气门头部采用耐热合金钢，杆身采用中碳合金钢，然后将两者焊在一起。还有一些排气门，在头部锥面喷涂一层特种合金材料，以提高其耐高温、耐腐蚀性。

气门的结构包括头部和杆身两部分，两者圆弧连接，如图 2-3-1 所示。气门头部由气门顶部和密封锥面组成，而气门杆身尾端的结构主要取决于气门弹簧座的固定方式。

2.1.1 气门头部

1）气门顶部的形状

气门顶部形状主要分成平顶、喇叭形顶和球面顶三种结构形式，如图 2-3-2 所示。

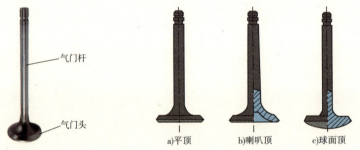

图 2-3-1 气门　　　　图 2-3-2 气门头部的形状

（1）平顶是大多数发动机采用的一种方式，如图 2-3-2a）所示。它吸热面积小、结构简单、制造方便，质量小，进、排气门均可采用。

（2）喇叭形顶与杆身的过度部分具有流线型，气体流动阻力小，且质量轻、惯性小。但顶部受热面积大，适合做进气门，不宜做排气门，如图 2-3-2b）所示。

（3）球面顶的强度高，排气阻力小，废气清除效果好，适合做排气门。但球面顶形状受热面积大、质量和惯性力大，加工也复杂，如图 2-3-2c）所示。

2）气门密封锥面

气门密封锥面是与杆身同心的圆锥面，用来与气门座接触，起到密封气道的作用。采用密封锥面有以下好处：

（1）能提高密封性和导热性。
（2）气门落座时，有自定位作用。
（3）避免气流拐弯过大而降低流速。
（4）能挤掉接触面的沉淀物，起自洁作用。

如图 2-3-3 所示，气门密封锥面与顶平面之间的夹角，称为气门锥角，一般做成 45°。有的发动机进气门做成 30°，这是因为在气门升程相同的情况下，气门锥角小，可获得较大的气流通过截面，进气阻力较小。但锥角较小的头部边缘较薄，刚度较小，致使气门头部与气门座的密封性和导热性均较差，易在热态时变形，影响贴合。由于排气门承受的温度比进气门高，故排气门所采用的气门锥角大多为 45°。虽然这会增加气流阻力增大，但由于排气压力高，对排气影响不大。

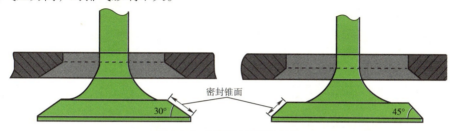

图 2-3-3　气门密封锥面与锥角

气门顶边缘与气门密封锥面之间应有一定的厚度，一般为 1～3mm，以防止在工作中受冲击损坏或被高温气体烧坏。为了减少进气阻力，提高汽缸的充气效率，多数发动机进气门的头部直径比排气门的大。为保证良好密合，装配前应将气门头与气门座二者的密封锥面互相研磨。研磨好的零件不能互换。为了改善气门头部的耐磨性和耐腐蚀性，有的发动机在排气门密封锥面上堆焊一层含有大量的镍、铬、钴等金属元素的特种合金，以提高硬度。

☞ 2.1.2　气门杆身

气门杆身与气门导管配合，为气门在开启和关闭过程中起上下运动的导向作用。

气门杆身为圆柱形，发动机工作时，气门杆身在气门导管中不断上下往复运动，而且润滑条件极为恶劣。因此，要求气门杆身与气门导管有一定的配合精度和耐磨性，气门杆身表面都经过热处理和磨光，以保证同气门导管的配合精度和耐磨性，并起到良好的导向、散热作用。气门杆身与头部之间的过渡应尽量圆滑，不但可以减小应力集中，还可以减少气流阻力。

在气门杆的尾部制有环槽或销孔，与锁环或锁销配合，起着固定气门弹簧座的作用（图 2-3-4）。

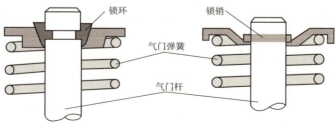

图 2-3-4　气门弹簧座的固定方式

锁环由被剖分成两半的锥形环组成，合在一起形成一个完整的圆锥结构，其内环面制有一环形凸台。与锁环外表面配合，气门弹簧座的承孔也为锥形孔。

为了改善排气门的导热性能，有些发动机采用了如图2-3-5所示的充钠排气门。金属钠的熔点为97.81℃，其在发动机的工作温度下变为液态。通过液态钠的来回运动，热量很快从气门头部传到根部，从而可使温度降低约100℃左右，排气门的这种内部冷却方式同时也降低了混合气自燃的危险，从而提高了气门的使用寿命。

2.2　气门座

气门座（图2-3-6）是在汽缸盖的气道孔处加工出的一些圆形表面，气门锥面落座在气门座上。其作用是为进、排气门提供了密封表面，防止气体渗漏；同时还可以帮助散去气门上聚积的热量。

气门座的有一体式和镶嵌式两种类型。气门座一般用耐热合金钢或耐热合金铸铁材料制成。

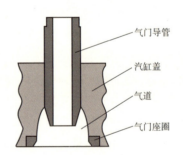

图2-3-5　充钠排气门　　　　图2-3-6　气门座与气门导管

一体式的气门座作为汽缸盖的一部分直接在汽缸盖上铸造而成；这种气门座散热效果好，使用中不存在脱落造成事故的可能性。但存在不耐高温、不耐磨损，不便于修理更换、制造成本高等缺点。

镶嵌式气门座是用一个金属环加工而成的。这种气门座耐高温、耐磨损和耐冲击、易于维修更换；但存在着导热性差，加工精度高等缺点。如果与缸盖上的座孔公差配合选择不当，还可能发生脱落而造成事故。因为气门座热负荷大，温差变化大，又受气门落座时的冲击，为了保证散热和防止脱落，气门座与座孔之间应有较高的加工精度、较低的粗糙度和较大的配合过盈，因而压入时应将气门座冷缩或将气门座孔部位加热。

气门座的工作面由三个锥角不同的环面组成（图2-3-7）。其中45°（或30°）的锥面与气门密封锥面贴合。为保证有一定的贴合压力，使密封可靠，同时又有一定的散热面积，要求结合面的宽度为1~3mm。30°和60°锥角是用来修正工作锥面的宽度和上、下位置的（有些发动机是15°和75°），以使其达到规定的要求。在安装气门前，还应采用与气门配对研磨的方法，以保证贴合得更紧密、可靠。

某些发动机的气门锥角比气门座锥角小0.5°~1°，该角称为密封干涉角。干涉角的存在会使气门在落座时能够挤出气门与气门座接触处上的沉积物，而且还能产生更好的机械密封性能。随着发动机的运转和气门座的磨损，干涉角将逐渐消失，结果会形成一个良好的线性接触带，这有利于将气门上过多的热量传递出去。

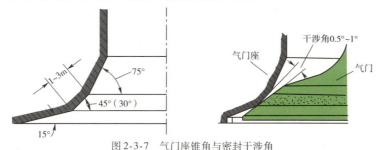

图 2-3-7　气门座锥角与密封干涉角

2.3　气门导管

气门导管（图 2-3-6）是汽缸盖内支撑气门的承孔，其相当于一个衬套，气门杆在里面滑动，它帮助支撑和定位气门，使气门能够正确地落座。同时，气门导管也能把气门的热量传给汽缸盖，对气门进行散热。

气门导管通常单独制成零件，再压入缸盖的承孔中。由于润滑较困难，气门导管一般用含石墨较多的铸铁或粉末冶金制成，以提高自润滑性能。

气门导管的外表面与缸盖的配合有一定的过盈量，以保证良好地传热和防止松脱。气门导管的下端伸入到进、排气道内。为防止对气流造成阻力，伸入端的外圆做成圆锥状。气门导管与气门杆之间留有 0.05～0.12mm 的间隙，使气门杆能在导管内自由运动。有些发动机为防止气门导管松脱，采用卡环对导管进行定位。

2.4　气门弹簧

气门弹簧（图 2-3-8）是圆柱形的螺旋弹簧，位于缸盖与气门尾端弹簧座之间。其作用是使气门自动复位关闭，并保证气门与气门座的贴合压力；还用于吸收气门在关闭过程中各传动零件所产生的惯性力，以防各个传动件彼此分离而破坏配气机构正常工作。为保证上述作用的发挥，气门弹簧的刚度一般都很大，而且在安装时进行了预紧压缩，因此预紧力很大。

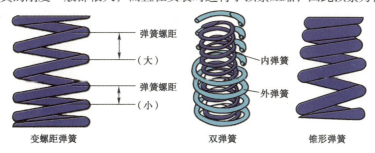

图 2-3-8　气门弹簧

气门弹簧多采用优质合金钢丝卷绕成螺旋状，弹簧两端磨平，以防止在工作中弹簧产生歪斜。为了提高弹簧疲劳强度，保证弹簧的弹力不下降、不折断，弹簧丝表面要磨光、抛光或喷丸处理。弹簧丝表面还必须经过发蓝处理或磷化处理，以免在使用中生锈。

在正常工作期间，气门弹簧可能会产生谐振。当气门弹簧的工作频率与其谐振的频率相等或为其倍数时，将会发生共振。强烈的共振将破坏气门的正常工作，并可使弹簧折断。为避免共振在设计上除采用提高弹簧刚度外，在结构上一般还采用以下措施。

1）变螺距弹簧

各圈之间的螺距不等，在弹簧压缩时，螺距较小的弹簧两端逐渐贴合，使有效圈数逐渐减少，因而固有振动频率不断变化（增加），避免共振发生。

2）双气门弹簧结构

每个气门同心安装两根直径不同、旋向相反的内外弹簧。由于两弹簧的自振频率不同，当某一弹簧发生共振时，另一弹簧起减振作用。当一根弹簧折断时，另一根还能继续维持工作。

3）锥形气门弹簧

锥形气门弹簧的刚度和固有振动频率沿弹簧轴线方向是变化的，因此可以避免产生共振。

2.5　气门油封

气门油封（图2-3-9）一般由外骨架和橡胶共同硫化而成，径口部装自紧弹簧或钢丝，用于发动机气门导杆的密封。

气门油封装在气门导管上端（图2-3-10），用以防止机油进入进、排气管，造成机油流失，防止汽油与空气的混合气体以及排放废气泄漏，防止发动机机油进入燃烧室。气门油封是发动机气门组的重要零件之一，在高温下与机油相接触，因此需要采用耐热性和耐油性优良的材料，一般为氟橡胶制作。

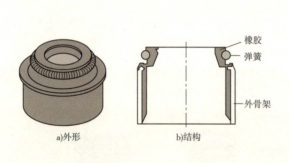

图2-3-9　气门油封

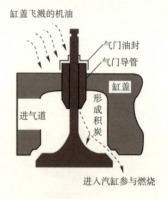

图2-3-10　气门油封安装位置及作用

3.　任　务　实　施

3.1　气门与气门导管配合情况的检查

将气门插入气门导管中，使气门杆端部必须与气门导管下平面平齐。如图2-3-11所示，用百分表触头抵在气门头部的边缘处，将百分表调零，按图中箭头方向晃动气门头部，测量气门的摆动量，其摆动量不得超过该车型的规定值，否则应更换气门导管或汽缸盖。

3.2 准备工作

阅读维修手册，列出更换气门所需的工具和设备，制订更换方案，领取备品。

3.3 操作流程

（1）拆卸正时齿形皮带。
（2）拆卸凸轮轴。
（3）拆卸汽缸盖。
（4）拆下气门弹簧。
（5）拔出气门杆油封。
（6）拆下气门。
（7）检查气门导管。
（8）检查气门与气门导管的配合情况。
（9）安装气门的顺序与拆卸顺序相反。

图 2-3-11　检查气门与气门导管的配合情况

3.4 操作提示

（1）在安装过程中，要遵循安装汽缸盖、凸轮轴、正时齿形皮带的注意事项。
（2）安装气门油封时，要在气门油封唇上涂机油，然后小心地压入气门油封。

> **知识拓展：**
>
> 　　气门导管和气门杆磨损后，气门杆和导管的配合间隙增大，气门落座不同心，使气门和气门座的工作锥面出现偏磨，即气门座工作锥面各处的宽度不相同。导致气门的密封性能下降，发动机工作不良；同时加速了气油封的损坏。
> 　　气门油封密封性能下降后，缸盖的机油由气门与导管的间隙进入进气道，导致发动机烧机油。因为发动机工作时，进气道的气压低于大气压，缸盖的机油在压力差下被吸入进气道，在气门头部形成积炭，阻碍发动机的进气，使发动机的动力性能下降。

任务四　更换凸轮轴正时调整器

1. 任务引入

当车辆高速行驶时，发动机动力不足，经诊断为凸轮轴正时调节器有故障，需对凸轮轴正时调整器进行更换。

2. 相关理论知识

2.1 对配气相位的要求

配气相位对发动机性能影响很大，即使同一台发动机，随转速的不同，对配气相位的要求也不同。目前，汽车发动机一般都是根据性能的要求，通过试验来确定某一常用转速下较合适的配气相位。在装配时，对正凸轮轴驱动装置中的正时标记，即可保证已确定的配气相位。在发动机使用中，已确定的配气相位是不能改变的。发动机性能只有某一常用转速下最好，而在其他转速下工作时，发动机的性能较差。

发动机在不同工况下工作时，如何获得最佳的配气相位，提高发动机的充气效率，是改善发动机性能极为重要的技术问题。在进、排气门开闭的四个角中，进气门的提前开启角和进气门的迟后角的改变对充气效率影响最大。

当发动机中、低转速时，活塞运动慢，进气管内混合气随活塞运动慢，气体的动能小。为防止在进气迟闭角范围内，活塞向上压缩气体时，导致混合气回流进气管，进气门应提前关闭，即应减小进气门关闭迟后角。所以，进气凸轮轴相位应向旋转方向转一个角度。

当发动机转速高时，进气管内气流流速快，气体的动能大，在活塞向上运动过程中，气流仍可继续涌入汽缸，如果进气门晚关就能够增加进气量，所以进气门应延迟关闭，即进气凸轮轴相位应向旋转的反方向转一个角度。

所以，目前汽车发动机采用的可变配气相位控制机构一般只控制进气门配气相位，以免使配气机构过于复杂。

目前，车用发动机装用的可变配气相位控制机构主要有三种类型：德国大众车系的可变配气相位控制机构、德国宝马车系的可变气门正时系统和日本本田车系的 VTEC（Variable Valve Life Timing & Valve Electronic Control）可变配气正时及气门升程电子控制机构。

2.2 德国大众车系可变配气相位控制机构

2.2.1 结构

德国大众车系发动机装用的可变配气相们控制机构如图 2-4-1 所示。曲轴通过同步带驱动排气凸轮轴，排气凸轮轴通过链条驱动进气凸轮轴。

2.2.2 调节过程

在发动机工作时，ECU 根据发动机转速信号控制正时电磁阀的动作，以此改变通向液压缸的油路；而液压缸则带动正时调节器向上或向下移动。当正时调节器向上或向下移动时，排气凸轮轴与进气凸轮轴间传动链紧边的位置随之改变。由于排气凸轮轴与曲轴间采用同步带传动，排气门的配气相位不变，所以当传动链紧边位置发生变化时，进气凸轮轴的转速相对于排气凸轮轴的转速变快或变慢，从而调节了进气门的配气相位。

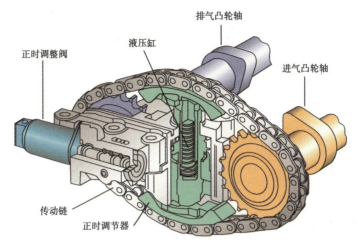

图 2-4-1 大众车系可变配气相位控制机构

1）发动机中、低速运转的调节过程

当发动机转速在 1300r/min 以上时，正时调整阀通电，活塞克服弹簧的弹力右移（图 2-4-2）。这时控制油道 B 为供油道，控制油道 A 为泄油道。发动机油泵供给的机油经控制油道 C 进入液压缸的底部，经控制油道 B 进入调节活塞上部。使调节活塞带动张紧器下移，如图 2-4-3 所示。于是链条上部被放松，下部被张紧器压紧。因排气凸轮轴是由曲轴通过同步带驱动的，此时排气凸轮轴不能被链条转动，进气凸轮轴在紧边链条的拉力作用下，其转速变快，使进气门提前开启角增大，迟后关闭角减小。

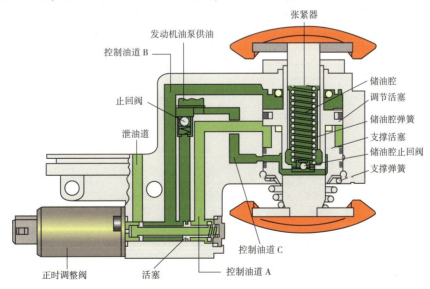

图 2-4-2 中、低速时正时调节器油路

2）发动机高速运转的调节过程

当发动机转速在 3700r/min 以上时，正时调整阀断电，活塞压缩弹簧向左移动（图2-4-4）。

— 65 —

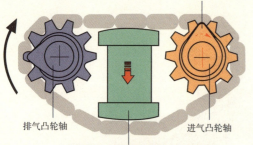

图 2-4-3　中、低速时进气凸轮轴调整过程

开启角减小、迟后关闭角增大。

这时控制油道 A 为供油道，控制油道 B 为泄油道。发动机机油泵供给的机油经控制油道 C 进入液压缸的底部，经控制油道 A 进入调节活塞下部和支撑活塞上部之间的工作腔，使调节活塞带动张紧器上移，如图 2-4-5 所示。于是链条上部被张紧器拉紧，下部被放松。由于排气凸轮轴上的链轮在旋转中，首先要拉紧其后面的被放松的链条后，才能带动进气凸轮轴转动，使进气凸轮轴转速相对于排气凸轮轴的转速变慢，使进气门的提前

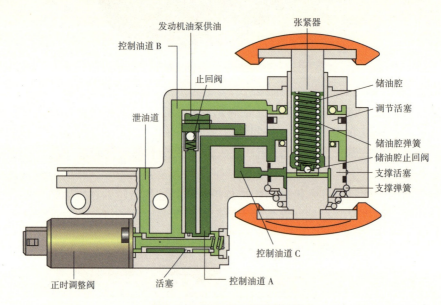

图 2-4-4　高速时正时调节器油路

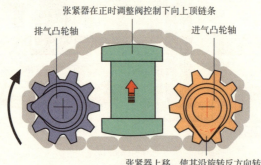

图 2-4-5　高速时进气凸轮轴调整过程

2.2.3 德国大众车系可变配气相位控制机构的特点

(1) 排气凸轮轴由曲轴正时齿带驱动,不能调整。
(2) 该机构只能对进气凸轮轴进行调整。
(3) 进气凸轮轴通过正时链条由排气凸轮轴驱动。
(4) 凸轮轴的调整是通过电控液压活塞将油压作用于正时调整器来完成的。
(5) 凸轮轴调整机构的工作油路与汽缸盖上的油道相通。

2.2.4 可变进气正时系统的控制

主要由空气流量计 G70 信号、节气门开度 G69 信号、曲轴位置传感器 G28（也是发动机转速）信号和修正信号冷却液温度 G62、两个凸轮轴位置传感器 G40 信号可确定标准正时的大小，并由计算机转化成控制电磁阀的开关或占空比信号，从而控制进入执行机构的压力和流量。计算机同时由曲轴位置传感器 G28 及两个凸轮轴位置传感器信号确认实际的进气门正时，并与标准正时比较，比较有较大差值时确定为电磁阀或液压张紧器的执行机构有故障。

2.3 本田雅阁可变气门控制机构

2.3.1 结构

本田雅阁可变气门控制机构（英文缩写为 VTEC）的发动机与其他高速发动机一样，每个汽缸也配置了两个进气门和排气门。但它的两个进气门有主次之分，即主进气门和次进气门。每个气门均由单独的凸轮通过摇臂来驱动，如图 2-4-6 所示。驱动主、次进气门的凸轮分别叫主、次凸轮。与主、次进气门接触的摇臂分别叫主、次摇臂。主、次摇臂之间设有一个特殊的中间摇臂，它不与任何气门直接接触。三个摇臂并排安装在一起，且均可在摇臂轴上转动。在这三个摇臂相对应的凸轮轴上铸有三个不同升程的凸轮，分别称为主凸轮、次凸轮和中间凸轮。其中，中间凸轮的升程最大，它是按发动机双进、双排气门工作最佳输出功率的要求而设计的，主凸轮升程小于中间凸轮，它是按发动机低速工作时单气门开闭要求设计的，次凸轮的升程最小，最高处只是稍微高于基圆，其作用只是在发动机怠速运行时，通过次摇

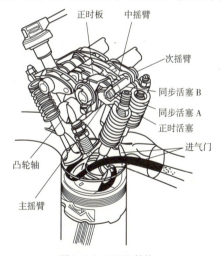

图 2-4-6 VTEC 结构

臂稍微打开次进气门，以免燃油集聚在次进气门口。中间摇臂的一端和中间凸轮接触，另一端在低速时可自由活动。三个摇臂在靠近气门一端均有一个油缸孔。油缸孔中都安置有靠油压控制的活塞，它们依次为正时活塞、同步活塞 A、同步活塞 B 和阻挡活塞。

2.3.2 工作原理

VTEC 是在同一根凸轮轴上设计了两种（高速型和低速型）不同配气正时和气门升程

的凸轮，利用液压进行切换的装置。高、低速的切换是根据发动机转速、负荷、水温及车速进行确定，由 ECU 进行计算处理后将信号输出给电磁阀来控制油压进行切换。

VTEC 不工作时，正时活塞和同步活塞 A 位于主摇臂的油缸内，与中间摇臂等宽的同步活塞 B 位于中间摇臂的油缸内，阻挡活塞和复位弹簧一起则位于次摇臂的油缸内。正时活塞的一端和液压油道相通，液压油来自工作油泵，油道的开启由 ECU 通过 VTEC 电磁阀控制，VTEC 电磁阀控制原理如图 2-4-7 所示。

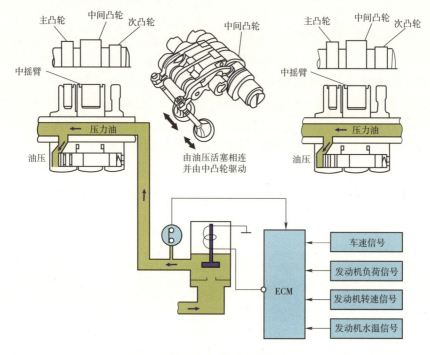

图 2-4-7 VTEC 控制图

在发动机低速运行时（图 2-4-8），ECU 无指令，油道内无油压，活塞位于各自的油缸内，因此各个摇臂均独自上下运动。于是主摇臂紧随主凸轮开闭主进气门，以供给低速运行时发动机所需混合气，次凸轮则迫使次摇臂微微起伏，微开闭次进气门，中间摇臂虽然随着中间凸轮大幅度运动，但是其对任何气门不起作用。此时发动机处于单进、双排工作状态。

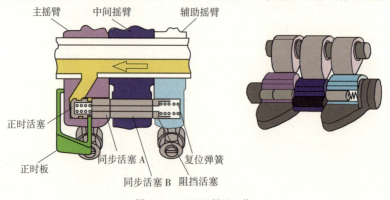

图 2-4-8 VTEC 低速工作

当发动机高速运行时（图2-4-9），即发动机转速在2300～3200r/min、车速在10km/h以上，水温在10℃以上时，发动机负荷到达一定程度时，发动机控制ECU向VTEC电磁阀供电以开启工作油道，于是工作油道中的压力油就推动活塞移动，并将弹簧压缩，这样主摇臂、中间摇臂和次摇臂就被同步活塞A、同步活塞B和阻挡活塞串联为一体，成为一个同步活动的组合摇臂。由于中间凸轮的升程大于另外两个凸轮，而且凸轮角度提前，故组合摇臂随中间摇臂一起受中间凸轮驱动，主、次气门都大幅度地同步开闭，此时配气机构处于双进、双排工作状态。

从低速切换到高速的过程是依靠油压来实现的，而由高速切换到低速是靠复位弹簧来实现的。高低速的切换是由ECU根据发动机转速、负荷、水温和车速信号来确定的。当系统出现故障时，VTEC系统将被锁定在低速状态。

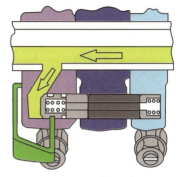

图2-4-9　VTEC高速工作

2.4　宝马可变气门正时系统（Valvetronic）

Valvetronic系统能改变进气门的正时与升程，气门升程是连续可变的。可变升程机构安装位置如图2-4-10所示，其结构如图2-4-11所示。该机构在进气凸轮轴和摇臂之间增加了中间推杆，并且在缸盖上增加了一根偏心轴，在偏心轴上有与中间推杆对应数目的偏心凸轮。中间推杆通过其顶部的滚轮依靠在偏心凸轮上，其中部通过滚轮支撑在进气凸轮上，其足部的弧线工作区域与摇臂的滚轮接触。扭转弹簧上端固定在缸盖上，下端则固定在中间推杆的足部，因此中间摇杆的运动由偏心凸轮和进气凸轮共同控制。气门液压挺柱将中间推杆足部的弧线区域与摇臂滚轮的接触保持在零间隙。在偏心轴中部装有扇形齿轮，该齿轮与伺服电动机的齿杆组成一对蜗轮蜗杆机构。伺服电动机是步进电动机，通过驱动扇形齿轮，可使偏心轴在0～170°的范围内连续地转动。

图2-4-10　宝马可变升程机构安装位置

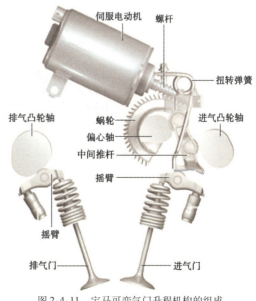

图2-4-11　宝马可变气门升程机构的组成

当偏心轴不动时，中间摇杆的顶部滚轮支撑在偏心凸轮上，中部滚轮在进气凸轮的驱动下，使中间推杆围绕某个中心旋转，则中间推杆的足部驱动滚轮，完成进气门的开启与关闭。当进气凸轮轴固定不动时，中间推杆支撑在进气凸轮上，偏心轴旋转一定的角度，则中间推杆的足部跟滚轮接触弧线工作区域发生变化。偏心轴旋转的角度不同，则中间摇杆的旋转中心也不同，导致工作区域不同，气门的升程也就不同。如果偏心轴旋转角度越大，则中间推杆旋转的幅度越大，进气门的升程也就越大。当偏心轴旋转到初始位置（0°）时，进气凸轮转动到凸顶与中间推杆接触，此时气门升程达到最小（0.2mm）；当偏心轴旋转到极端位置（170°）时，进气凸轮转动到凸顶与中间推杆接触，此时进气门升程达到最大（9.7mm），如图 2-4-12 所示。

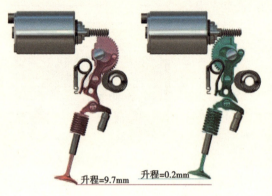

图 2-4-12 宝马可变气门升程机构的调节范围

Valvetronic 系统有一个单独的电子控制单元，电子控制单元通过接收来自加速踏板位置的信号，控制伺服电动机旋转，它能在很短的时间（0.3s）内无级地改变进气门的升程，从而可以取消节气门（但是在车上还保留有节气门，目的是为了真空度的需要）。

2.5 日产可变气门升程系统（VVEL）

日产可变气门升程系统（VVEL）的工作原理与宝马的 Valvetronic 类似，但在结构上稍有不同，如图 2-4-13 所示。VVEL 系统使用一套螺套和螺杆的组合实现了气门升程的连续可调。在系统工作时，电机通过 ECU 信号控制螺杆和螺套的相对位置，螺套则带动摇臂、控制杆等部件，最终改变气门升程的大小。

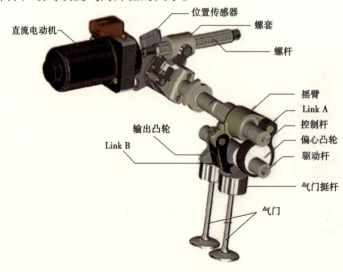

图 2-4-13 日产可变气门升程系统的结构

摇臂通过偏心轮套在控制杆上,而控制杆可以在电动机的带动下旋转一定角度。当发动机在高转速或者大负荷时,电动机带动螺杆转动,套在螺杆上的螺套也会产生相应的横向移动,与螺套联动的机构使得控制杆逆时针或顺时针发生旋转。由于摇臂套在控制杆的偏心轮上,因此摇臂的旋转中心也会随之上升或下降,从而达到改变气门升程的目的。

3. 任务实施

3.1 准备工作

阅读维修手册,列出所需工具和仪器和设备,制订检查与更换方案。

3.2 操作流程

☞ 3.2.1 拆卸流程

(1) 拆卸齿形皮带。
(2) 拆卸凸轮轴正时齿轮。
(3) 拆气门室罩盖。
(4) 拆下霍尔传感器。
(5) 在凸轮轴的驱动链和链轮、轴承盖上做顺序及安装标记。
(6) 拆卸凸轮轴和凸轮轴调节器。

☞ 3.2.2 安装流程

(1) 去除汽缸盖上及轴承盖上的所有密封剂残留物。
(2) 按标记将驱动链装于凸轮轴的链轮上。
(3) 将凸轮轴调节器推入驱动链之间。
(4) 将凸轮轴与驱动链和凸轮轴调节器装入汽缸盖中。
(5) 检测凸轮轴的调整是否正确。
(6) 安装轴承盖。
(7) 其余安装以拆卸的相反顺序进行。

3.3 操作提示

(1) 正时链上有正时标记的,安装时要对正正时标记。
(2) 正时链上无正时标记的,在拆卸正时链时,应先清洁轴承盖上箭头相对的凸轮轴的正时链和链轮,并用色标标记位置。不要通过冲窝、切口或类似的做法标记链条。
(3) 安装凸轮轴后约30min内不允许起动发动机,液压平衡补偿元件必须落位,否则气门会卡在活塞上。
(4) 对于V型发动机,左、右侧的正时调节器的拆装过程不完全一样。

项目三 汽油机燃油喷射供给系统的维修

汽油机燃料供给系统分为化油器式燃料供给系统和电控燃油喷射式燃料供给系统（一般称为电控燃油喷射系统）两种类型。化油器式燃料供给系统因其结构简单、使用方便、价格便宜，曾在汽车发动机上得到广泛应用。但是由于化油器式燃料供给系统存在着燃料分配不均匀，发动机工况过渡与冷态运行时混合气浓度控制质量差、排放污染较为严重等原因，难以实施反馈控制，无法适应现代发动机性能进一步提高的要求，以及不能满足越来越高的节能减排和环保的要求，因此，化油器式燃料供给系统已被电控燃油喷射系统所取代。

任务一

认知汽油机燃油喷射供给系统

1. 任务引入

在学习汽油机燃油喷射供给系统各工作任务前，我们需要掌握燃油喷射供给系统的组成和基本的工作原理。

2. 相关理论知识

2.1 系统概述

电控燃油喷射系统有多种形式，但其组成基本相同，都是由空气供给系统、燃油供给系统和控制系统组成，如图3-1-1所示。有关空气供给系统和控制系统的详细内容将在后面的项目中分别介绍。

1）空气供给系统

空气供给系统的功能是提供、测量和控制燃油燃烧时所需要的空气量。

以L型汽油发动机电控燃油喷射系统为例，空气经空气滤清器过滤后，经空气流量计计量，通过节气门体进入进气总管，再分配到各进气歧管。在进气歧管内，从喷油器喷出的燃油与空气混合后，被吸入汽缸内进一步地混合后燃烧。图3-1-2为L型汽油发动机电控燃油喷射系统的空气供给系统框图；图3-1-3为D型汽油发动机电控燃油喷射系统的空气供给系统框图。

项目三 汽油机燃油喷射供给系统的维修

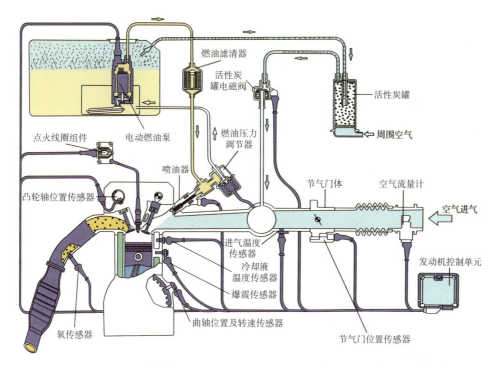

图 3-1-1　Motronic M3.8.2 电控燃油喷射系统

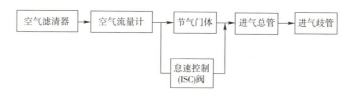

图 3-1-2　L 型汽油发动机电控燃油喷射系统的空气供给系统框图

图 3-1-3　D 型汽油发动机电控燃油喷射系统的空气供给系统框图

> **知识链接：**
>
> 　　D 型汽油发动机电控燃油喷射系统是利用绝对压力传感器检测进气歧管内的绝对压力（真空度），ECU 根据进气管内的绝对压力和发动机的转速推算出发动机的进气量。
> 　　L 型汽油发动机电控燃油喷射系统是用空气流量计直接测量发动机吸入的空气，ECU 不必进行推算。由于消除了推算进气量的误差影响，其计算的准确程度高于 D 型电控燃油喷射系统，故对混合气浓度的控制更精确。

2）燃油供给系统

燃油供给系统的功能是向发动机精确地提供各种工况下所需要的燃油量。燃油供给系统（图3-1-4）一般由油箱、电动汽油泵、燃油滤清器、燃油压力调节器、喷油器和燃油分配管等组成。

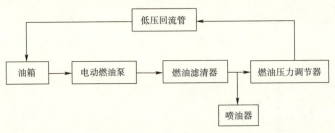

图3-1-4　燃油供给系统框图

发动机工作时，电动汽油泵将汽油从汽油箱里泵出，先经汽油滤清器过滤，再经油压调节器调压，使油路中的油压高于进气歧管压力300kPa左右，最后经燃油分配管分配到各缸喷油器。当喷油器接收电控单元发出的喷油指令时，再将汽油喷射在进气门附近，与空气混合形成可燃混合气。当节气门打开时，混合气被吸入汽缸进一步混合后燃烧作功。

3）控制系统

控制系统（即电控系统）是发动机管理系统的组成部分之一。它的功用是根据发动机运转状况和车辆运行状况确定燃油的最佳喷射量。该系统由传感器、ECU和执行器三部分组成，如图3-1-5所示。

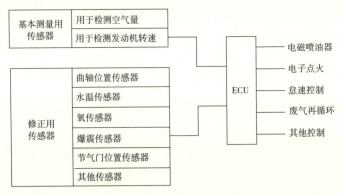

图3-1-5　控制系统

传感器是信号转换装置，安装在发动机的各个部位，用以检测发动机运行状态的各种参数，并将这些参数转换成计算机能够识别的电信号，传给ECU。检测发动机工况的传感器有：曲轴位置传感器（也称发动机转速传感器）、凸轮轴位置传感器、水温传感器、进气温度传感器、氧传感器、爆震传感器、节气门位置传感器和空调离合器开关等。

ECU是发动机管理系统的核心部件。在ECU的存储器中存放了发动机各种工况的最佳喷油持续时间，在接收了各种传感器传来的信号后，经过计算确定满足发动机运转状态的燃油喷射量和喷射时间。ECU在对多种信息进行处理后，发动机管理系统还能实现对点火、怠速、废气再循环的控制。

执行器是电子控制系统的执行机构，其功用是接受 ECU 输出的各种控制指令，完成具体的控制动作（如喷油脉宽、点火提前角、怠速、炭罐清污、自诊断、故障备用程序启动、仪表显示等），从而使发动机处于最佳工作状态。

2.2 电控燃油喷射系统的工作原理

1）燃油压力的建立与燃油喷射方式

电控燃油喷射系统的喷油压力是由汽油泵提供的。

打开点火开关后，汽油泵就开始工作；在点火开关打开 3s 后，如不起动发动机，电控单元会自动断开汽油泵的控制电路使汽油泵停止工作。

汽油泵开始工作时，便会从油箱吸入汽油，加压至 300kPa 左右，经汽油滤清器滤去杂质后，送至燃油分配管。燃油分配管上安装有喷油器。喷油器是一种电磁阀，由 ECU 控制。ECU 发出喷油指令时，喷油器通电并开启，燃油以雾状形式喷入进气歧管内，并与空气混合。在进气行程中，混合后的气体被吸入汽缸，进一步混合并燃烧。

安装在燃油分配管末端的燃油压力调节器是根据进气歧管绝对压力来调节燃油系统油压的高低，使其差值始终保持在 0.25 ~ 0.3MPa 之间。过高的系统油压则经燃油压力调节器进行泄压，使多余的汽油流回油箱。

2）进气量的控制与测量

进气量由驾驶人通过加速踏板操纵节气门来控制。节气门开度不同，进气量也不同。空气计量装置将检测到的进气量（或进气压力）转变成电信号，传给 ECU。ECU 经分析、计算后得出进气量的大小。

3）喷油量与喷油时刻的确定

喷油量由 ECU 控制。ECU 根据曲轴位置传感器检测到的转速信号和空气计量装置检测到的进气量信号计算出相应的基本喷油量，并通过控制每次喷油的持续时间来控制喷油量。喷油持续时间愈长，喷油量就愈大，一般每次喷油的持续时间为 2 ~ 10ms。各缸喷油器每次喷油的开始时刻由 ECU 根据发动机转速传感器测得的 1 缸上止点位置来控制。

4）不同工况下的控制模式

发动机管理系统能根据各个传感器测得的发动机各种运转参数，判断发动机所处的工况，选择不同模式的程序，控制发动机的运转，实现起动加浓、暖机加浓、加速加浓、全负荷加浓、减速调稀、强制怠速断油、自动怠速等功能。

2.3 发动机电控燃油喷射系统的功能

汽油发动机电控燃油喷射系统的主要功能是喷油正时和喷油量的控制。

☞ 2.3.1 喷油正时

电控燃油喷射发动机的燃油喷射方式可分为单点喷射和多点喷射，其中多点喷射又分为同时喷射（即各缸喷油时刻相同）、分组喷射（即多缸发动机分为若干组进行喷射，同一组各缸同时喷油，不同组间为顺序喷油）和顺序喷射（即按点火顺序要求逐缸喷油）。

喷油正时指喷油器喷油的开始时刻。对于多点间歇喷射发动机，喷油正时分为同步喷射和异步喷射。同步喷射是根据发动机各缸工作循环,在既定的曲轴转角设定的位置进行喷射,在发动机稳定工况的大部分运转时间里,喷油系统以同步方式工作。异步喷射是根据传感器的输入信号控制喷油时间的,与曲轴的旋转角度无关。异步喷射是在同步喷油的基础上,为改善发动机的性能额外增加的喷油。在起动和加速等过渡工况,喷油系统以异步方式喷油。

1) 同时喷射

同时喷射是所有的喷油器与ECU的控制电路为并联连接,如图3-1-6所示。ECU根据曲轴位置传感器输入的基准信号,发出喷油器控制信号,控制功率三极管的导通和截止,从而控制各喷油器电磁圈电路的同时接通和切断,使各缸喷油器同步喷油。通常曲轴每转一圈,各缸喷油器同时喷射一次,也就是一个工作循环喷油两次,如图3-1-7所示。同时喷射的正时图如图3-1-8所示。

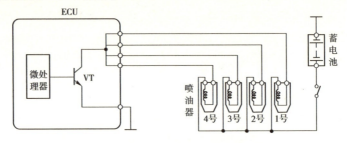

图3-1-6 同时喷射的控制电路

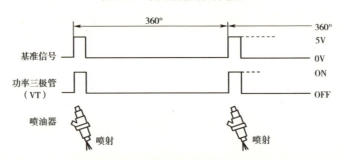

图3-1-7 同时喷射正时波形

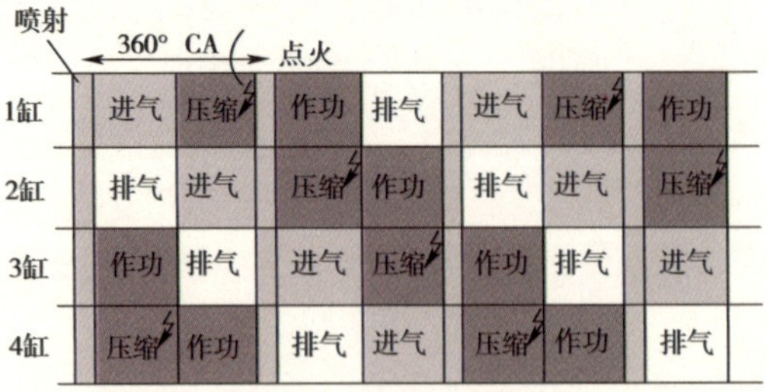

图3-1-8 同时喷射正时图

因为所有喷油器同时喷射,所以喷油正时与发动机的工作循环无关。因此,它不需要判缸信号,这就会使各缸对应的喷射时间不可能是最佳,导致各缸的混合气所形成的质量不一样。

2）分组喷射

分组喷射（图3-1-9）一般是把所有汽缸的喷油器分成2～4组，在ECU中也对应着2～4个控制电路与每组喷油器分别连接。每组喷油器轮流交替喷射，一般情况下发动机每转一圈，只有一组喷油器喷射，分组喷射的正时图如图3-1-10所示。

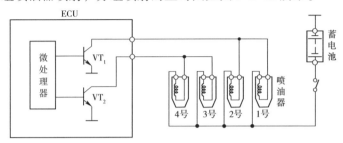

图3-1-9 分组喷射的控制电路

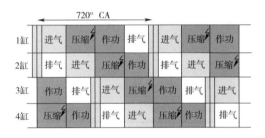

图3-1-10 分组喷射正时图

3）顺序喷射

顺序喷射（或称独立喷射，如图3-1-11所示）是每个喷油器各由一个控制电路来控制，曲轴每转两圈，各缸喷油器按发动机各缸的工作顺序轮流喷射一次。由于这种喷射方式要知道向哪一个汽缸喷射，因此应具备判缸信号。发动机工作时，ECU通过曲轴位置传感器输入的信号，可以知道活塞在上止点前的位置，再与判缸信号相配合，可以确定向上止点运行的是哪一个缸；同时应分清该缸是在压缩行程还是排气行程。因此，当ECU根据判缸信号、曲轴位置信号，确定该缸是排气行程且活塞行至上止点前某一喷油位置时，ECU输出喷油控制信号，接通喷油器电磁线圈电路，该缸即开始喷射。图3-1-12为4缸发动机喷射的正时图。

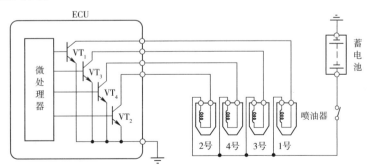

图3-1-11 顺序喷射的控制电路

顺序喷射可以设定在最佳时间喷油，它对混合气的形成十分有利，对提高燃油经济性和降低有害物的排放等有一定好处。顺序喷射方式既适合进气歧管喷射，也适用于汽缸内喷射，但控制系统的电路结构及软件相对比较复杂。

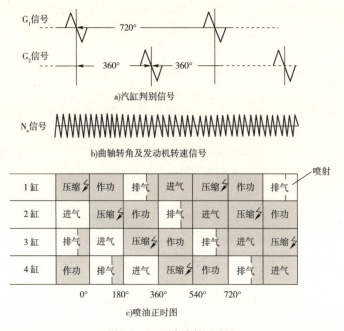

图 3-1-12　顺序喷射正时图

2.3.2　喷油量的控制

喷油量的控制亦即喷油器喷油时间的控制。要使发动机在各种工况下都处于良好的工作状态，必须精确计算基本喷油持续时间和各种参数的修正值，使发动机燃烧混合气的空燃比符合要求。尽管发动机型号不同，基本喷油持续时间和各种修正量的值不同，但其确定方式和对发动机的影响都是相同的。

喷油量的控制大致可分为两类，一类是发动机起动后运行时的控制，它是根据发动机吸入的空气质量计算得出的；另一类是发动机起动时的控制，它不是根据吸入空气质量计算得出的。

1）起动时喷油控制

发动机起动时，由于转速波动大，空气计量装置无法精确地测量进气量（或歧管绝对压力），因此起动时的基本喷油时间不是根据进气量（或歧管绝对压力）和发动机转速计算确定的，而是 ECU 根据起动信号和当时的冷却水温度，由内存的水温 – 喷油时间图（图 3-1-13）找出相应的基本喷油时间，然后加上进气修正时间和蓄电池电压修正时间，计算出起动时的喷油持续时间，如图 3-1-14 所示。

由水温传感器（THW）信号查水温 – 喷油时间图，得出基本喷油时间，根据进气温度传感器（THA）信号对喷油时间作修正。由于喷油器的实际打开时刻较 ECU 控制其打开时刻存在一段滞后，如图 3-1-15 所示，造成喷油量不足，且蓄电池电压越低，滞后时间越长,故需对电压进行修正。

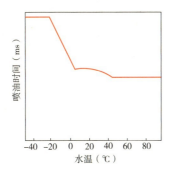

图 3-1-13 水温-喷油时间图

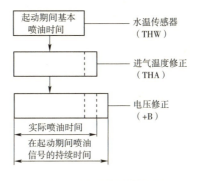

图 3-1-14 喷油时间的确定

2)起动后的喷油控制

发动机起动后转速超过预定值时,ECU 确定的喷油持续时间为:

$$喷油持续时间 = 基本喷油时间 \times 喷油修正系数 + 电压修正值$$

(1)基本喷油。基本喷油时间是实现既定空燃比(即理论空燃比 14.7∶1)的喷射时间。在 D 型电控燃油喷射系统中,ECU 根据发动机转速信号和进气歧管绝对压力信号,由内存的三维图确定基本喷油时间,如图 3-1-16 所示。在 L 型电控燃油喷射系统中,ECU 根据发动机转速信号和空气流量信号确定基本喷油时间。

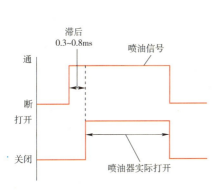

图 3-1-15 喷油滞后

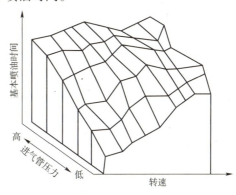

图 3-1-16 基本喷油时间三维图

(2)起动后各工况下喷油量的修正。发动机起动后的各工况下,ECU 在确定基本喷油时间的同时,还必须根据各种传感器输送来的发动机运行工况信号,对基本喷油时间进行修正。

①起动后加浓修正。在发动机起动后,点火开关由起动(STA)位置转到接通点火(ON)位置,或发动机转速已达到或超过预定值,ECU 额外增加喷油量,使发动机保持稳定运行。喷油量的初始修正值根据冷却液温度确定,然后以一固定速度下降,逐步达到正常。

②暖机加浓修正。冷机时,燃油蒸发性差,为使发动机迅速进入最佳工作状态,必须供给浓混合气。在冷却液温度低时,ECU 根据冷却液温度信号对喷油时间进行修正,暖机工况加浓修正系数曲线如图 3-1-17 所示。

暖机加浓修正还受怠速信号控制，节气门位置传感器中的怠速触点接通或断开时，根据发动机转速不同，ECU 确定的喷油时间也略有不同。

③进气温度修正。发动机进气温度影响进气密度，ECU 根据进气温度传感器提供的进气温度信号，对喷油时间进行修正。通常以 20℃ 为进气温度信息的标准温度，低于 20℃ 时空气密度大，ECU 适当增加喷油时间，使混合气不致过稀；进气温度高于 20℃ 时，空气密度小，适当减少喷油时间，以防混合气偏浓。进气温度修正系数曲线如图 3-1-18 所示，增加或减少的最大修正量约为 10%。

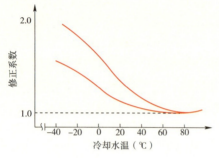
图 3-1-17　暖机加浓修正系数曲线

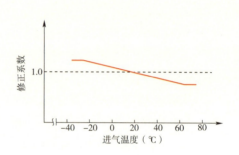
图 3-1-18　进气温度修正曲线

④大负荷工况喷油量修正。发动机在大负荷工况下运转时，要求使用较浓的混合气以获得大功率，ECU 根据发动机负荷大小修正喷油时间。

发动机工作时，ECU 可根据空气流量（或进气管绝对压力）信号，节气门位置信号判断发动机负荷大小，大负荷工况的喷油量修正还与冷却液温度信号相关。

⑤过渡工况喷油量修正。发动机在过渡工况（加速或减速）下运行时，为获得良好的动力性、经济性和响应性，需要适当修正喷油时间。

ECU 主要根据空气流量（或进气管绝对压力）信号、发动机转速信号、车速信号、节气门位置信号、空挡起动信号来判断过渡工况，并对喷油时间进行修正。

⑥怠速工况稳定性修正。在 D 型电控燃油喷射系统中，决定基本喷油时间的进气管压力，在过渡工况时，相对于发动机转速将产生滞后。节气门后进气管容积越大，怠速时发动机转速越低。这种滞后时间越长，怠速就越不稳定。发动机工作时，进气管绝对压力是随发动机转速而变化的，但这种变化比发动机转速的变化滞后。由于压力较转速滞后，转矩也较转速滞后，造成发动机转速上升时，转矩也上升；转速下降时，转矩也上降。

为了提高发动机怠速运转的稳定性，ECU 根据 PIM 和 Ne 信号对喷油量作修正，随压力增大或转速降低，增加喷油量；随压力或转速增高，减少喷油量，如图 3-1-19 所示。

3）断油控制

（1）减速断油。发动机在高速运行状态下急减速时，节气门完全关闭，为避免混合气过浓、燃料经济性和排放性能变坏，ECU 控制喷油器停止喷油。当发动机转速降到某预定转速之下或节气门重新打开时，ECU 控制喷油器重新恢复喷油，如图 3-1-20 所示。当冷却液温度低或空调压缩机工作需要增加输出功率时，断油和重新恢复喷油的转速较高。

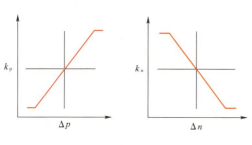 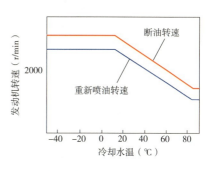

图 3-1-19　怠速稳定修正曲线　　　图 3-1-20　减速断油控制

（2）发动机超速断油。为避免发动机超速运行，发动机转速超过额定转速时，ECU 控制喷油器停止喷油。

（3）汽车超速行驶断油。某些汽车在汽车运行速度超过限定值时，ECU 根据节气门位置、发动机转速、冷却液温度、空调开关、停车灯开关及车速信号控制喷油器停止喷油。

4）异步喷射控制

（1）起动时异步喷油控制。在部分电控燃油喷射系统中，为改善发动机的起动性能，在发动机起动时，除同步喷油外，再增加一次异步喷油。

具有起动异步喷油功能的电控燃油系统，在起动开关处于接通状态时，ECU 接收到第一个凸轮轴位置传感器信号后，接收到第一个曲轴位置传感器信号时，开始进行起动时的异步喷油。

（2）加速时异步喷油控制。发动机由怠速工况向汽车起步工况过渡时，由于燃油惯性等原因，会出现混合气较稀的现象。为了改善起步加速性能，ECU 根据节气门位置传感器传来的怠速结束信号，增加一次固定量的喷油。

在有些电控燃油喷射系统中，当节气门迅速开启或进气量突然增加（急加速）时，在同步喷射的基础上再增加异步喷射。

2.4　可燃混合气的相关理论知识

2.4.1　概念

1）可燃混合气

汽油通过蒸发、雾化与空气均匀混合而形成的油气混合气体称为可燃混合气。

2）可燃混合气浓度

可燃混合气中燃料含量的多少称为可燃混合气浓度。可燃混合气浓度常用空燃比（A/F）或过量空气系数（α）来表示。

3）空燃比

空燃比（A/F）是指混合气中所含空气质量（kg）与燃料质量（kg）的比值，即：

$$A/F = 空气质量（kg）/ 燃料质量（kg）$$

理论上，1kg 汽油完全燃料需要空气 14.7kg，即空燃比为 14.7∶1 或 14.7（也称理论空燃比)。这种空燃比混合气称为理论混合气(或标准混合气)。不同燃料的理论空燃比是不同的。在发动机工作过程中,若可燃混合气的空燃比小于14.7,称为浓混合气;若可燃混合气的空燃比大于14.7,称为稀混合气。在电控发动机中,常用空燃比来表述可燃混合气的浓度。

4)过量空气系数

过量空气系数(α)是指燃烧过程中实际供给的空气质量与理论上完全燃烧过程中所需的空气质量之比,即:

$$\alpha = \frac{燃烧过程中实际供给的空气质量(kg)}{理论上完全燃烧过程中所需的空气质量(kg)}$$

由此可知,无论何种燃料,若$\alpha=1$,可燃混合气即为理论混合气;若$\alpha<1$,为浓混合气;若$\alpha>1$,为稀混合气。

过量空气系数与空燃比的关系为:

$$\alpha = 实际空燃比 / 理论空燃比$$
$$= 实际空燃比 / 14.7$$

或:
$$实际空燃比 = 14.7\alpha$$

在化油器式燃料供给系统的发动机中,常用过量空气系数表述可燃混合气的浓度。

☞ **2.4.2 混合气的形成过程**

电控燃油喷射系统混合气的形成是在进气歧管和汽缸中进行的。喷油器将具有一定压力的汽油喷射到进气歧管内的进气门附近,与空气混合成可燃混合气,在进气门打开后,可燃混合气进入汽缸,在汽缸内进一步混合,直至火花塞跳火点燃可燃混合气为止。由于汽油是从细小的喷嘴喷出,可以充分地雾化,因此能够与空气均匀的混合,形成良好的可燃混合气;而且由于喷油量是由电脑控制,所以混合气的浓度是最佳的。

☞ **2.4.3 可燃混合气浓度对发动机工作的影响**

可燃混合气浓度对发动机的动力性和经济性有很大的影响,具体可以通过试验方法测试。在发动机转速一定和节气门全开的条件下,通过改变喷油量来改变α值,得出相应的发动机功率和油耗曲线,如图3-1-21所示。可燃混合气浓度对发动机工作的影响,如表3-1-1所示。

当$\alpha=0.85\sim0.95$(或$A/F=12.495\sim13.965$)时,燃烧速率最快,热损失最小,平均压力且发动机功率大,称为功率混合气。

当$\alpha=1.05\sim1.15$(或$A/F=15.435\sim16.905$)时,可保证所有的汽油分子获得足够的空气而完全燃烧,因而经济性最好,称为经济混合气。

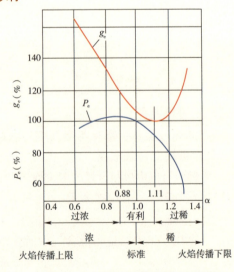

图3-1-21 发动机功率和油耗率曲线

如果想要发动机发出较大功率，动力性好，应使用较浓的混合气，但要以牺牲经济性为代价；如果想要发动机油耗率低，则应使用较稀的混合气，但这要以牺牲动力性为代价。在 $\alpha = 0.88 \sim 1.11$（或 $A/F = 12.935 \sim 16.317$）的范围内，可使发动机的动力性和经济性有较好的折中。

可燃混合气浓度对发动机工作的影响 表 3-1-1

混合气	过量空气系数 α	空燃比 A/F	发动机功率	油耗率	原因	发动机工作情况
火焰传播上限	0.4	5.88	—	—	太浓，火焰无法传播	混合气不燃烧，发动机不工作
过浓混合气	0.43 ~ 0.88	6.321 ~ 12.936	减小	显著增加	燃烧不完全	排气管冒黑烟，放炮，燃烧室积炭，排气污染严重
稍浓混合气	0.85 ~ 0.95	12.495 ~ 13.965	最大	增加 18%	燃烧速度最快，压力大、热损失小	
理论混合气	1	14.7	减小 2%	增大 4%		
稍稀混合气	1.05 ~ 1.15	15.435 ~ 16.905	减小 18%	最小	燃烧完全	加速性能变差，经济性好
过稀混合气	1.13 ~ 1.33	16.611 ~ 19.551	显著减小	显著增大	燃烧速度慢、压力小、热损失大	发动机过热，加速性能变坏
火焰传播下限	1.4	20.58	—	—	油太少，火焰无法传播	混合气不燃烧，发动机不工作

☞ **2.4.4 发动机各种工况对混合气浓度的要求**

发动机的工况包括发动机的转速和负荷。发动机的负荷是指汽车施加给发动机的阻力矩，汽车在行驶过程中，工作条件时刻都在变化，该阻力矩随汽车行驶道路状况、车速、装载量等的变化而变化。发动机要保持正常工作状态就必须随时输出与其等量的转矩，来克服阻力矩，而发动机输出的转矩是随节气门开度的变化而变化，所以节气门开度就代表了发动机负荷的大小。负荷多用百分数来表示，怠速时，节气门全关，负荷为 0；满载爬坡时，节气门全开，负荷为 100%。

发动机不同工况对混合气浓度的要求如表 3-1-2 所示。

发动机不同工况对混合气浓度的要求 表 3-1-2

工况	混合气性质	工作环境	对浓度的要求
起动	极浓	冷车起动，曲轴转速慢（50 ~ 150r/min），发动机温度低，汽油雾化、蒸发不良，部分汽油在进气歧管内形成油膜，进入汽缸的燃油量少	$\alpha = 0.4 \sim 0.6$（或 $A/F = 5.88 \sim 8.82$）
暖机	极浓→过浓	发动机温度逐渐升高，雾化条件稍有改善	$\alpha = 0.4 \sim 0.6$ 至 $\alpha = 0.6 \sim 0.8$（或 $A/F = 5.88 \sim 8.82$ 至 $A/F = 8.82 \sim 11.76$）

续上表

工况	混合气性质	工 作 环 境	对浓度的要求
怠速	过浓	节气门开度小,进气量小,发动机转速低,蒸发条件仍然很差	$\alpha = 0.6 \sim 0.8$ (或 $A/F = 8.82 \sim 11.76$)
小负荷	稍浓	发动机输出功率小(25%以下负荷),节气门稍开,混合气量小;汽缸残留废气比例高,对混合气有稀释的作用	$\alpha = 0.7 \sim 0.9$ (或 $A/F = 10.29 \sim 13.23$)
中等负荷	经济	发动机负荷中等,工作范围大,时间长,节气门开度适中,转速高,汽油蒸发好	$\alpha = 1.05 \sim 1.15$ (或 $A/F = 15.435 \sim 16.905$)
大、全负荷	浓	需要克服很大的阻力,节气门开度在85%以上,进气量很多	$\alpha = 0.85 \sim 0.95$ (或 $A/F = 12.495 \sim 13.965$)
加速	过浓	节气门突然加大,发动机转速迅速提高,由于空气流量比汽油喷出量增加快得多,致使混合气瞬间过稀,会导致熄火	$\alpha = 0.7 \sim 0.9$ (或 $A/F = 10.29 \sim 13.23$)

表中的起动、暖机和加速三种工况又称为过渡工况。

在冷车状态下发动机起动后,暖机过程快怠速一般为1500r/min,达到正常工作温度后怠速达到正常转速,一般为750r/min。

怠速是指发动机在对外无功率输出的情况下,以最低的转速运转,混合气燃烧所作的功仅用以克服发动机内部的阻力,使发动机保持最低稳定转速。这时节气门接近关闭,吸入的新鲜空气少,废气含量相对较多。为保证发动机正常运转,必须提供较浓的可燃混合气,一般为 $\alpha = 0.6 \sim 0.8$(或 $A/F = 8.82 \sim 11.76$)。

由表可以看出,发动机在正常运转时,在小负荷和中等负荷工况下,要求随负荷的增加,供给由较浓逐渐变稀的混合气。当进入大负荷直到全负荷工况下,又要求混合气由稀变浓,最后加浓到保证发动机发出最大动力。

任务二
检测与更换汽油泵

1. 任务引入

当发动机出现以下三种情况时:
(1) 不能起动;
(2) 不易起动;
(3) 动力不足。
经分析怀疑是由汽油泵的原因引起的故障,需对汽油泵进行检测或更换。

2. 相关理论知识

2.1 燃油系统的组成

汽油供给系统主要由燃油箱、汽油泵、燃油滤清器、燃油分配管、燃油压力调节器和喷油器等组成。其在车上的安装位置如图3-2-1所示。

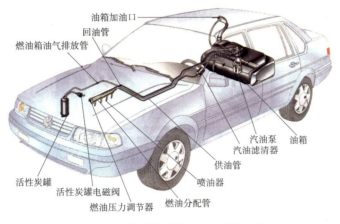

图 3-2-1　汽油供给系统的组成与安装位置

2.2 汽油箱

汽油箱是一个密闭的容器,用以储存汽油。这样可防止汽油因激烈振荡而溅出以及箱内汽油蒸气的逸出。汽油箱通常远离发动机,以减少火灾的危险。为改善汽车行驶的稳定性,其安装的位置应较低。

汽油箱通常由耐油硬塑料制成。它由油箱体、加油管、油量传感器、浮子等构成,如图3-2-2所示。

为防止密闭的汽油箱内真空度或压力过大,油箱盖上常带有空气—蒸气阀。汽油箱容量视车辆大小和发动机排量而定。对一般汽车而言,装满一箱油,应至少行驶320km。有些车辆还有后备汽油供应装置,并装有油量不足警告灯。

汽油箱盖上设置了双向阀,当重力阀失灵时,汽油箱盖上的双向阀能保持汽油箱与

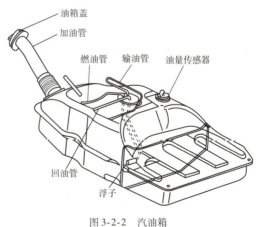

图 3-2-2　汽油箱

大气相通。重力阀的作用是依靠阀的自重,在正常情况下允许空气进入汽油箱以消除负压。当车辆倾斜45°或翻车时,此阀自动将通风口关闭,防止燃油漏出,如图3-2-3所示。

油箱加油喉管内的截止阀的作用是当油箱内油量减少时,阀打开,向油箱注油速度加

快，当油箱内燃油已接近加满，空气不能从油箱内排出时，油面上有了压力，使截止阀关闭，燃油不能流出油箱。

2.3 汽油滤清器

汽油滤清器的作用是过滤汽油中的杂质和水分，防止燃油系统堵塞，减小机械磨损，以保证发动机正常工作。汽油滤清器由壳体、纸质滤芯、油塞和滤网组成（图3-2-4）。汽油滤清器安装在汽油泵与燃油分配管之间的油路中。

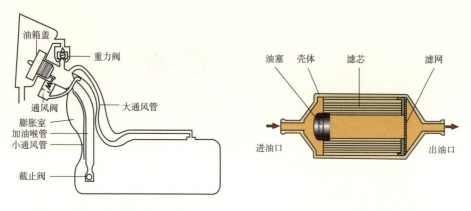

图3-2-3　汽油箱内部结构　　　　　图3-2-4　汽油滤清器的组成与结构

由于电控燃油喷射系统的燃油喷射压力高，使汽油滤清器内部经常受到200～300kPa的燃油压力，所以汽油滤清器均采用金属外壳。汽油滤清器的滤芯一般为纸质滤芯。

2.4 电动汽油泵

电子控制燃油喷射系统均采用电动汽油泵，其功能是将汽油从油箱中吸出，加压后通过燃油管路输送到喷油器。电动汽油泵有两种形式：一种是外装式汽油泵，另一种是内装式汽油泵。外装式汽油泵布置在油箱外面，可以安装在燃油管路的任何一个位置；内装式汽油泵则安装在油箱内。内装式汽油泵具有不易产生气阻和汽油泄漏、运转噪声小等优点。目前大多数电控汽油喷射系统都采用内装式汽油泵。

汽油泵按结构不同可分为滚柱式、齿轮式、涡轮式、侧槽式四种。目前常用的有滚柱式和涡轮式两种。

☞ 2.4.1　滚柱式汽油泵

滚柱式电动汽油泵结构如图3-2-5所示，泵体部分是由油泵驱动电机的转子（与泵套偏心安装）、转子外围的泵套、转子和泵套之间起密封作用的滚柱等构成。电动机转动时带动转子转动，在离心力作用下，滚柱贴着泵套内壁转动，由于转子和泵套偏心安装，使转子、滚柱和泵套三者所包容的容积发生周期变化，使燃油从一侧的吸入口吸入，由泵室排出后，在电动机壳体内经止回阀、阻尼器送到排出口。泵室结构如图3-2-6所示。

安全阀的作用是防止在工作中排出口下游因某些原因出现堵塞时，发生管路破损和燃油泄漏事故。泵工作时，当排出口出现堵塞，工作压力上升到 0.4MPa 时，安全阀打开，高压燃油同泵的吸入口连通，燃油在泵和电动机内部循环，这样可以防止燃油压力的上升不高于设定燃油压力。安全阀安装在进油室和出油室之间，当汽油泵输出油压达到 0.4MPa 时，安全阀开启，使汽油泵内的进、出油室连通，汽油泵工作只能使燃油在其内部循环，防止输油压力过高。

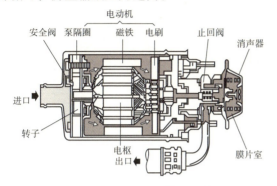

图 3-2-5 滚柱式汽油泵的结构

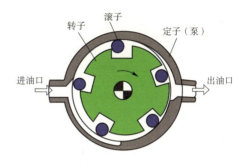

图 3-2-6 滚柱式汽油泵泵室的结构

止回阀的作用是当发动机熄火，电动燃油泵刚刚停止压送燃油时，止回阀立即关闭，以保持泵和压力调节器之间的燃油具有一定压力，该压力为残余压力。

转子旋转时，位于其凹槽内的滚子在离心力的作用下，紧压在泵体内表面上，对周围起密封作用，在相邻两个滚子之间形成一个空腔。

在汽油泵运转过程中，一部分空腔的容积增大，成为低压油腔，将燃油吸入；另一部分空腔容积不断减少，成为高压油腔，受压燃油流过电动机，从出油口压出。

通常使用的电动汽油泵，在外加电压为 12V，排出压力为 250kPa 的作用下，排出流量为 100L/h，消耗电流在 5A 以下。泵的排出量随电压而变化。

由于滚柱式电动汽油泵的转子每转一转，排出的燃油就要产生与滚柱数目对应个数的压力脉冲。阻尼稳压器就是利用膜片和弹簧的作用，吸收燃油压力脉冲，使燃油输送管路内的脉冲压力传递减弱，以降低噪声。

☞ 2.4.2 涡轮式汽油泵

涡轮式电动汽油泵结构如图 3-2-7 所示，主要由电动机、涡轮、出油阀、安全阀等组成。

涡轮式电动汽油泵的工作原理如图 3-2-8 所示，涡轮安装在电动机的转子轴上，电动机通电时，电动机驱动涡轮泵的涡轮旋转，涡轮圆周槽内的燃油与涡轮一直高速旋转，在涡轮外缘的每一个沟槽的前后，因液体的摩擦作用存在一个压力差，由此产生的递升压力差使汽油的压力升高，升压后的汽油通过电动机内部经出油阀从油泵出口处排出。

涡轮式汽油泵的工作特点是：

（1）由于涡轮泵对汽油的加压输送完全是通过油液分子间动量转换来实现的，因此这种泵的压力升高效率不高,适用于低压大流量的场合,一般供油压力为 0.25～0.3MPa。

(2)涡轮泵工作时,涡轮与泵壳不直接接触,因此油泵工作时噪声低、振动小、磨损小,故可靠性高。

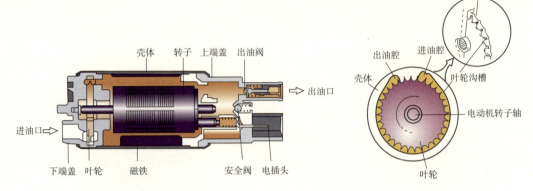

图 3-2-7 涡轮式电动汽油泵的结构　　　图 3-2-8 涡轮式汽油泵的工作原理

(3)由于涡轮泵不存在因容积变化而产生对汽油的压缩,因此出口处的油压脉动小,仅为 0.002MPa,故可以取消油压脉动阻尼器,使油泵总长度缩短,便于直接装入油箱内。

(4)由于采用叶轮式结构,所需要的驱动力矩小,因此,可以采用低转矩高速电动机,使电动机小型化和轻量化。

2.4.3 汽油泵的控制电路

电动汽油泵为容积泵,即在转速一定的情况下,单位时间内的泵油量不变。要实现泵油量与发动机的工作状况相适应,就必须对汽油泵电机的转速和工作时间进行控制。其控制方式有 ECU 控制方式、ECU 控制转速的控制方式和油泵开关控制方式三种。目前,油泵开关控制方式已不多见。

1)ECU 控制的汽油泵控制电路

图 3-2-9 是宝来 1.6L 轿车的汽油泵的控制电路。其控制原理:打开点火开关后,由蓄电池来的电流经点火开关 15 端子,经 29 号熔断丝(电路图中 S229)到发动机控制单元的 62 号针脚,给计算机一个点火开关打开的信号,这时计算机由 80 号针脚向汽油泵继电器输送一个低电位使汽油泵继电器的电磁线圈电路导通,经 31 号线搭铁,形成回路,使汽油泵继电器中的电磁线圈产生磁场,将活动触点吸合。这时由蓄电池来的电流经蓄电池上 S163 号熔断丝、汽油泵继电器活动触点、28 号熔断丝(电路图中 S228)、汽油泵电插头 1 号针脚、汽油泵电动机、汽油泵电插头 4 号针脚、搭铁,形成回路使汽油泵工作。当点火开关处于行车挡位置超过 3～5s 后,发动机电控单元 J220 经 80 号针脚向汽油泵继电器输入一个高电位,使汽油泵继电器 J17 的电磁线圈电路断路,其活动触点断开,使汽油泵的电路被切断,汽油泵停止工作。

2)ECU 控制转速的汽油泵控制电路

(1)ECU 控制汽油泵继电器的汽油泵控制电路。ECU 控制汽油泵继电器的汽油泵控制电路如图 3-2-10 所示。此控制电路根据发动机转速和负荷的变化,通过汽油泵继电器改变汽油泵的供电线路,从而控制汽油泵的工作转速。

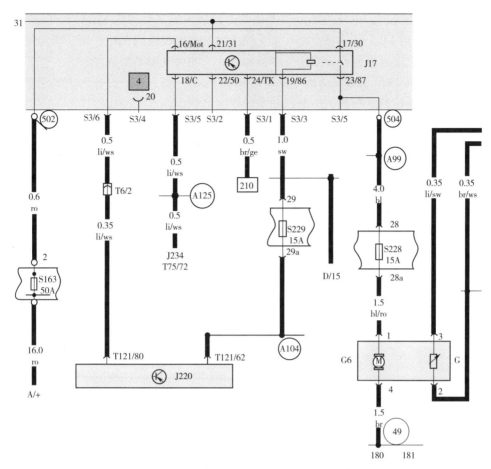

图 3-2-9　宝来 1.6L 轿车的汽油泵的控制电路

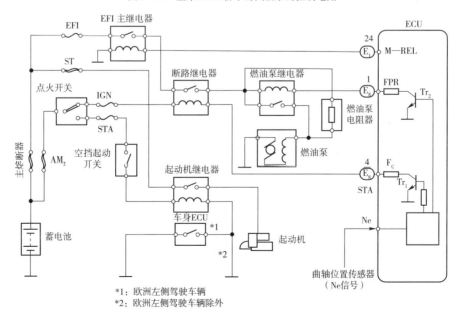

图 3-2-10　ECU 控制汽油泵继电器的汽油泵控制电路

当点火开关接通时，电流经断路继电器的电磁线圈流向发动机 ECU 的 STA 端子，使 Tr_1 导通，发动机的 ECU 通过 M—REL 端子向主继电器电磁线圈供电，使主继电器中的触点闭合，电源经主继电器触点、断路继电器触点、汽油泵电阻器流向汽油泵，使汽油泵低速运转。如果在 3s 内不起动发动机，发动机 ECU 的 M—REL 端子停止向主继电器电磁线圈供电，主继电器的触点断开，切断汽油泵的供电电路，汽油泵停止工作。

当点火开关置于 STA 挡时，起动机继电器闭合，同时 ECU 有 STA 信号，起动机起动；STA 信号和曲轴位置传感器的转速 Ne 信号输入 ECU，使 Tr_1 导通，开路继电器闭合，来自蓄电池的电流经汽油泵电阻器流向汽油泵，使汽油泵低速运转。

当发动机大负荷时，ECU 中的 Tr_2 导通，汽油泵继电器电磁线圈通电，使其触点闭合，这是蓄电池来的电流经主继电器触点、断路继电器触点、汽油泵继电器触点流向汽油泵，使汽油泵高速运转。

（2）常汽油泵控制单元的汽油泵控制电路。ECU 控制的汽油泵控制电路如图 3-2-11 所示。

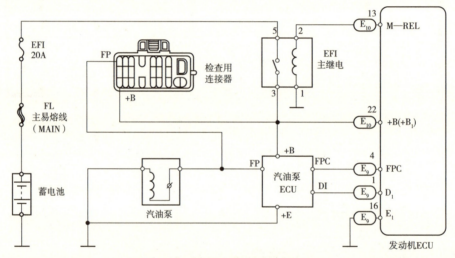

图 3-2-11　ECU 控制的汽油泵控制电路

当点火开关接通时，发动机 ECU 通过 M—REL 端子向主继电器电磁线圈供电，使主继电器中的触点闭合，电源向燃油泵 ECU 的 +B 端子供电，使燃油泵 ECU 工作，汽油泵电路导通，汽油泵工作。当起动或重负荷时，发动机 ECU 通过 FPC 端子向汽油泵 ECU 发出高电平信号，汽油泵 ECU 向汽油泵输出高电压（约 12V），汽油泵高速运转。

当怠速或小负荷时，发动机 ECU 通过 FPC 端子向汽油泵 ECU 发出低电平信号，汽油泵 ECU 向汽油泵输出低电压（约 9V），汽油泵低速运转。

发动机停止运转时，由于主继电器电磁线圈断电，其触点打开，切断电源，汽油泵供电电路中断，汽油泵停止工作。

汽油泵 ECU 的 DI 端子为汽油泵 ECU 的故障诊断信号线路。

3. 任务实施

3.1 检测

☞ 3.1.1 汽油泵的检测

汽油泵的检测有两项内容：汽油泵供电检测、汽油泵泵油量检测。在检测前要确保蓄电池的电压不低于11.5V，28号熔断丝（在电路图中用S228标出）正常，关闭所有用电器（如灯、后风窗加热器等），空调车应关闭空调。

1) 检测汽油泵的供电情况

将二极管试电笔的一端搭铁，另一端抵触在电插头的1号端子上。起动发动机，如果二极管试电笔不亮，说明从汽油泵到蓄电池之间的线路有故障。

用二极管试电笔将汽油泵电插头的1号端子和4号端子连接起来，起动发动机。如二极管试电笔如不亮，说明汽油泵的搭铁线断路；如亮，则说明汽油泵不良，应予以更换。

2) 汽油泵供油量的检测

汽油泵供油量的检测必须在燃油压力、供电电压正常的情况下进行。

拔下燃油分配管进油口处的软管，将其插到1L量杯中，起动发动机30s，检查量杯中的油量是否达到规定值。若未达到规定值，检查管路是否有管径收缩处折叠或阻塞。如果没有，则应更换汽油泵。

☞ 3.1.2 燃油压力的检测

1) 供油压力的检测

关闭点火开关，将燃油压力表接到进油管上，打开燃油压力表管接头处阀门，起动发动机，怠速运行，测量燃油压力，其标准值应为250kPa。若不符合规定要求，应检查汽油泵、燃油压力调节器。

2) 调节压力的检测

从燃油压力调节器上取下真空软管，燃油压力应提高至300kPa，重新接回真空软管，油压应恢复到250kPa。

3) 保持压力的检测

关闭点火开关，观察燃油压力表的指示压力，10min后，燃油压力不应低于200kPa。否则应起动发动机，怠速运转，待建立起压力后，关闭点火开关，关闭燃油压力表管接头处的阀门，如果压力不下降，为汽油泵的止回阀密封不良。如果压力仍下降，起动发动机，怠速运行，待建立起压力后，关闭点火开关，将燃油压力调节器的回油管夹紧，如果压力不下降，应更换燃油压力调节器，如果压力仍下降，检查燃油分配管与喷油器连接处的密封情况。

3.2 准备工作

阅读维修手册，列出拆装所需工具，制订拆装方案，领取备品。

3.3 操作过程

（1）检查是否装有编码的收音机。
（2）关闭点火开关，松开蓄电池搭铁线。
（3）拆汽油泵。
（4）安装汽油泵。

3.4 操作提示

（1）在更换汽油泵时，应遵守前一任务中所述的清洁和安全规则。
（2）在安装汽油泵时，不要将燃油表传感器弄弯，以防装复后，汽油表指示不正确。
（3）凸缘油封应浸润燃油以方便其安装，且要注意标记应与油箱上的标记对齐。
（4）安装完后，要认真检查油管的安装是否正确、牢固。
（5）最后到加油站加满油，以检查汽油泵油封是否密封良好。

任务三 检测、清洗与更换喷油器

1. 任务引入

发动机出现下列情况之一者：
（1）发动机运转不稳定；
（2）发动机不易起动；
（3）排气管排黑烟；
（4）加速不灵；
（5）费油。经分析怀疑是由喷油器引起的，需对喷油器进行检测、清洗或更换。

2. 相关理论知识

2.1 喷油器

1）喷油器的功用

喷油器是电控汽油喷射系统中一个非常重要的执行元件，它根据 ECU 的指令，将高压的、适量的汽油喷入进气管或进气歧管内，与那里的空气混合形成混合气。电控汽油喷射系统中使用的喷油器均为电磁式喷油器。

2）喷油器的结构

喷油器按喷口的结构不同分为孔式和轴针式两种。图 3-3-1 为孔式喷油器，它由滤网、线束插口、电磁线圈、复位弹簧、衔铁和针阀等组成。衔铁与针阀制成一体。轴针式喷油器的针阀下部有轴针伸入喷口，轴针在喷口中不断运动，使喷口不易阻塞，如图 3-3-2 所示。

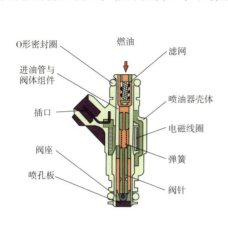 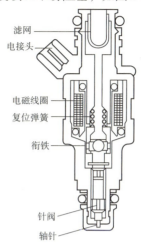

图 3-3-1　喷油器　　　　　　　图 3-3-2　轴针式喷油器

喷油器按电磁线圈的阻值可分为低阻式和高阻式。

3）喷油器的工作原理

当电磁线圈通电时，产生电磁吸力，将衔铁吸起并带动针阀离开阀座，同时复位弹簧被压缩，燃油经喷孔喷出；当电磁线圈断电时，电磁吸力消失，复位弹簧迅速使针阀关闭，喷油器停止喷油。

4）喷油器的驱动方式

喷油器驱动方式有电流驱动与电压驱动两种，如图 3-3-3 所示。电流驱动方式只适用于低阻喷油器，电压驱动方式既适用于低阻喷油器，又适用于高阻喷油器。低阻喷油器指电磁线圈电阻值为 $2\sim3\Omega$，高阻喷油器指电磁线圈电阻值为 $3\sim17\Omega$。在电流驱动回路中无附加电阻，低阻喷油器直接与蓄电池连接，通过 ECU 中的晶体管对流过喷油器电磁线圈的电流进行控制。在电压驱动回路中使用低阻喷油器时，必须在回路中串入附加电阻；使用高阻喷油器就不需要串入附加电阻。

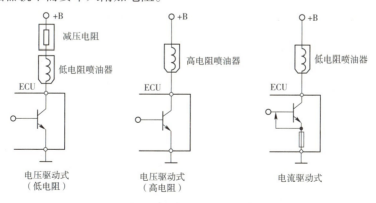

图 3-3-3　喷油器的驱动回路

2.2 燃油压力调节器

1）燃油压力调节器的功用

燃油压力调节器（油压调节器）的功能是使发动机在任何工况下，燃油系统的绝对油压和进气歧管的空气压力之间的差值恒定不变。这样，从喷油器喷出的汽油量便唯一地取决于喷油器的开启时间。

ECU对喷油量的控制是通过控制喷油器电磁线圈通电时间的长短来实现的。当燃油系统的绝对压力和喷油器喷口处的进气歧管的空气压力差不为定值时，喷油器电磁线圈的通电时间尽管相同，但其喷油量却不相同。所以，为了精确控制喷油器的喷油量，必须使燃油系统油压与进气歧管压力差保持恒定。燃油系统油压与进气歧管压力的差值一般被控制在250～300kPa内的某一固定值上，多数发动机控制在250kPa。燃油系统油压与进气歧管压力的关系曲线如图3-3-4所示。

2）燃油压力调节器的结构

燃油压力调节器通常安装在燃油分配管的末端，其结构如图3-3-5所示，主要由膜片、弹簧、回油阀等组成。膜片将调节器壳体内部分成两个腔室，即弹簧室和汽油室。膜片上方的弹簧室通过软管与进气管相通，膜片与回油阀相连，回油阀控制回油量。

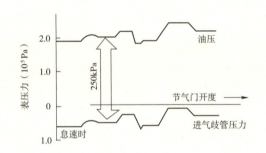

图3-3-4　燃油系统油压与进气歧管压力的关系曲线　　图3-3-5　燃油压力调节器的结构

3）燃油压力调节器的工作原理

发动机工作时，燃油调节器的膜片上方承受的压力为弹簧的弹力和进气管内气体的压力之和，膜片下方承受的压力为燃油压力。当膜片上、下承受的压力相等时，膜片处于平衡位置不动。当进气管内气体压力下降（真空度增大）时，膜片向上移动，回油阀开度增大，回油量增多，使燃油分配管内燃油压力也下降；反之，当进气管内的气体压力升高时，则膜片带动回油阀向下移动，回油阀开度减小，回油量减少，使燃油分配管内燃油压力也升高。由此可见，在发动机工作时，燃油压力调节器通过控制回油量来调节燃油分配管内燃油压力，从而保持喷油压差恒定不变。

发动机工作时，由于汽油泵的供油量远大于发动机消耗的油量，所以回油阀始终保持开启，使多余的燃油经过回油管流回油箱。发动机停止工作时，随燃油分配管内燃油压力下降，回油阀在弹簧作用下逐渐关闭，以保持燃油系统内有一定的残余压力，以利于发动机再起动。

某些车型的燃油压力调节器的真空管路由开关阀控制，其作用是在发动机热车起动时，切断调节器和进气歧管之间的通路，以增大燃油油压，防止油路中的燃油因温度过高产生气阻，而导致发动机起动困难或无法起动。

2.3 缸内直喷技术

缸内直喷技术是将高压的燃料直接喷入到设置在活塞顶部的深坑形燃烧室内，通过进气涡流及汽缸内的气流运动，形成分层燃烧，同时对喷油时间和喷油量进行精确控制，实现超稀薄燃烧。从而达到改善燃油经济性和良好的低排放特性。

一般的汽油发动机是在空燃比 $A/F = 12.6 \sim 17$ 范围内工作，混合气是均质的。而缸内直喷式发动机可在空燃比 $A/F = 25 \sim 50$ 的范围内的稀薄状态稳定工作。

☞ 2.3.1 工作原理

稀薄燃烧的关键是如何精确地控制空燃比及改善稀薄混合气的稳定燃烧。缸内直喷式发动机在中、小负荷时，燃油在压缩行程时被喷入缸内，利用活塞的形状和缸内的紊流，在火花塞附近形成浓的混合气，采用分层充气，实现稀薄燃烧，可使空燃比 $A/F = 30 \sim 40$（采用 EGR 时可达 $35 \sim 55$）。大负荷时，在进气行程（上止点后 $60° \sim 120°$）喷射适量的燃油，以形成均匀的混合气；由于燃油喷入汽缸内后蒸发，使缸内的充气温度降低，爆震倾向减少，可提高压缩比，从而使发动机热效率得到提高。

☞ 2.3.2 工作模式

直喷发动机的工作模式有分层充气模式、均质充气模式和均质稀薄充气模式三种。

1）分层充气模式

分层充气模式是在燃烧室内采用分层充气的混合气形成模式，通过喷油器的位置设计及进气歧管翻板转换机构和进气凹室在汽缸内产生旋涡的充气动作，将混合气往火花塞的方向上引导，使其在火花塞周围形成较浓的混合气。发动机可在 $\alpha = 1.6 \sim 3$ 的工况下工作。

2）均质稀薄充气模式

均质稀薄充气模式是在发动机处于分层充气和均质充气的过渡区域工作。在此模式下，节气门尽可能打开，以减少节气损失；进气翻板阀关闭，汽缸内产生强烈的涡流。同时喷油需要提前（在进气上止点后 $60°$），有更多的时间形成点火混合气。此时 $\alpha \approx 1.55$，与分层模式相似。

3）均质充气模式

均质充气模式是在发动机负荷和转速较高的工况下工作。在此模式下，进气歧管翻板阀打开，气流通过下进气管进入汽缸，增大进气量。高压的燃油（约 120MPa）在进气上止点后 $60°$ 直接喷入汽缸与进气混合并进行冷却，这相当于提高了歧管喷射的压缩比。由于喷油在进气行程进行，有足够的时间形成混合气，结果汽缸内燃油与空气均匀分布，形成均质混合气；此时，$\alpha = 1$。在均质模式，点火提前角是影响发动机转矩、油耗和排放的主要因素。

2.3.3 控制原理

发动机管理系统以转矩为控制目标,收集、评估、协调和实现所有的转矩需求。当控制单元计算出目标转矩后,通过两个通道来实现转矩控制:

(1) 在分层模式运行下,实现目标转矩的方法是控制喷油脉宽。因为这时的汽缸充气量几乎对转矩无影响,因此,在此模式下为减少节气损失,节气门应尽量全开。

(2) 在均质稀薄模式和均质模式下,通过点火提前角和进气量分别进行瞬时修正和长期修正。由于均质稀薄模式的 $\alpha \approx 1.55$,均质模式的 $\alpha = 1$,喷油量是按进气量计算的,所以,转矩控制不采用喷油量调节。

2.3.4 供油系统

供油系统如图3-3-6所示,它分为低压油路和高压油路两部分。燃油泵将燃油从油箱吸出,加压(低压)后送至高压泵;经高压泵进一步加压后送至油轨,并由燃油压力传感器(高压)检测高压油路中的油压,并通过燃油压力调节将油压控制在5~10MPa范围内。

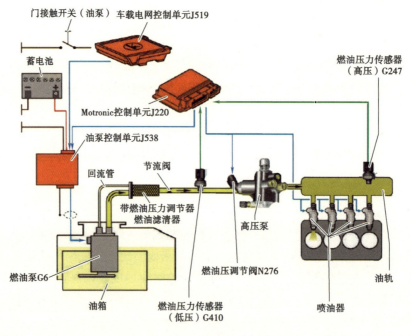

图3-3-6 汽油直喷发动机燃油供给系统

1) 高压泵

高压泵是汽油直喷发动机供油系统的一个重要组成部件。它安装在汽缸盖的上部,由凸轮轴上的特制凸轮驱动。其功用是产生满足直喷发动机燃烧要求的高压燃油。

高压泵由进油阀、燃油压力调节阀、柱塞、出油阀、限压阀和缓压器等组成,如图3-3-7、图3-3-8所示。高压泵的工作过程分吸油、回油和泵油三个过程。

项目三 汽油机燃油喷射供给系统的维修

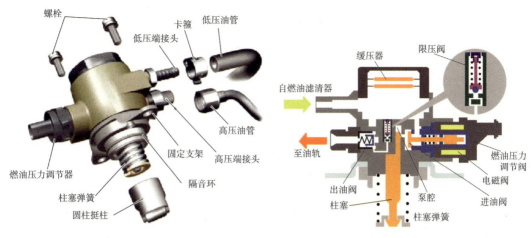

图 3-3-7 高压泵　　　　　　　图 3-3-8 高压泵的组成

（1）吸油过程。在吸油过程中，柱塞在柱塞弹簧弹力的作用下行，泵腔内产生真空，使进油阀被吸开，燃油经进油阀被吸入泵腔内。在柱塞下行的最后 1/3 行程时，燃油压力调节器的电磁阀通电，使进油阀保持打开状态，如图 3-3-9 所示。

（2）回油过程。为了控制实际的供油量，进油阀在柱塞上行的初期燃油压力调节器的电磁阀仍在通电，以保持进油阀处于打开状态。这时多余的燃油被柱塞挤出泵腔，返回高压泵的低压端，如图 3-3-10 所示。

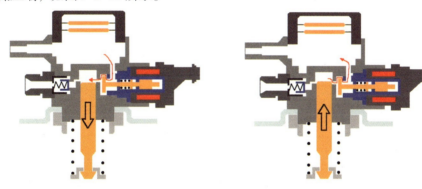

图 3-3-9 高压泵的吸油过程　　　　图 3-3-10 高压泵的回油过程

返回高压泵低压端的燃油会造成低压端油压产生波动现象，这一波动现象会被集成在高压泵内的缓压器吸收，使低压端的油压保持平稳。

（3）泵油过程。在柱塞上行过程中，控制单元根据发动机的转速、负荷等信号计算出供油始点后，发出指令使燃油压力调节器的电磁阀断电；同时，进油阀在弹簧弹力的作用被关闭。柱塞继续上行，并在泵腔内建立起油压。当泵腔内的油压高于油轨内的油压时，出油阀被打开，燃油被泵入油轨内，如图 3-3-11 所示。

图 3-3-11 高压泵的泵油过程

（4）过压保护。当油轨内的油压超过 140MPa 时，集成在高压泵内的限压阀被打开,油轨内的高压油经泵内的泄压油道和限压阀回流到高压泵的低压端,然后燃油再被压回高压端。

2）高压喷油器

高压喷油器与前述的喷油器的结构原理基本相同,不同的是:

(1) 为使喷油器快速工作,电控单元供给短时间的预激励电流后,再供给高达 90V 的电压,电流可达 10A;

(2) 当喷油器全开时,供给 30V 电压,3～4A 电流,以确保针阀处于全开位置;

(3) 在分层喷射模式下,为使燃油精确定位,喷油器的喷射倾斜角度为 20°,喷射发散角度为 70°。

3. 任务实施

3.1 喷油器的检测

1）喷油器电压的检测

图 3-3-12 为皇冠 3.0 2JZ—GE 型发动机喷油器电压的检测示意图。当点火开关置于"ON"位置时,发动机 ECU 的 10、20、30 号端子与 E_{01} 端子间的电压应为 9～12V。

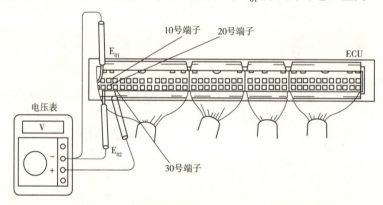

图 3-3-12　喷油器电压的检测

图 3-3-13 为宝来轿车喷油器电路。喷油器的 2 号针脚与发动机电控单元 J220 相连,并经 J220 内部搭铁。喷油器的 1 号针脚的对搭铁电压应为蓄电池电压。D95 是连接点,它在发动机舱内的线束里。

2）喷油器电阻的检查

用万表的 Ω 挡测量喷油器的阻值,如果电阻值不符合要求,应更换喷油器。

3）喷油器的测试

(1) 喷油器泄漏情况的检查。将喷油器装在分配油管上,用一根导线将诊断座上燃油泵的检测插孔短接(丰田车系),并打开点火开关。燃油泵开始运转,注意观察喷油器有无漏油。如果漏油,其漏油量在 1min 内应少于 1 滴,否则应予以更换。

(2) 动作测试。拔下喷油器的导线连接器,用导线把蓄电池的正、负极与喷油器的正负极对应地连接起来,应能听见喷油器动作的声音。低阻值的喷油器不可直接与蓄电池连接,应串联一个适当阻值的分压电阻(3~5Ω),以免烧坏电磁线圈。

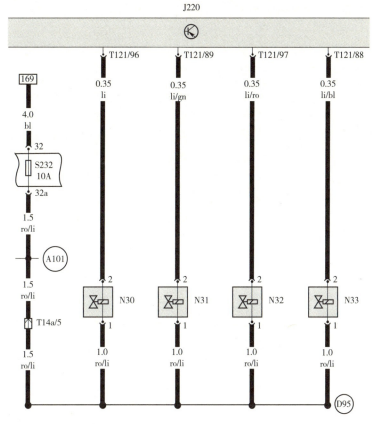

图 3-3-13　宝来轿车喷油器电路

(3) 喷油量的检查。如图 3-3-14 所示,用跨接线将蓄电池与喷油器连接好;通电 15s,用量筒测出喷油器的喷油量,并观察燃油雾化情况。每个喷油器测试 2~3 次。皇冠 3.0 2JZ—GE 发动机的喷油器的标准喷油量为 70~80cm^3(15s),各喷油器间的喷油量允差为 9cm^3;宝来轿车 AGN 型号发动机的喷油器的标准喷油量为 85~105ml。如果喷油量不符合标准,则应清洗或更换喷油器。也可以在超声波清洗机上测量喷油量。

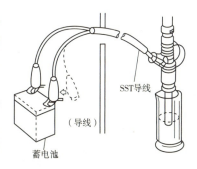

图 3-3-14　喷油器喷油量的检查

3.2　准备工作

阅读维修手册,列出拆装所需工具,制订拆装方案,领取备品。

3.3　操作流程

(1) 拆喷油器线束。
(2) 拆燃油分配管。

(3) 拆喷油器。
(4) 装复过程与拆卸相反。

3.4 操作提示

(1) 在对喷油器检查前,应确保发动机转速传感器正常、汽油泵继电器正常、汽油泵熔断丝和喷油器熔断丝正常,然后再进行喷油器相应的检测。

(2) 在拆卸喷油器前,应先将缸盖喷油器承孔处的污物清理干净,以防拆下喷油器后,污物进入汽缸。由于燃油系统有较高的油压,所以在拆卸喷油器时,应须用布包住喷油器与燃油分配管的连接处,慢慢松开,卸压,以防燃油喷出来而带来不安全的因素。

(3) 拆下喷油器后,如不能马上装复新的喷油器,必须用干净的布将汽缸盖喷油器承孔堵住,防止污物进入汽缸内。

(4) 更换完喷油器后,应反复转动点火开关(不起动发动机),接通油泵电路,使油泵反复工作,以便在油路中迅速建立起油压,然后再起动发动机。

项目四　进、排气系统的维修

进、排气系统是发动机最重要的系统之一，该系统主要功用是：
（1）为发动机工作提供充分的空气，以提高发动机的动力性；
（2）将排气中的有害气体消除掉，再排到大气中，提高环保性。

为了提高发动机在不同工况下的进气量，采取的相应结构措施主要有：谐波增压系统、可变进气系统、废气涡轮增压系统、机械增压系统等。为了提高环保性，必须将有害气体的排放量控制在规定的范围内，为此采取的结构措施有：三元催化转换器、废气再循环（EGR）系统、二次空气供给系统、曲轴箱通风系统、燃油蒸发系统等。

任务一　更换空气滤清器

1. 任务引入

（1）当汽车行驶里程或使用时间达到厂家规定的维护周期时，需更换空气滤清器滤芯。（如宝来轿车每15000km需要更换空气滤清器滤芯）
（2）恶劣气候，提前更换。

2. 相关理论知识

2.1　进、排气系统

1）概述

进气与排气系统根据发动机各缸的工作循环和工作顺序适时地开启和关闭进、排气门，使足量的纯净空气或空气与燃油的混合气及时地进入汽缸，并及时将废气安全地排入大气。为了增加汽缸的进气量，提高发动机的功率，汽车发动机越来越多地采用进气增压技术，利用最多的是废气涡轮增压技术。

在传统的汽车及发动机设计中，主要考虑的性能指标是动力性、可靠性和经济性。随着汽车有害排放物对大气污染的日趋严重，世界各国限制汽车排放污染的法规越来越严格。为了达到新的规定和要求，排放控制系统必须和整车其他系统一起进行统一设计，使汽车能够达到所规定的包括排放性能在内的综合性能指标的要求。因此，排放控制系统不仅要把它看做单一系统解决单一排放的问题，而且还应视其为整车控制系统的一部分，它关系到整车的总体性能指标。

2）进、排气系统的组成

一般发动机进气与排气系统主要包括空气滤清器、进气歧管、排气歧管、消声器等，如图4-1-1所示。有的进气系统还装有进气预热装置。

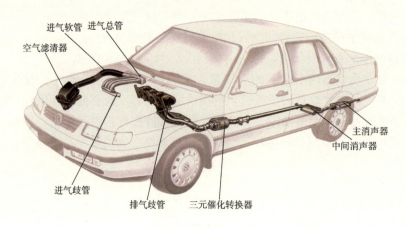

图4-1-1 进、排气系统

3）气体的流动路线

气体的流动路线为：空气→空气滤清器→进气软管→进气总管→进气歧管→汽缸→排气歧管→三元催化转换器→中间消声器→主消声器→大气。

4）气体流量的检测

进入汽缸的空气量是通过空气计量装置进行检测的。如果系统使用进气歧管绝对压力传感器，则通过检测进气歧管内的绝对压力来间接检测空气流量，进气歧管绝对压力传感器安装在进气总管上。如果系统使用空气流量计，则直接检测空气流量，空气流量计安装在进气软管与进气总管之间。

2.2 进气系统的主要部件

☞ 2.2.1 空气滤清器

1）空气滤清器的功用

燃油燃烧需要大量的空气，以普通轿车为例，每消耗1L汽油需要消耗5000～10000L空气。因此，若不将其中的杂质或灰尘滤除，必然加速汽缸的磨损，缩短发动机使用寿命。实践证明，发动机不安装空气滤清器，将使活塞磨损量增加约3倍，活塞环磨损量增加约9倍，发动机寿命将缩短2/3。

空气滤清器的作用是滤去进入汽缸内空气中的尘土和沙粒，以减小汽缸、活塞和活塞环的磨损，延长发动机的使用寿命，同时也可消减进气噪声。

2）空气滤清器的结构

汽油发动机广泛采用纸质干式空气滤清器。它具有结构简单、质量轻、成本低、使用方便、滤清效果好等优点，如图4-1-2所示，它主要由上壳体、下壳体、滤芯和带粗滤器的进气管组件等组成。空气滤清器安装在进气管道的最前端。

滤芯是用树脂处理的微孔滤纸制成，滤芯呈波折状，以便获得较大的过滤面积。有的滤芯上、下两端有塑料密封圈，以保证滤芯两端的密封。

3）空气滤清器的工作原理

在发动机工作时，空气从滤芯的四周穿过滤纸进入滤芯中心，杂质被滤芯阻留在滤芯外面，清洁的空气进入进气总管，流向汽缸。

为了增强发动机的谐振进气效果，空气滤清器进气导流管需要有较大的容积。为保证空气在导流管内有一定的流速，导流管又不能太粗，进气导流管只能做得很长。较长的进气导流管有利于实现从车外吸气，因为车外空气温度一般比发动机罩下的温度约低30℃，所以从车外吸入的空气密度可增加10%左右，燃油消耗率可降低3%。

4）带恒温进气装置的空气滤清器

为了降低有害气体CO、HC的排放，一些汽油机装有恒温进气装置，其功用是控制进气温度，使之保持在35～40℃之间。如图4-1-3所示，它是在普通空气滤清器上增设一套空气加热与控制系统，两个进气口中一个接热空气管，另一个接冷空气进气导流管，由控制阀控制两个进气管的开闭。

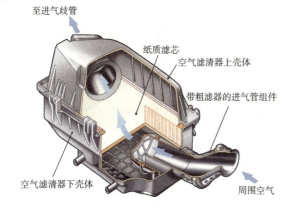

图4-1-2 空气滤清器

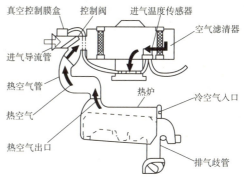

图4-1-3 带恒温进气装置的空气滤清器

当发动机冷起动时，汽车发动机罩下的环境温度低于35℃，进气温度传感器通过控制机构使控制阀关闭进气导流管，打开热空气管，冷空气从排气歧管上部的热炉加热，经热空气管和空气滤清器进入发动机；当温度超过53℃时，温度控制机构通过控制阀完全关闭热空气管，进入空气滤清器的空气全部是环境空气；当温度在35～40℃时，控制阀部分开启，两个进气口均有空气流入。

☞ 2.2.2 进气总管

进气总管是连接进气软管与进气歧管的管道，如图4-1-4所示。为了提高发动机的充气效率，通常按有效利用进气压力波的原理设计进气管的长度、形状

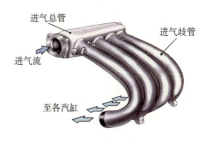

图4-1-4 进气歧管

和结构。进气总管上常附有各种形状的气室，以减小节气门开度频繁变化时的进气脉动。

在电控燃油喷射式发动机的进气总管上，装有空气流量传感器（或进气压力传感器），以便对进入汽缸的空气进行计量。

☞ 2.2.3 进气歧管

1）进气歧管的结构

进气歧管是指进气总管后向各汽缸分配空气的支管。

进气歧管一般由铸铁、铝合金或含30%玻璃纤维的增强尼龙66制造。进气歧管用螺栓固定在汽缸盖上，其接合面处装有衬垫，以防止漏气。

进气歧管的衬垫由钢片包的石棉板或石棉橡胶垫制成，坚固耐用。安装时应尽量使衬垫处于中间位置，先用两颗定位螺栓将衬垫与进气总管定位，然后再将螺栓逐一拧紧以避免进气孔道被衬垫挡住而减少流通面积。

2）进气歧管的加热

对于单点电控燃油喷射式发动机，进气歧管的温度十分重要。因为温度太低，汽油将凝结在管壁上，造成混合气雾化不良。应进行适当的加热，以利于燃油的蒸发，但是若加热过度，又将减少进入汽缸的气体质量，使发动机的功率下降。通常的加热方式有以下几种。

（1）利用陶瓷热敏电阻器加热，如图4-1-5所示。在进气歧管内装有陶瓷热敏电阻加热器，在发动机冷起动前，打开陶瓷热敏电阻器加热电源，加热器通电加热。随着温度的升高，加热器电阻加大，当温度升高到180℃时，其电阻变得无穷大，切断电流，停止加热。

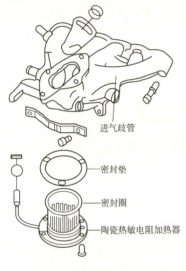

图4-1-5 陶瓷热敏电阻加热器

（2）利用高温排气加热，也就是使发动机的排气流过进气管底部对进气管进行加热。在进气歧管内装有混合气预热阀，根据季节的不同调节控制阀的开度，从而改变进气歧管的加热程度。带恒温进气装置的空气滤清器就属这类机构。

也有发动机将进气歧管和排气歧管合装成一体，直接利用排气歧管中的热量加热进气歧管。这种方法加热快，缩短冷机运转时间。缺点是当热机时，还继续加热，会造成汽缸的进气量减少，使发动机的功率下降。

（3）利用循环冷却液加热，如图4-1-6所示。这种进气歧管内设有水套，并与冷却系统连通，使冷却液在进气歧管水套内循环。这种形式比高温排气加热时间长，但热机时发动机的性能好。

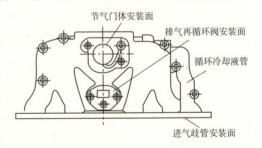

图4-1-6 利用循环冷却液加热

电控燃油多点喷射式发动机的进气歧管无需加热。

3. 任务实施

3.1 准备工作

阅读维修手册，列出拆装所需工具，制订拆装方案。

3.2 操作流程

（1）拆卸与空气滤清器连接的进气软管；
（2）打开空气滤清器上壳体；
（3）取出空气滤清器滤芯；
（4）装入新的空气滤清器滤芯；
（5）装复过程与拆卸顺序相反。

3.3 操作提示

（1）汽车每行驶 8000km 左右，用毛刷或压缩空气由里向外清洗滤清器，严禁用汽油或水洗刷滤芯。若发现滤芯过脏、破裂和油污，应更换滤芯。
（2）在对滤芯进行清洁或更换时，必须用抹布把滤清器壳内壁擦干净，这样可以使空气滤清器的过滤效果会更好。在对滤芯进行清洁时，可使用软毛刷或压缩空气进行清洁。在装复滤芯时，要使滤芯与壳体密切配合，保证密封。

任务二

更换排气管密封圈

1. 任务引入

（1）发动机排气噪声过大，经分析是由排气管密封圈（俗称：接口垫）的原因引起的，需对排气管密封圈进行更换。
（2）就车拆装发动机总成时，需对排气管密封圈进行更换。
（3）拆卸汽缸盖时，需对排气管密封圈进行更换。

2. 相关理论知识

2.1 排气系统的布置

直列式发动机通常采用单排气系统，V 型发动机有的采用单排气系统，也有的采用双排气系统，如图 4-2-1 所示。

2.2 排气系统主要部件

2.2.1 排气歧管

排气歧管一般由铸铁铸造。近年来，采用不锈钢做排气歧管的也越来越多，原因是不锈钢排气歧管质量轻，耐久性好，同时内壁光滑、排气阻力小。

排气歧管的形状十分重要。为了不使各缸排气相互干扰及不出现排气倒流现象，并尽可能地利用惯性排气，应该将排气歧管做得尽可能长，而且各缸进气歧管应该相互独立、长度相等（图 4-2-2）。排气歧管用螺栓固定在汽缸盖上，其结合面处装有石棉衬垫，以防漏气。排气歧管的各歧管分别与汽缸盖上的排气道相通。

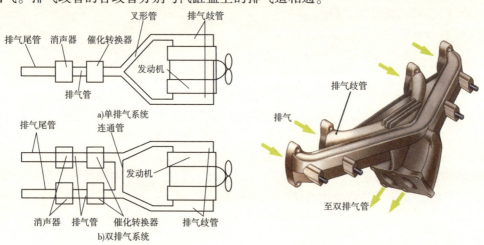

图 4-2-1 排气系统布置　　　　　图 4-2-2 排气歧管

2.2.2 排气消声器

1）排气消声器的功用

排气消声器的功用是降低从排气管排出的废气的温度和压力，以消除火星和噪声。

2）排气消声器的结构

图 4-2-3 为典型排气消声器的结构。它由外壳、多孔管和隔板等组成。外壳用薄钢板制成筒形，两端封闭。内腔用隔板分隔成 4 个消声室，在两端又各插入多孔的进入管和排出管，4 个消声室通过多孔管相互沟通。

3）工作原理

排气消声器主要是消耗废气流的能量，平衡气流的压力波。通常采用以下几种办法：

（1）多次改变气流的方向。

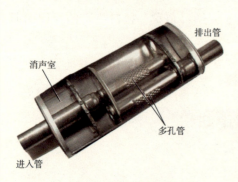

图 4-2-3 排气消声器

（2）重复地使气流通过收缩而后又扩大的断面。
（3）将气流分割为很多小的支流并沿着不平滑的平面流动。
（4）将气流冷却。

从发动机排出的废气进入多孔管后，再进入多孔管与外壳间的消声室，受到反射，并在这里膨胀和冷却，并与管壁多次碰撞消耗能量，使废气的温度、压力和流速都显著降低，振动减轻，最后从多孔的排出管排入大气，从而消减了排气噪声，消除了火焰及火星。

轿车大多采用两个消声器串联使用（图4-1-1）。中间消声器用来消除共振作用和减少噪声；主消声器主要用来减少噪声和降低废气流速，并起冷却后膨胀作用。

2.2.3 三元催化转换器

1) 三元催化转换器的功用

三元催化转换器的主要功用是将废气中的CO、HC和NO_x转化为无害的水、二氧化碳和氮气，从而减少对环境的污染。

2) 三元催化转换器的结构

三元催化转换器安装在排气管路中。三元催化转换器由陶瓷催化反应体、隔热软垫和壳体组成，如图4-2-4所示。陶瓷催化反应体为催化剂载体，载体外面涂有催化剂。三元催化转换器所使用的催化剂一般为稀有金属铂（Pt）、钯（Pd）、铑（Rh）等贵重金属的混合物。

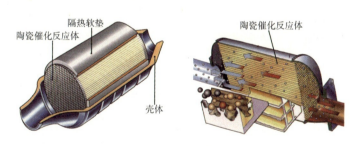

图4-2-4 三元催化转换器的结构

3) 三元催化转换器的工作原理

发动机排出的尾气经过三元催化转换器后，以发动机尾气中的CO和HC作为还原剂，使发动机的尾气与三元催化转换器中的稀有贵重金属铂（或钯）、铑进行化学反应，把NO_x转化成为无害的氮气（N_2）和氧气（O_2），而CO和HC在还原反应中被氧化为无害的CO_2和H_2O排入大气中。

三元催化转换器将有害气体变成无害气体的效率受诸多因素的影响，其中影响最大的是混合气的浓度和排气温度。

三元催化转换器的转换效率与混合气浓度的关系如图4-2-5所示。只有在标准的理论空燃比14.7:1附近，对废气中三种有害气体（HC、CO和NO_x）的转换效率均比较高。在发动机工作中，为将实际空燃比精确控制在标准的理论空燃比附近，在装用三元催化转换器的汽车上，一般都装有氧传感器，用以检测废气中氧的浓度。

氧传感器信号输送给ECU后，用来对空燃比进行反馈控制，即电控燃油喷射系统的闭环控制。

在电控燃油喷射开环控制系统中，ECU只是根据转速信号、进气量信号、冷却液温度信号等确定喷油量，以控制空燃比，但对实际控制的空燃比是否精确不进行检测。在闭环控制系统中，氧传感器安装在三元催化转换器与发动机之间的排气管或排气歧管上，将检测到的废气中氧浓度信号输送给ECU，ECU根据此信号对喷油量进行修正，使实际的空燃比更接近理论空燃比。

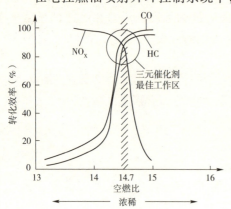

图4-2-5 三元催化转换器的转换效率与混合气浓度的关系

在装有氧传感器的电控燃油喷射发动机上，电控燃油喷射系统（EFI）并不是在所有工况下都进行闭环控制。在发动机起动、怠速、暖机、全负荷、减速断油等工况下，发动机不可能以理论空燃比工作，仍采用开环控制方式。此外，氧传感器温度在400℃以下、氧传感器或其电路发生故障时，也只能采用开环控制。电控燃油喷射系统进行开环控制还是进行闭环控制，由ECU根据相关输入信号确定。

发动机的排气温度过高（815℃以上）时，三元催化转换器的转换效率将明显下降。有些三元催化转换器中装有排气温度报警装置，当报警装置发出报警时，应停机熄火，查明排气温度过高的原因，予以排除。在使用中，排气温度过高一般是由于发动机长时间在大负荷下工作或因故障而燃烧不完全所致。

3. 任务实施

3.1 准备工作

阅读维修手册，列出拆装所需工具，制订拆装方案。

3.2 操作流程

（1）支撑车辆；
（2）拆卸排气歧管；
（3）更换排气歧管密封圈；
（4）装复排气歧管。

3.3 操作提示

（1）在更换排气管密封圈时，必须在排气管的温度降到正常室温后再进行操作，以防烫伤。在装密封圈时，密封圈的光滑面应朝向排气歧管方向，以保证正常的密封。更换所有的自锁螺母，紧固时应从中间向两端均匀拧紧，最后按规定的力矩拧紧。

（2）在完成排气系统的组装后，要保证排气系统没有应力，并与车身部件有足够的间隙。必要时松开卡箍对消声器和排气管进行调整，保证与上部车身有足够的间隙及保证悬挂件的负荷均匀。

（3）消声器在出厂时，中间消声器和主消声器是一体，但维修时可单独更换，然后用随带的双卡箍连接，如图4-2-6所示。双卡箍的螺栓拧紧力矩应达到规定值，如宝来轿车规定值为40N·m。

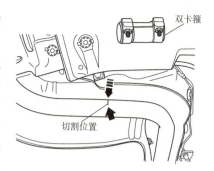

图4-2-6 排气管的切割位置

> **拓展知识：**
>
> 1. 三元催化转换器的检修
>
> 三元催化转换器常见的故障是堵塞，堵塞会引起排气不畅，废气倒流回到发动机内。产生堵塞的原因有：炭灰的积聚、污染、催化芯子熔化、陶瓷芯子破裂等。
>
> 催化剂过热，会加快其老化，使催化剂发生质的变化，完全丧失催化功能。为此，有的发动机安装温度报警装置，以提醒驾驶人注意。催化剂失效的另一个因素是排气中含有铅化物、炭烟及焦油，因此，应注意必须使用高品质的无铅汽油。
>
> 测试三元催化转换器性能好坏的最精确方法是用可测量废气中的 O_2、CO_2、CO 和 HC 体积分数（含量）的四气体红外线废气分析仪测量排气管废气。三元催化转换器有故障时，会导致废气中的 HC、CO 和 NO_x 成分的含量升高。其他系统，如燃油系统、点火系统和排放控制系统，也会影响排气管废气的含量。
>
> 催化转换器的温度可用数字高温计进行测试，将仪表探针放在催化转换器的进气口与出气口，以测量其温度。如果工作正常，出气口温度应比进气口温度至少高出38℃（100 ℉）。如果进气口与出气口的温度差值低于38℃（100 ℉），则表明该催化转换器工作不良，应将其更换或对其进行修理。
>
> 有的系统在催化转换器的下游加装了一个氧传感器，其目的是监测三元催化转换器的工作。这一氧传感器信号被ECU用作自诊断的依据。一旦催化转换器失效，自诊断系统将闪亮故障指示灯。用示波器或发动机分析仪测试上下游两个氧传感器的信号波形也可以检测催化转换器。
>
> 三元催化转换器失效后，一般进行换件修理。
>
> 2. 三元催化转换器的使用注意事项
>
> （1）安装有催化器的汽车绝对不允许使用有铅汽油。
> （2）要避免催化转换器发生磕碰。
> （3）汽车不要长时间怠速，以防催化转换器烧坏。
> （4）要避免突然加速，以防止催化转换器过热。
> （5）要保证发动机正常运转，以保证催化转换器排气净化率最佳。

任务三 检测 EGR 阀

1. 任务引入

经检测尾气不符合排放标准,怠速不稳,有故障码,需对 EGR 阀进行检测。

2. 相关理论知识

2.1 废气再循环系统概述

1) 废气再循环系统的功用

NO_X 是空气中的氮气与氧气在高温、高压条件下形成的。发动机排出的 NO_X 量主要与汽缸内的最高温度有关,汽缸内最高温度越高,排出的 NO_X 量越多。

废气再循环 EGR(Exhaust Gas Recirculation)控制系统的功用是将适量的废气重新引入汽缸参加燃烧,从而降低汽缸内的最高温度,以减少 NO_X 的排放量。

2) 废气再循环系统的组成

废气再循环系统一般由废气再循环阀、废气再循环调节器(真空开关)及其连接管道和软管组成。

2.2 废气再循环阀(EGR 阀)的结构与工作原理

废气再循环系统中再循环的废气量由废气再循环阀自动控制。由真空控制的废气再循环阀有传统式及背压传送式两种。

1) 传统式废气再循环阀的结构及工作原理

传统式废气再循环阀的结构及工作原理如图 4-3-1 所示。进气管真空度经真空传送管传入膜片室,当真空度较小时或没有真空度时,在膜片弹簧的作用下,锥阀将废气再循环通道关闭;当真空度较大时,膜片、膜片推杆和锥阀一起向上提起,将废气再循环通道打开。废气再循环通道开启的程度决定于进气管真空度的大小,因此当节气门开度和发动机转速变化时,再循环的废气量将会自动地得到调节。

2) 背压传送式废气再循环阀的结构及工作原理

背压传送式废气再循环阀的结构及工作原理如图 4-3-2 所示。在膜片的上方设有放气阀,在膜片上加工有通气孔。当放气阀开启时,真空室与空气室相通,安装在放气阀上面的放气阀弹簧使放气阀保持常开。发动机工作时,排气再循环通道内排气压力经推杆的中心孔至减压室,并作用在膜片上,当发动机转速较低或节气门开度很小时,排气压力不大,不足以使放气阀关闭,这时由于真空室与空气室相遇,真空室的真空度小,使废气再循环阀保持关闭状态。当排气压力增大时,减压室的压力增大,并推动膜片向上移动,使放气阀被关闭,真空室与空气室被隔开;这时真空室产生较大的真空度,膜片被吸,使其向上移动,并带动推杆和废气再循环阀一起向上移动,使废气再循环阀打开,进行废气再循环。

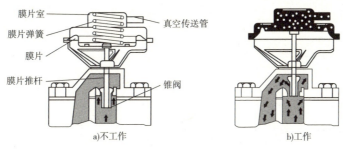

图 4-3-1 传统式废气再循环阀

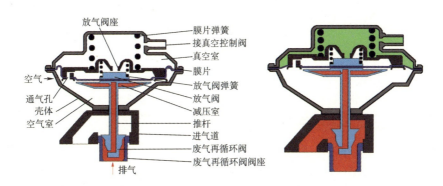

图 4-3-2 背压传送式废气再循环阀

2.3 废气再循环系统的工作原理

发动机进行废气再循环必然会影响发动机的正常工作,因此,为保证发动机性能不受过多影响,就必须根据发动机工况的变化,控制废气再循环量。

废气再循环程度可用 EGR 率表示,其定义为:

$$EGR 率 = [EGR 流量/(吸入空气量 + EGR 流量)] \times 100\%$$

对废气再循环总的控制要求是:NO_X 排放量随负荷增加而增加,EGR 率也应随之增加;发动机水温低于 50℃时,不应进行废气再循环;怠速和小负荷时,NO_X 排放量不高,不进行废气再循环;全负荷和急加速时,不应进行废气再循环。

对于汽油发动机,发动机中小负荷时将一定量的废气引入燃烧室参与燃烧,怠速、全负荷时不起作用。对于柴油发动机,发动机在怠速、中小负荷时将一定量的废气引入燃烧室参与燃烧,但在全负荷时不起作用。

该系统的工作过程是:在发动机工作时,ECU 根据发动机转速、空气流量、进气管压力、冷却水温度、点火、EGR 阀位置等信号,控制 EGR 真空电磁阀的电磁线圈的通电时间的长短,来控制进入 EGR 阀真空气室的真空度,从而控制 EGR 阀的开度来改变参与再循环的废气量。

在发动机进行废气再循环时，一部分废气从排气歧管经管道通过废气再循环阀进入进气管与新鲜空气混合。废气再循环阀由阀体上方真空室的真空度控制，真空室的真空度由 ECU 根据冷却水温度、进气温度、发动机转速和节气门开度等输入信息控制真空电磁阀的开启或关闭来实现。当发动机怠速和暖机期间，真空电磁阀关闭，空气进入废气再循环阀的上方的真空室，废气再循环阀在复位弹簧的作用下关闭，废气再循环停止；当负荷达到一定程度时，真空电磁阀开启，真空室的真空度提高，废气再循环阀打开，进行废气循环。废气再循系统的工作原理如图 4-3-3 所示。

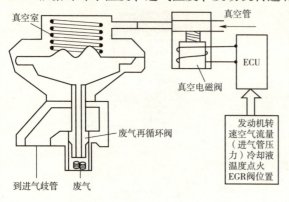

图 4-3-3　废气再循环系统的工作原理

废气再循环量的控制对发动机工作性能有很大影响，一般进入进气歧管的废气量控制在 15%～20% 范围内。若废气再循环量过少，不能达到有效降低 NO_x 排放量的目的；废气再循环量过大，则发动机工作不稳定，综合性能恶化。

2.4　电控 EGR 系统

电控 EGR 系统可进行较大 EGR 率（15%～20%）控制，其主要功能是选择 NO_x 排放量多的发动机运行工况进行适量 EGR 率控制。控制装置因车型不同有多种形式。目前，采用 ECU 控制的废气再循环系统主要有两种类型：开环控制废气再循环系统和闭环控制废气再循环系统。

☞ 2.4.1　开环控制式 EGR 系统

1）普通 EGR 电控系统

图 4-3-4 所示为日产 VG30 型发动机所采用的普通 EGR 电控系统。ECU 根据发动机点火开关、曲轴位置、水温、节气门位置等传感器信号，经处理后确定发动机运行工况并发出指令，控制电磁阀电磁线圈的导通与截止，同时利用进气歧管真空控制 EGR 控制阀的开启或闭合，使 EGR 系统进行或停止。

在发动机起动、怠速、低温、转速低于 900r/min 或高于 3200r/min 时，ECU 向 EGR 电磁阀发出接通信号，电磁阀被接通，其阀门关闭，切断控制 EGR 控制阀膜片室的真空通道，使 EGR 系统不起作用；反之，当电磁阀处于 OFF 位置时，其阀门打开，通往控制 EGR 控制阀膜片室的真空通道打开，EGR 系统再次起作用。

普通 EGR 电控系统的控制特点是 EGR 控制阀工作，其 EGR 率是不可调节的。

2）可变 EGR 率的 EGR 电控系统

可变 EGR 率的 EGR 电控系统如图 4-3-5 所示。ECU 根据发动机转速、负荷、温度、进气流量等工况信号，结合预先标定的 EGR 流量脉谱，计算出符合当时工况的最佳 EGR 率，并驱动一个控制精度较高的脉冲控制（PWM）型真空电磁阀，再由真空控制阀

（VCM）间接控制 EGR 阀膜片室的真空度，进而改变 EGR 阀的开启度，调节 EGR 率。占空比越大，则电磁线圈通电相对时间越长，膜片室的真空度越小，EGR 阀开启高度越小，进入汽缸中的废气越少，EGR 率越低。因此，ECU 只要控制施加在 VCM 阀电磁线圈上脉冲电压的占空比，就可实现对 EGR 率的可变控制。

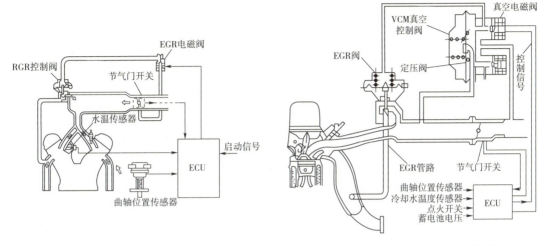

图 4-3-4　普通 EGR 电控系统　　　　　图 4-3-5　可变 EGR 率的 EGR 电控系统

以上两种形式的 EGR 控制系统由于没有 EGR 针阀位置的反馈信息，系统始终处于开环状态。EGR 率只能预先设定，不能检测并控制发动机各种工况下的实际 EGR 率。另外，真空管路也存在滞后效应，这是开环控制方式的缺点。

☞ 2.4.2　闭环控制式 EGR 系统

现代汽车发动机的 EGR 系统是在电控开环的基础上，设置 EGR 温度传感器或 EGR 针阀位置传感器，自动将实际 EGR 率反馈给 ECU，供 ECU 对输出的控制信号进行修正，使实际的 EGR 率与控制目标更逼近。这种具有反馈监控功能的闭环控制系统实现了对 EGR 率的精确控制。当 EGR 系统发生故障时，会点亮发动机故障灯报警。

1）EGR 阀开度反馈控制

具有 EGR 阀开度反馈信号的闭环控制系统如图 4-3-6 所示。与普通 EGR 系统相比，该系统在 EGR 阀上增加了一个用于检测其开启高度，电位计式的 EGR 位置传感器，如图 4-3-7 所示。该传感器可将 ECR 阀开启高度转换为相应的电压信号反馈给 ECU，ECU 根据反馈信号控制真空电磁阀的动作，进而调节 EGR 阀膜片室的真空度，改变 EGR 率。同时，发动机控制模块检测位置传感器及相关控制电路故障，如短路及断路情况，当检测到的位置信号超过位置电压的正常范围，发动机控制模块将设置诊断故障代码。

图 4-3-8 为大众车系 EGR 控制系统及控制电路。该系统的工作过程是：在发动机工作时，ECU 根据发动机转速、空气流量、进气管压力、冷却水温度、点火、EGR 阀位置等信号，控制 EGR 真空电磁阀的电磁线圈的通电时间的长短，来控制进入 EGR 阀真空气室的真空度，从而控制 EGR 阀的开度来改变参与再循环的废气量。

根据发动机结构不同，进入进气歧管的废气量一般在 5%～20% 之间。

EGR 电磁阀 N18 接收发动机控制单元发出的相应信号,并将其转化为一个脉冲控制信号,来控制再循环阀的动作。

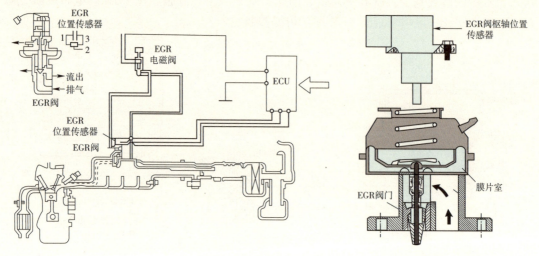

图 4-3-6 具有开度反馈信号的 EGR 闭环控制系统

图 4-3-7 EGR 阀位置传感器

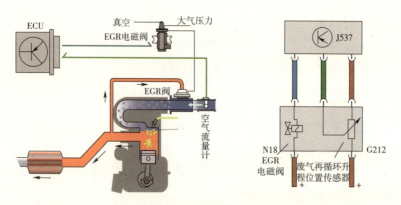

图 4-3-8 大众车系 EGR 控制系统及控制电路

2) EGR 率反馈控制

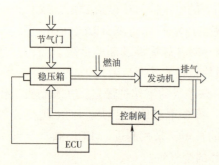

图 4-3-9 具有 EGR 率反馈信号的闭环控制系统

图 4-3-9 所示为日本三菱汽车公司开发的可直接用 EGR 率作为反馈信号的 EGR 闭环控制系统。新鲜空气经节气门进入稳压箱,发动机排出的一部分废气经控制阀进入稳压箱。稳压箱中设置有 EGR 率传感器,它不断检测稳压箱中新鲜空气与废气所形成的混合气中的氧气浓度,并将检测结果输入 ECU。ECU 经分析、计算后向控制阀输出控制信息,不断调整 EGR 阀的开启高度,控制混合气中的 EGR 率,使其

始终保持在最佳状态,从而有效减少 NO_x 的排放量。该装置取消了进气管真空度的机械控制,所以精度很高,响应迅速,但其生产成本高。

3. 任务实施

3.1 准备工作

阅读维修手册,列出所需工具、仪器和设备,制订检测方案。

3.2 操作流程

1) 一般检查

怠速时,拆下 EGR 阀上的真空软管,发动机转速应无变化,用手触试真空管口,应无吸力;转速达 2500r/min 以上,同样拆下此真空软管,发动机转速应明显升高(中断了废气再循环)。

2) 检查 EGR 电磁阀

在冷态下测量电磁阀电阻,阻值应为 33~39Ω。如图 4-3-10 所示,电磁阀不通电时,从通进气管侧的软接头吹入空气时应畅通,从通大气的滤网处吹入空气时应不通;通电时,与上述刚好相反。

大众车系废气再循环电磁阀 N18 的检查方法:

(1) 真空测试仪检测电磁阀真空度,开始无真空,电磁阀开始工作后将有真空产生。

(2) 可以在 08 数据块中读取废气再循环显示值。

通过诊断仪进入发动机控制单元,发动机以中小负荷运转,读取数据块 076。

(3) 电磁阀本身电阻标定值为 14~20Ω。

3) 检查 EGR 阀。

如图 4-3-11 所示,用手动真空泵给 EGR 阀膜片上方施加约 15kPa 的真空度时,EGR 阀应能开启;不施加真空度时,EGR 阀应完全关闭。

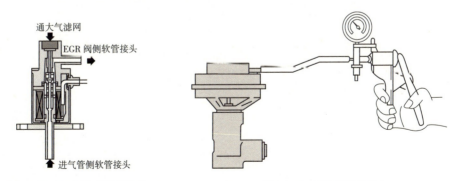

图 4-3-10 EGR 电磁阀的检查　　图 4-3-11 EGR 阀的检查

任务四 检测与更换二次空气控制阀

1. 任务引入

发动机起动后暖机时，CO 和 HC 排放超标，有故障码，需对二次空气控制阀进行检测与更换。

2. 相关理论知识

2.1 二次空气供给系统的功用

二次空气供给系统的功用是在一定工况下，将新鲜空气送入排气管，促使废气中的 CO 和 HC 进一步氧化，从而降低 CO 和 HC 的排放量，同时加快三元催化转换器的升温。

2.2 大众车系二次空气供给系统的组成及工作原理

图 4-4-1 为发动机二次空气供给系统结构原理图。当发动机处于冷起动阶段时，由于混合气较浓，未燃烧的 HC 及 CO 等有害物质排放相对较高，并且此时，三元催化转换器尚未达到正常工作温度（350℃以上）。所以在轿车排放标准达到欧Ⅲ或欧Ⅳ要求时，必须装备此机外净化装置——二次空气供给系统，以降低发动机冷起动阶段有害物质的排放。另一方面，再次燃烧的热量使三元催化转换器很快就达到所需的工作温度，大大缩短了催化反应器的起动时间，极大地改善了冷起动阶段的排气质量。

二次空气系统包括：发动机控制单元、二次空气继电器、二次空气电磁阀、二次空气泵、二次空气组合阀、温度传感器、氧传感器、三元催化转换器等部件。

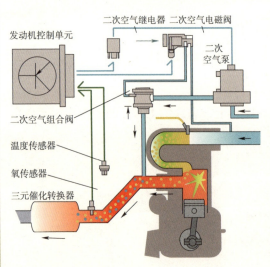

图 4-4-1 二次空气系统结构原理图

二次空气系统的工作原理：发动机中 ECU 激活二次空气供给系统，控制二次空气电磁阀，并通过真空度驱动机械阀门开始工作。发动机起动后，经过滤清器的空气通过二次空气泵直接被吹到排气门后，二次空气泵的电源由继电器供给，二次空气泵的作用是在很短时间内将空气压进排气门后面的废气中。二次空气供给系统未工作时，热的废气将停止在组合阀门处，阻止进入二次空气泵，如图4-4-2所示。

在控制过程中，自诊断系统同时进行着检测。由于废气中所含氧气量的增加导致氧传感器电压降低，所以氧传感器必须处于工作状态。二次空气系统正常工作时，氧传感器将检测到极稀的混合气。

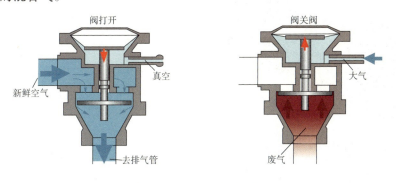

图4-4-2　二次空气组合阀

二次空气供给系统只是部分时间内起作用，具体在以下两种工况下工作：冷起动后或热起动后怠速，见表4-4-1。

二次空气系统工作状况表　　　　　　　　　　表4-4-1

状　　态	冷却液温度	工作时间（s）
冷起动后	5~33℃	100
热起动后怠速	直到最高96℃	10

图4-4-3为宝来轿车二次空气系统空气喷射阀位置。

2.3　现代车系二次空气供给系统

现代车系二次空气供给系统如图4-4-4所示。点火开关接通后，蓄电池即向二次空气电磁阀供电，ECU控制电磁阀搭铁回路。ECU不给电磁阀通电时，关闭通向膜片阀真空室的真空通道，膜片阀弹簧推动膜片下移，关闭二次空气供给通道，不允许向排气管内提供二次空气；ECU给电磁阀通电时，电磁阀开启膜片阀真空室的真空通道，进气管真空度将膜片阀吸起，排气管内的脉动真空即可吸开舌簧阀，使二次空气进入排气管。

二次空气控制阀由舌簧阀和膜片阀组成，来自空气滤清器的二次空气进入排气管的通道受膜片阀控制，膜片阀的开闭由进气歧管的真空度驱动，其真空通道由ECU通过电磁阀控制。装在二次空气控制阀中的舌簧管是一个止回阀，主要用来防止排气管中的废气倒流。

有些发动机的二次空气供给系统利用空气泵将新鲜空气强制送入排气管。在下列情况下，ECU不给二次空气电磁阀通电：

（1）电控燃油喷射系统进入闭环控制。

（2）冷却液温度超过规定范围。

(3）发动机转速和负荷超过规定值。
(4）ECU 发现有故障。

图 4-4-3　宝来轿车二次空气系统空气喷射阀位置

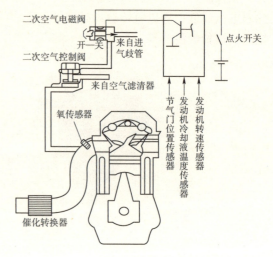

图 4-4-4　现代车系二次空气供给系统

3. 任务实施

3.1　准备工作

阅读维修手册，列出所需工具和仪器设备，制订二次空气阀的更换方案。

3.2　二次空气系统的检查

（1）在对二次空气系统进行检查时，要注意：
①发动机维修过程中，各种导线、管路应恢复原位。
②与运动部件或发热部件保持足够的间隙。
③二次空气系统工作时，请勿检查氧传感器功能。
④二次空气系统部件可以通过自诊断来检查。
（2）二次空气电磁阀（N112）的检查步骤：
①检查故障存储器；
②进行执行元件自诊断；
③真空管路及软管密封良好；
④不可阻塞或弯折真空管；
⑤用专用工具 V.A.G 1390 检查组合阀；
⑥用常规方法检查导线连接是否完好。
（3）检查二次空气组合阀，如图 4-4-5。
①拔下二次空气电磁阀 N112 上的真空软管；

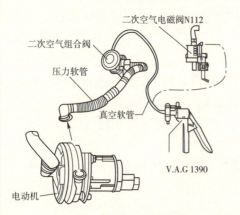

图 4-4-5　二次空气组合阀的检查

②将专用工具 V. A. G 1390 接到真空软管上。
③拆下二次空气泵电动机上的压力软管。
④按箭头方向向内吹气，组合阀应关闭；操纵专用工具 V. A. G 1390，机械阀应打开。否则，更换组合阀。
检查过程中不可使用压缩空气。
（4）二次空气泵及电动机的检查。
检查条件：
①故障存储器无故障；
②二次空气系统熔断丝正常；
③二次空气系统进气软管未堵塞或折叠；
④蓄电池电压不低于 11.5V。
检查过程：
拆下二次空气泵上的压力软管。
①进行执行元件自诊断启动二次空气继电器；
②二次空气泵应间歇工作，出风口出风；
③电动机工作，不出风，更换二次空气泵；
④电动机不间歇工作，检查二次空气泵功能。
（5）根据检查结果，视情更换。

任务五　检测进气歧管转换电磁阀

1. 任务引入

发动机高速运转时出现动力不足，油耗过高，有故障码，需对进气歧管转换电磁阀进行检测。

2. 相关理论知识

为了提高进气量，改善发动机动力性能，可变技术在车用发动机上得到了广泛的应用。可变技术是指随着使用工况及要求的变化，使相关系统的结构或参数作相应的变化，从而使发动机在各种工况下，动力性指标（功率和转矩）能得到大幅度的提高。可变技术涉及范围较广，其中主要的有：可变进气系统、可变配气相位系统。而可变进气系统主要的结构措施有：谐波增压控制系统、可变进气管截面积控制系统、可变进气管长度控制系统等。

2.1 谐波增压控制系统

1）结构

谐波增压控制系统（ACIS）是利用进气流惯性产生的压力波来提高进气效率的。谐波增压控制系统是指在发动机的进气管中部加设一个谐振室（大容量的空气室）和相应的控制装置。当谐振室出口的进气增压控制阀关闭时，进气管内的脉动压力波传递的路径为空气滤清器到进气门，此距离比较长，它适宜发动机在中低转速区域形成气体增压效果。当进气阀开启时，由于大容量的空气室的参与，进气脉动压力波不能在空气出口与进气门之间传播，这样便缩短了压力波的传播距离，使发动机在高速区域也能得到比较好的气动增压效果。谐波增压控制系统通过实现压力波传播路线距离的改变，从而在高、低速都能达到良好的进气增压效果。

（1）压力波的产生。当气体高速流向进气门时，如果进气门突然关闭，进气门附近的气流流动会突然停止，但由于惯性，进气管仍在进气，进气门附近气体将被压缩，压力上升。当气体的惯性过后，被压缩的气体开始膨胀，向进气气流相反方向流动，压力下降。膨胀气体的波传到进气管口时又被反射回来，形成压力波。一般而言，进气管长度长时，压力波的波长长，进气频率小，可使发动机中、低转速区功率增大；进气管长度短时，压力波的波长短，进气频率大，可使发动机高速区功率增大。

（2）压力波的利用方法。通过对压力波传输距离的控制，实现利用压力波达到进气增压的效果（即当压力波再次反弹回进气门的时候，进气门正好打开，达到增大进气量的目的）。ECU通过发动机上各种传感器确定发动机的当前工况，从而确定需要的压力波传输距离，控制传输距离的改变，实现利用压力波的目的。

（3）ACIS的结构组成。ACIS主要是在普通进气系统的基础上加了谐振室及控制系统。

2）控制原理

谐波进气增压控制系统的工作原理如图4-5-1所示，ECU根据转速信号控制谐振室的电磁真空通道阀的开闭。低速时，电磁真空通道阀电路不通，真空罐的真空度不能进入真空气室，受真空气室控制的进气增压控制阀处于关闭状态，此时压力波在进气管中传播的长度长，以适应低速区域形成气体动力增压效果。高速时，ECU接通谐振室电磁真空通道阀的电路，将进气增压控制阀打开，真空罐的真空度进入真空气室，吸动膜片，从而将进气增压控制阀打开，由于大容量空气室的参与，缩短了压力波的传播距离（进气门与谐振室），使发动机在高速区域也得到较好的气体动力增压效果。

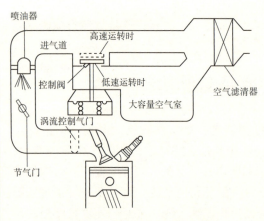

图4-5-1 谐波增压控制系统工作原理

2.2 可变进气歧管截面积控制系统

1) 组成

可变进气歧管截面积控制系统主要由主通道、副通道和控制阀等组成，其流量控制及各种转速下的充气系数如图4-5-2所示。

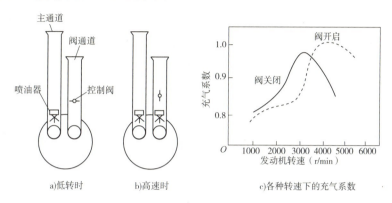

图4-5-2 主、副通道式可变进气歧管系统

2) 控制过程

每一汽缸使用主进气通道（长）和副进气通道（短）。副进气通道中安装有控制阀（圆盘阀），主进气通道中安装有喷油器。在主、副通道式可变进气歧管中，控制阀的位置由发动机控制单元（ECU）根据汽油发动机的曲轴转速高或低进行控制。

当汽油发动机低速运转时，控制阀保持关闭，迫使所有的新鲜空气都经主通道高速地流入汽缸；当汽油发动机高速运转时，控制阀保持全开，以减少进气的流动阻力，此时，所有新鲜空气同时经主、副两个通道进入汽缸。

为了防止汽油发动机低转速和高转速两种运转方式变更时，控制阀位置突变由全关变成全开，引起进气气流速度突变和进气流量的突变，导致汽油发动机有效输出转矩的突变，系统增设了控制阀部分开度的控制。在由低速向高速过渡的状态下，控制阀微微开启，过渡阶段即满足进气量的需要，又降低了突变的冲击。

当汽油发动机中速运转时，控制阀微微地开启（部分开度），这时，进气流量的大部分即主要进气量仍经主通道流入汽缸；进气流量的小部分即辅助进气量会经副通道流入汽缸。进气流量主要部分和辅助部分的比例取决于控制阀微微开启的比例。一般通过伺服电动机控制圆盘阀（驱动控制阀）使控制更精确。

2.3 可变进气歧管长度控制系统

较长的进气歧管能使发动机在低转速时获得较大转矩，但在高转速时却会出现较低的最大输出功率；而较短的进气歧管可以使发动机在低转速时获得较小的转矩，但在高转速时却会出现较高的最大输出功率。这些矛盾可以通过可变进气歧管来解决。可变进气歧管系统是根据发动机的不同工况，采用不同长度的进气管向汽缸内充气，提高充气效率及发动机动力性能。可变进气歧管系统能够保证在相应的转速范围内始终具有一定的有效长度。在低转速时具有较大转矩；在高转速时具有较高的最大输出功率，发动机在高速行驶时具有较好的加速性。

由于在进气过程中具有间歇性和周期性，会使进气歧管内产生一定幅度的压力波。此压力波以声速在进气系统内传播和往复反射。如果以一定长度和直径的进气歧管与一定容积的谐振室组成谐振系统，并使其固有频率与气门的进气周期协调，那么在特定的转速下，就会在进气门关闭之前，在进气歧管内产生大幅度的压力波，使进气歧管的压力增高，从而增加进气量，这种效应称为进气波动效应。

可变进气歧管系统就是充分利用进气波动效应，尽量缩小发动机在高低转速下的进气速度的差别，从而达到改善发动机经济性及动力性的目的。因此要求发动机在高转速、大负荷时装备粗短的进气歧管；在中、低转速和小、中负荷下配用较长的进气歧管。可变进气歧管就是为适应这种要求而设计的。

1）组成

可变长度进气歧管主要由进气管转换阀、进气管转换阀控制机构等组成，其结构如图4-5-3所示。进气管转换阀控制机构包括ECU、进气管转换真空电磁阀、进气管转换真空膜盒和真空作用器等部件。

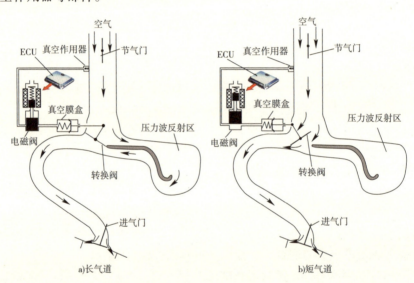

图4-5-3　可变长度进气歧管系统示意图

2）主要部件

（1）进气管转换阀。进气管转换阀由进气管转换阀控制机构驱动，用来改变气流的流动路线。它是由安装在进气管与进气歧管之间的一组阀门组成，进气管转换阀的结构如图4-5-4所示。

（2）进气管转换真空电磁阀。进气管转换真空电磁阀的功用是控制进气管转换真空膜盒与真空作用器之间的真空管路的接通与关闭。进气管转换真空电磁阀由泡沫塑料滤清器、电磁线圈、芯铁、阀片等组成，其结构如图4-5-5所示。当电磁阀不通电时（即电磁阀不工作），芯铁将阀片向下压，使其将通向真空作用器的真空气道封闭。当电磁阀通电时（即电磁阀工作），芯铁带动阀片上移，将真空作用器与进气管真空膜盒的真空气道打开。

（3）进气管转换真空膜盒。进气管转换真空膜盒由壳体、膜片、压缩弹簧和操作杆等组成，其结构如图 4-5-6 所示。膜片将壳体内的腔室分隔成两个腔室，上腔室与大气相通，称为空气腔；下腔室与真空电磁阀相通，称为真空腔。压缩弹簧安装在真空腔室中，操作杆与膜片固定连接，操作杆外端与转换阀轴相连。

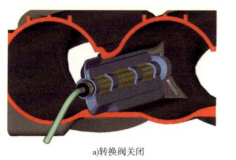 

a)转换阀关闭　　　　　　　　　　　　b)转换阀打开

图 4-5-4　进气管转换阀

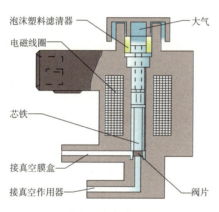 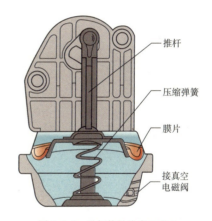

图 4-5-5　进气管转换电磁阀　　　图 4-5-6　进气管转换真空膜盒

3）控制原理

当发动机转速低于 4000r/min 时，ECU 根据负荷、温度等信号将真空电磁阀的电路切断，电磁阀不工作，如图 4-5-3a）所示。真空作用器与真空膜盒间的真空管路被关闭，膜片在弹簧弹力的作用下被压向空气腔一侧，并带动推杆移动，使进气管转换阀处于关闭状态。空气通过较长气道进入汽缸，使发动机中、低速时可获得较大的功率。

当发动机转速超过 4000r/min 时，ECU 根据负荷、温度等信号将电磁阀电路接通，电磁阀工作，将真空作用器与真空膜盒之间的管路接通。此时进气管内的真空度经真空作用器、电磁阀被传入到真空膜盒的真空腔，如图 4-5-3b）所示。这时，膜片的空气腔一侧为大气压力，真空腔一侧为真空压力，并形成压力差，在此压力差的作用下，膜片克服压缩弹簧的弹力被压向真空腔一侧，并通过推杆带动转换阀转动，使转换阀打开。此时空气通过较短的轨迹流入汽缸内而降低延程阻力，使发动机高速时获得较大的功率。

3. 任务实施

3.1 准备工作

阅读维修手册，列出所需工具、仪器和设备，制订检测方案。

3.2 操作流程

☞ 3.2.1 谐波增压控制系统零件检测

ACIS 的检修主要包括真空部件和电控部件工作情况的检查，下面介绍 ACIS 的电磁阀、真空罐和真空驱动器的检修。

1）电磁阀的检修

在常温下，电磁阀两端子间的电阻测量如图 4-5-7 所示。当测得两端子间电阻在 38.5～44.5Ω 范围内，同时两端子与电磁阀壳体也不导通时，表示正常；否则应予以更换。

图 4-5-7 电磁阀的检查

给电磁阀通电检查，当电磁阀未接通时，空气应能从通道 E 进入，然后从空气滤清器中排出，如图 4-5-7 所示。当在电磁阀的两端子上施加 12V 电压时，空气应能从通道 E 进入，然后从通道 F 排出；否则应予以更换。

2）真空驱动器的检修

当施加 53.3kPa 的真空度时，检查真空阀杆有无移动。当真空施加 1min 后，泄放真空，观察阀杆是否复位，如果发现阀杆不动或不复位，先旋转其调整螺钉来调节，如仍无反应则予以更换。

3）真空罐的检修

当由 A 向 B 吹气时，真空罐应当导通；当由 B 向 A 吹气时，真空罐应当截止；用手指按住 B 口，施加 53.3kPa 的真空，观察 1min，表头真空度应该无变化，如图 4-5-8 所示。如不符合上述要求，应更换真空罐。

☞ 3.2.2 可变进气歧管长度控制系统检测

1）对机械机构的检查

（1）检查转换机构是否运转自如。用手拉动拉杆看转换机构所连的杆和轴是否运动。

如果没有，多为轴生锈或积尘卡死。

图 4-5-8　真空罐的检查

（2）检查真空管连接是否完好，检查真空系统元件及进气歧管真空罐的密封性。可以对真空管路整体打压后测漏，如有泄漏再分段检查。

2）转换电磁阀的检查

（1）起动发动机，使之怠速运转。突然急加速或高转速（4000r/min），真空作用器应拉动操作杆，不拉动时进行下一步。

（2）电磁阀 N156 的电阻为 25～35Ω，如不符合规定，应进行下一步。

（3）通过 01—03，可以对其进行执行元件自诊断，V. A. G1527B 应闪亮。不闪亮说明计算机或线束损坏。

（4）通过 01—08，读取数据流。

1 区和 2 区是用来看作条件是否达控制切换点，4 区用来看进气歧管转换电磁阀是否通电。显示区 4 应从 IMC‐V"off"转换成 IMC‐V"on"。IMC‐V 是 intake manifold control-valve 的缩写。

（5）电磁阀的气路检查可参见本任务中 3.2.2 的方法进行。

根据检测结果，视情更换。

任务六

1. 任务引入

对装配有涡轮增压器的发动机，如果出现下列情况之一：

（1）发动机高速动力不足，有故障码；

（2）烧机油。

经检查怀疑为涡轮增压器的故障，需对涡轮增压器进行更换；或当涡轮增压器达到了厂家规定的使用寿命周期时，也需对其进行更换。

2. 相关理论知识

2.1 进气增压概述

进气增压就是将空气预先压缩后再供入汽缸,以提高进气密度,增加进气量。进气量的增加,可相应地增加循环供油量,从而增加发动机的功率,一般可增加发动机功率10%~60%,甚至成倍增加。同时,还可以改善燃油经济性,降低有害气体排放,其CO和HC的排放仅为非增压发动机的1/3~1/2。

汽车上采用增压技术越来越广泛,主要有以下几个优点:
(1) 能够提高发动机的功率;
(2) 降低发动机油耗和质量;
(3) 减轻发动机排气污染等。

也就是说,采用增压器能够提高发动机的动力性、经济性,减少排放。提高发动机的功率,可以通过提高发动机的排量来实现,但是这样会大幅度增加发动机的质量和成本,造成浪费。采用发动机进气增压,就是在发动机排量不变的情况下,通过在进气系统侧安装一个专门的装置,将空气预先进行压缩后再送入发动机的汽缸,这样尽管每个汽缸的工作容积没变,但实际充气量却增加了,这就可以向缸内喷射更多的燃料使之充分燃烧。与同排量发动机相比,在相同转速下产生更高转矩和功率,提高了热效率,减少了发动机外形尺寸和单位功率重量,减少了排气污染及噪声,对补偿高速功率损失十分有利。

进气增压的方法有废气涡轮增压、机械增压、进气谐波增压等。其中以废气涡轮增压技术最为成熟,效率也高,应用最广。下面主要介绍进气增压系统各主要零部件的结构原理及其拆装方法。

2.2 废气涡轮增压系统

废气涡轮增压系统由涡轮增压器、电磁阀、气动式执行器、中冷器、旁通阀等部分组成,如图4-6-1所示。

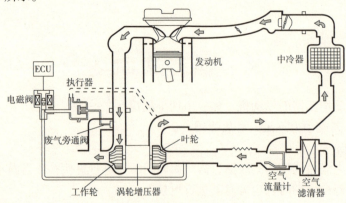

图4-6-1 废气涡轮增压系统

☞ 2.2.1 涡轮增压器

1) 涡轮增压器的结构

涡轮增压器由涡轮室、废气涡轮、增压室和进气涡轮组成,如图 4-6-2 所示。涡轮室进气口与排气歧管相连,排气口接在排气管上,增压室进气口与空气滤清器管路相连,废气涡轮和进气涡轮分别装在涡轮室和增压室内,二者同轴刚性连接。在涡轮轴的壳体承孔内还制有润滑油道,用以润滑涡轮轴。

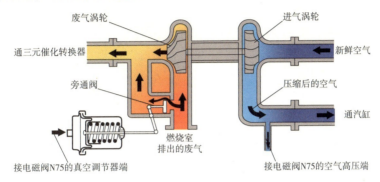

图 4-6-2　涡轮增压器

2) 涡轮增压器的原理

如图 4-6-3 所示,从发动机排出的废气利用惯性冲力推动涡轮室内的废气涡轮,并通过涡轮轴带动同轴的增压室中的进气涡轮一同高速旋转。使进气涡轮将来自空气滤清器管路的空气进行压缩,使之增压进入汽缸。当发动机转速加快,废气排出速度与涡轮转速也同步加快,涡轮就压缩更多的空气进入汽缸,空气的压力和密度增大可以燃烧更多的燃料,相应增加喷油量和调整发动机转速,就可增加发动机的输出功率。

☞ 2.2.2 电磁阀

电磁阀的结构如图 4-6-4 所示。当电磁阀 N75 断电时,电磁阀将空气高压端切断,空气低压端与真空调节器的通道接通;通电时,空气高压端与真空调节器的通道接通。

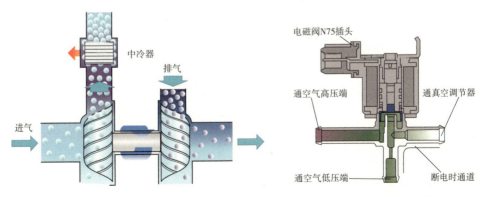

图 4-6-3　涡轮增压器工作原理　　　　图 4-6-4　电磁阀的结构

☞ 2.2.3 旁通阀

废气旁通阀与涡轮增压器相连,用于增压过高时旁通放气,如图4-6-2所示。涡轮增压过程中,若压力过大会导致汽油发动机过分爆震,以至损坏发动机。废气旁通阀可使废气绕过废气涡轮,使其动力减少,降低增压效果。

若旁通阀关闭,废气几乎全部流过增压器,增压压力提高;若旁通阀开启,部分废气经旁通阀通道直接排出,增压压力降低。因此,通过旁通阀的开闭可实现系统的压力控制。

旁通阀的开启和关闭,由ECU通过电磁阀N75和真空调节器控制来实现。受工作温度的限制,系统采用气动式真空调节器操纵旁通阀,而不是直接用电磁阀控制。当ECU输出低电平信号时,电磁阀不动作(断电状态),空气高压端通道被切断,空气低压端与真空调节器的气室通道接通,使真空调节器的真空腔(图4-6-2中的膜片左侧腔室)产生真空,使膜片两侧产生压力差,膜片在弹簧弹力的作用下向左移动,通过传动机构带动旁通阀右移,使旁通阀关闭,废气涡轮处于正常工作状态;当ECU输出高电平信号使电磁阀动作(通电),空气高压端与真空调节器的气室通道接通,膜片在高压空气的作用下向右移动,打开旁通阀,增压压力下降。

☞ 2.2.4 增压空气冷却器

增压空气冷却器也称中冷器,它是一个热交换设备,可降低进气温度,对消除汽油发动机爆震、提高进气效率等都是十分有利的。

增压空气冷却器一般安装在涡轮增压器和进气歧管之间。气流从涡轮增压器出来之后,在进入汽缸之前,要经过增压空气冷却器冷却降温,使气体体积减小,密度增大,这就允许将更多的空气进入燃烧室,使得发动机功率增大。与此同时,冷却的气体还可以降低进入燃烧室的混合气温度,这有利于抑制发动机爆震和提高发动机的输出功率。

2.3 带增压调节的涡轮增压系统

☞ 2.3.1 增压压力调节

增压压力的目标值由计算机根据实际转矩需求计算得出的。

如图4-6-5所示,计算机通过调节电磁阀N75的开启来调节增压后的压力,控制膜盒中的增压压力与大气压力之间有个差值,该差值克服膜盒内压力弹簧进行旁通阀的开启及关闭动作。旁通阀关闭,经过增压器的压力上升,这样就能在低转速区提高发动机的转矩输出,当增压压力达到计算机设定的压力时,则旁通阀打开,一部分废气通过旁通气道排出,增压器涡轮转速下降,增压压力下降。

☞ 2.3.2 增压压力保护

如图4-6-6所示,当节气门关闭时,将在增压器的进气压缩部分管路中产生持续升高的压力（此时气体几乎不能流动），涡轮受到很大的制动阻力；当节气门开启后，又要希望增压器尽快地升至工作转速，为解决这一问题便采用了压力保护调节。

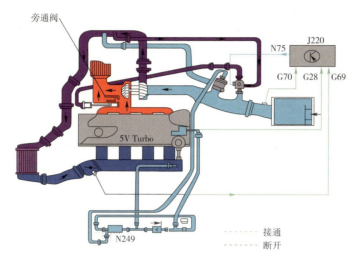

图 4-6-5　增压压力调节

完成该项功能的为图 4-6-6 所示的压力保护旁通阀，它为气动元件。具体执行是由气压来操纵膜片弹簧来实现旁通阀的开启。当真空度较大时膜片弹簧被吸上行而阀门打开；反之则旁通阀关闭。由发动机计算机控制电磁阀 N249 接通，气体流向如图所示直至真空罐；当 N249 失效时，气体流向为图中虚线部分直至节气门后的进气歧管（此时进气歧管为真空），因此只要节气门关闭旁通阀就在增压管路中形成小循环，如此可避免涡轮被阻力制动。当节气门重新开启时进气歧管真空度下降，旁通阀在膜片弹簧作用下复位，处于关闭状态，小循环回路断开，进入压力调节状态。

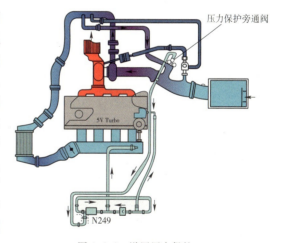

图 4-6-6　增压压力保护

☞ 2.3.3　可调叶片式涡轮增压器

可调叶片式涡轮增压器多用于柴油机，如宝来 1.9L TDI 和奥迪 2.5L TDI 发动机。其原理如图 4-6-7 所示。

发动机转速低时（图 4-6-8），需要高充气压力，叶片减小了作用于涡轮的废气流通面积，废气流速加快，涡轮转速加快，产生足够的充气压力，废气背压也很高。

发动机转速高时（图 4-6-9），叶片角度变化，调节废气流通面积，从而调节涡轮转速，保证最高充气压力，废气背压降低。

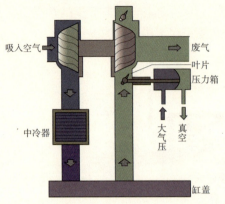

图4-6-7 可调叶片式涡轮增压器原理

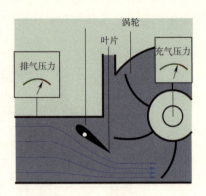

图4-6-8 转速低时

2.3.4 超速切断控制

增压空气再循环（N249）进气管下灰色部分为机械式增压空气再循环阀。

超速切断工况（大负荷行驶时，突然松开加速踏板）：节气门开度迅速减小，而涡轮转速仍然较高，若不加以控制，增压空气继续流向节气门，可能造成节气门的损坏。此时，发动机控制单元将N249打开，接通空气再循环阀（机械）的真空回路，使其打开，增压气体在回路中形成局部循环，避免增压空气冲击节气门（图4-6-10）。

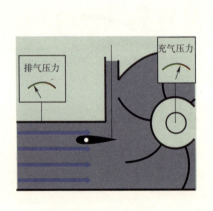

图4-6-9 转速高时

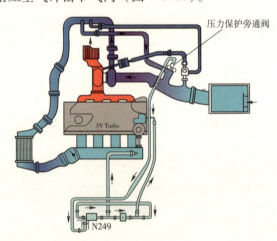

图4-6-10 超速切断控制

（1）当节气门关闭时，将在增压器的进气压缩部分管路中产生持续升高的压力（此时气体几乎不能流动），涡轮受到很大的制动阻力；当节气门开启后，又要希望增压器尽快地升至工作转速，为解决这一问题便采用了压力保护调节。

（2）完成该项功能的为图所示的旁通阀，它为气动元件。具体执行是由气压操纵膜片弹簧来实现旁通阀的开启。当真空度较大时膜片弹簧被吸上行阀门打开；反之则旁通阀关闭。由发动机电脑控制电磁阀N249接通，气体流向如图所示直至真空罐，当N249失效时，气体流向为图中虚线部分直至节气门后的进气歧管（此时进气歧管为真空），因此只要节气门关闭旁通阀就在增压管路中形成小循环,如此可避免涡轮被阻力制动。当节气门重新开启时进气歧管真空度下降,旁通阀在膜片弹簧作用下复位,处于关闭状态,小循环回路断开,进入压力调节状态。

3. 任务实施

3.1 废气涡轮增压系统检查

涡轮增压系统出现故障可能会造成很多问题,如发动机功率不足,排气管冒蓝烟或黑烟,机油消耗过大,涡轮增压器有噪声,涡轮密封润滑油泄漏等。引起涡轮增压器故障的主要因素有机油不足,机油中混入杂质和从进气口中吸入杂质等。为了防止这些故障的出现,对废气涡轮增压系统定期进行维护和检查是必要的。

1)发动机基本工作情况的检查

首先检查发动机基本工作条件、压缩和泄漏,以及点火系统和燃油供给系统。如果供油量和压力都正常,则再检查点火系的击穿电压是否足以点燃由涡轮增压产生的高压混合气,点火时刻是否正确。

2)目测检查

目测软管、垫片和管道装配是否正确,有无损伤、磨蚀。如破损或变质,将使涡轮装置不能正常工作,导致增压过高或过低。

3)检查进气负压或空气滤清器真空泄漏情况

检查时可向进气系统注入丙烷,观察发动机转速和真空度,同时检测 HC 水平。丙烷通过漏气处,真空度和发动机转速会增加,HC 水平会下降。

4)检查涡轮增压器

(1)仔细观察增压涡轮和动力涡轮是否存在弯曲、破裂或过度磨损现象。

(2)检查涡轮壳体内部是否存在由于轴的摆动范围过量、进入脏物或润滑不当而造成的磨损或冲击损伤。用手旋转涡轮,手感阻力应是均匀的,不应过大,转动应无黏滞感,无擦伤或任何接触。

(3)由于对轴承间隙有严格要求,应按生产厂规定的程序检查轴向和径向间隙,若不符合要求,则更换涡轮增压器。

3.2 准备工作

阅读维修手册,列出所需工具、仪器和设备,制订检查、拆装方案,领取备品。

3.3 操作流程

(1)断开蓄电池接线。
(2)排空冷液。
(3)拆卸相应的软管。
(4)拆卸隔热板。

(5) 拆卸与增压器连接的排气管。

(6) 拆卸增压器。

(7) 按拆卸相反的顺序进行安装。

3.4 操作提示

(1) 在断开蓄电池前，要检查车辆是否装有编码的收音机设备。若有，要查询并记录其防盗编码。

(2) 如果发现涡轮增压器有机械损坏现象，简单地更换涡轮增压器是不够的，还应进行如下检查：

①检测空气滤清器外壳、空气滤清器芯和进气软管是否存在污垢。

②检测整个增压空气段和增压空气冷却器是否有异物。

(3) 如果在增压空气系统发现有异物，则必须清洁增压空气段，必要时更换增压空气冷却器。

(4) 在安装涡轮增压器时，应按规定力矩拧紧螺栓。

(5) 必须更换密封垫、密封环和自锁螺母。

(6) 通过进油管道的管接头给废气涡轮增压器注满机油。

(7) 安装后，让发动机运转1min，以确保涡轮增压器的供油。

(8) 用符合规定的软管卡箍卡住所有软管连接。

> **知识拓展：**
>
> **涡轮增压器使用注意事项**
>
> 必须在发动机的温度降至室温后再拆卸废气涡轮增压器，以防烫伤。在交车前应向车主交待延长涡轮增压器工作寿命的预防性措施。
>
> (1) 在发动机润滑油压力建立以前，必须使发动机保持在怠速状态。
>
> 建议驾驶人起动发动机后应先怠速运行3~5min。
>
> (2) 在发动机停车之前，要使其温度和转速逐步地从最大值降下来。
>
> 建议驾驶人在停机前应先怠速运行3~5min。
>
> (3) 预先润滑涡轮增压器。
>
> (4) 低温时起动发动机必须谨慎。
>
> (5) 要避免发动机长时间的怠速。

项目五 电子控制系统主要元件的检修

目前,汽车上广泛采用发动机电子控制系统,以实现对发动机整机以及整车的综合控制,使发动机在最佳状态下工作,达到整车性能好、节约能源、降低尾气排放的目的。发动机电子控制系统由传感器、执行器和控制单元三部分组成。在对发动机整机的控制过程中,控制单元(ECU)不断地接收传感器检测到的车辆各系统运行参数,按设定的程序进行比较、运算,将计算结果转化成相应的操作指令输出给执行器;执行器工作,实现相应功能。同时,ECU 还对系统的工作状况进行比较,判断有无故障。当某系统工作状态超出极限值发生故障时,ECU 就会开启故障指示灯,设置故障码指示故障的种类及故障部位。本项目主要是对电子控制系统主要元件的结构原理及发生故障的检测、诊断和维修进行阐述。

任务一 检测与更换空气计量装置

1. 任务引入

当发动机动力不足,油耗增加,有故障码或数据流分析超标,需要对空气计量装置进行检测或更换。

2. 相关理论知识

空气计量装置是测量发动机进气量的装置,它将发动机吸入的空气量转换成电信号送到 ECU,作为决定喷油量和点火时间的基本信号之一。按检测空气量的方式不同,空气计量装置分为空气流量计和进气歧管绝对压力传感器。

2.1 空气流量计

在 L 型汽油发动机电控燃油喷油系统中,空气流量计是空气计量装置,安装在空气滤清器至节气门之间的进气通道上。因为采用直接测量方式,所以进气量的测量精度较高。

根据测量原理不同,空气流量计分为:翼片式、卡门旋涡式、热线式和热膜式几种类型。其中翼片式已被淘汰。

☞ **2.1.1 热线式空气流量计**

1)结构

热线式空气流量计的主要测量元件是热线电阻，按其安装位置的不同，可分为两种：一种是将热线电阻安装在主进气道中，称为主流测量方式的热线式空气流量计；另一种是将热线电阻安装在旁通气道中，称为旁通测量方式的热线式空气流量计。主流测量方式热线式空气流量计的结构如图 5-1-1 所示，主要由防护网、采样管、热线电阻（白金热线）、温度补偿电阻、控制电路板等组成。热线电阻和温度补偿电阻安装在主进气道中，控制电路板安装在流量计下方，防护网用于防止回火和脏物进入空气流量计。

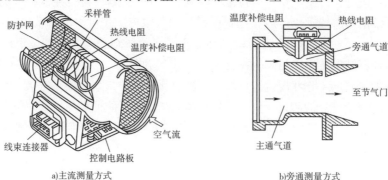

a) 主流测量方式　　　　　　　　b) 旁通测量方式

图 5-1-1　热线式空气流量计的结构

2）工作原理

热线式空气流量计的工作原理如图 5-1-2 所示。安装在控制电路板上的精密电阻 R_A 和 R_B 与热线电阻 R_H 和温度补偿电阻 R_K 组成惠斯通电桥电路。当空气流经热线电阻时，热线电阻器温度降低，其相应的电阻值减小，使电桥失去平衡，若要保持电桥平衡，就必须增加流经热线电阻的电流，以恢复其温度和阻值。流经热线电阻的空气量（质量流量）不同，热线电阻的温度变化量和电阻值的变化量不同，为保持电桥平衡，流经热线电阻器的电流也相应变化。由于精密电阻器 R_A 的电阻值是一定的，流经精密电阻器 R_A 和热线电阻器的电流相等（两电阻器串联），所以精密电阻器 R_A 两端的电压随流经热线电阻的空气量相应变化，控制电路将精密电阻器 R_A 两端的电压输送给 ECU，即可确定进气量。

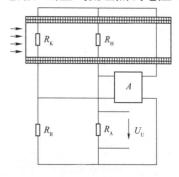

图 5-1-2　热线式空气流量计的工作原理

控制电路的作用是保持电桥平衡，即保持热线电阻器与感应进气温度的温度补偿电阻器之间的温度差不变。装用热线式空气流量计的电控燃油喷射系统，可直接测量进入发动机的空气质量流量，一般不需要根据进气温度信号对喷油时间进行修正。

为保证测量精度，热线式空气流量计一般都有自洁功能，发动机转速超过 1500r/min，关闭点火开关使发动机熄火后，控制系统自动将热线电阻器加热到 1000℃ 以上并保持约 1s，以便将附在热线电阻器上的粉尘烧掉。

图 5-1-3 为日产 MAXIMA（千里马）轿车 VG30E 发动机热线式空气流量计电路。点火开关接通时，经主继电器给空气流量计的 E 端子提供蓄电池电压，空气流量信号经 B 端子输送给 ECU，A 端子为可变电阻器的输出端子，D 端子通过 ECU 搭铁，C 端子为直接搭

铁端子。关闭点火开关时,ECU 通过 F 端子给空气流量计输送自洁信号。

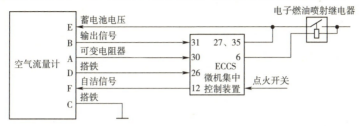

图 5-1-3　热线式空气流量计电路

☞ **2.1.2　热膜式空气流量计**

热膜式空气流量计的结构、工作原理和检测方法与热线式空气流量计基本相同,其结构如图 5-1-4 所示。不同之处在于它把发热体由热线改为热膜(把发热金属铂固定在树脂薄膜上),这种结构可使发热体不直接承受空气流的作用力,从而增加了发热体的强度,提高了空气流量计的可靠性。

图 5-1-5 为宝来轿车热膜式空气流量计的电路原理图。空气流量计的 1 号针脚为温度传感信号线,2 号针脚为 12V 加热电源,3 号针脚为 ECU 内部搭铁,4 号针脚为 ECU 提供的 5V 参考电压;5 号针脚为空气流量计的信号线。

图 5-1-4　热膜式空气流量计

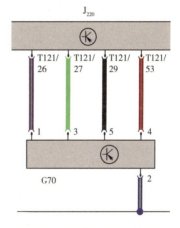

图 5-1-5　宝来轿车空气流量计

热线式和热膜式空气流量计的响应速度都很快,能在几毫秒时间内反映出空气流量的变化,其测量精度不会受到进气气流脉动(气流脉动在发动机大负荷、低转速时最为明显)的影响,测量精度高。热线式和热膜式空气流量计测量的是空气的质量流量,因而避免了因温度、海拔不同而引起的误差,因此,它们没有进气温度传感器,在控制程序里也不需要考虑温度和大气压力的影响。此外,它们还具有进气阻力小、无磨损部件、使用寿命长等优点。

☞ **2.1.3　卡门旋涡式空气流量计**

1) 卡门旋涡原理

在野外，当风吹过电线杆或电线时，均会发出"嗡嗡"声响，且风速越高，这种声音频率就越高。这是由于气流流过电线杆、电线时，在其后形成的旋涡所致，如图5-1-6所示。利用这一现象，在管道内设置柱状物（即涡流发生器），可使流过的空气流在其后产生空气涡流。空气流速与旋涡的频率关系如下：

$$V = d\frac{f}{S_1}$$

式中：V——空气流速；

　　　d——旋涡发生器外径；

　　　f——旋涡频率；

　　　S_1——常数，约为0.2。

图5-1-6　卡门旋涡原理

由上式可见，根据旋涡出现的频率就可以测量空气流量。由于旋涡呈两列平行状，并且左右交替出现，与街道两旁的路灯类似，所以有"涡街"之称。因为这种现象首先被卡门发现，所以也叫做卡门涡街。

在汽车上，卡门旋涡式空气流量计通常与空气滤清器外壳安装成一体，按其检测方式的不同，可分为光学检测和超声波检测两种类型。

2）光学式卡门旋涡空气流量计

光学式卡门旋涡空气流量传感器由反光镜、发光二极管、光敏晶体管、导压孔、涡流发生器等部分组成，其结构与工作原理如图5-1-7所示。

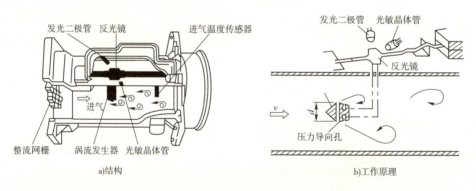

图5-1-7　光学式卡门旋涡空气流量计的结构与工作原理

在进气管道中间设有流线型或三角形的涡流发生器，当空气流经涡流发生器时，会在涡流发生器的后部产生有规律的卡门旋涡，从而导致涡流发生器周围的空气压力发生变化。变化的压力经导压孔引向金属膜制成的反光镜表面，使反光镜产生振动，其振动频率与涡流发生的频率相等，而涡流发生频率与空气流速成正比。反光镜再将发光二极管投射的光反射给光敏晶体管，通过光敏晶体管检测涡流发生的频率，并向ECU输送信号，ECU则根据此信号确定发动机的进气量（体积流量等于流速与流通截面积之积）。

3）超声波式卡门旋涡空气流量计

超声波式卡门旋涡空气流量计主要由超声波信号发生器、超声波发射探头、涡流稳定板、涡流发生器、整流器、超声波接收探头、转换电路等组成，如图5-1-8所示。

当空气流经涡流发生器时，在其后部的超声波发射探头与超声波接收探头之间产生有规律的卡门旋涡。超声波发射探头不断地接收超声波信号发生器输送来的超声波信号，并将其转换成机械波。超声波接收探头安装在发射探头正对面，它利用压电效应将接收到的机械波转换成电信号输送给转换电路。因卡门旋涡对空气密度的影响，就会使机械波从发射探头传到接收探头的时间产生相位差。转换电路对此相位信号进行处理，就可得到与涡流发生的频率成正比的脉冲信号，即代表空气体积流量的电信号。

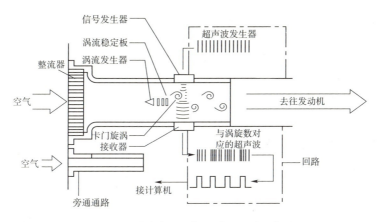

图 5-1-8　超声波式卡门旋涡空气流量计工作原理

2.2　进气管绝对压力传感器（IMAPS）

在 D 型电控燃油喷射系统中，进气管绝对压力传感器是空气计量装置，它主要是通过测量进气管内的压力来间接测量发动机吸入的空气量。进气管绝对压力传感器一般安装在进气总管的末端附近。

进气管绝对压力传感器根据信号产生的原理可分为可变电感式、膜盒式、电容式和半导体压敏电阻式，现在应用最广泛的是半导体压敏电阻式和电容式。

1）半导体压敏电阻式进气管绝对压力传感器

半导体压敏电阻式进气管绝对压力传感器主要由真空室、硅片（压敏电阻）、滤清器、集成放大电路和壳体组成，如图 5-1-9 所示。

硅片是压力转换元件，在其表面的四周上，采用半导体 IC 技术和微加工技术，形成 4 个测量电阻，并按惠斯顿电桥法在硅片内部连接起来。它的一侧是真空室（绝对压力为 0），而另一侧承受进气管内的压力，在两侧压力差的作用下使硅片产生变形，进气管绝对压力变化时，硅片的变形量不同，其电阻值随其变形量而变化，导致硅片所处的电桥电路输出电压发生变化，电桥电路输出的电压（很小）经集成放大电路放大后输送给 ECU，电路原理如图 5-1-10 所示。

当空气压力增加时硅膜片弯曲，引起电阻值的变化，其中 R_1 和 R_4 的电阻增加，而 R_2、R_3 的电阻则等量减少。这使电桥失去平衡而在两端形成电位差，从而输出正比于压力的电压信号。

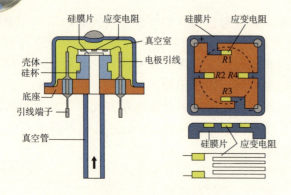
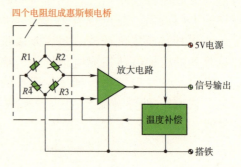

图5-1-9　半导体压敏电阻式进气管绝对压力传感器的结构原理

图5-1-10　进气管绝对压力传感器的电路原理

丰田皇冠3.0L轿车2JZ—GE发动机进气管绝对压力传感器电路如图5-1-11所示，各端子名称及参数如下：

PIM——信号输出端子，即进气压力信号电压。

V_c——5V电源端子。

E_2——传感器通过ECU搭铁。

2）电容式进气管绝对压力传感器

电容式进气管绝对压力传感器的结构如图5-1-12所示，位于传感器壳体内腔的弹性膜片用金属制成，弹性膜片上、下两个凹玻璃的表面也均有金属涂层，这样在弹性膜片与两个金属涂层之间形成两个串联的电容。

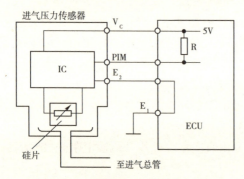
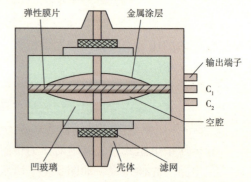

图5-1-11　压敏电阻式进气管绝对压力传感器电路原理图

图5-1-12　电容式进气管绝对压力传感器

电容式进气管绝对压力传感器利用电容效应检测进气管绝对压力。发动机工作时，进气管内的空气压力作用于弹性膜片上，使弹性膜片产生位移，弹性膜片与两个金属涂层之间的距离发生变化，一个距离减小，而另一个距离增大，在弹性膜片与两个金属涂层之间形成的两个电容的电容量也就一个增加，另一个则减小。电容量的变化量与弹性膜片的位移成正比，而弹性膜片的位移取决上、下两个空腔的气体压力，只要弹性膜片上部的空腔为绝对真空，下部空腔通进气管，则可通过检测电容量的变化来检测进气管的绝对压力。电容量的变化量再经过测量电路转换成电压信号输送给ECU，测量电路可以是电容电桥电路或谐振电路等。

2.3 温度传感器

☞ 2.3.1 进气温度传感器（IATS）

除装有热线（膜）式空气流量计的电控燃油喷射系统外，其他电控燃油喷射系统都不能直接测量发动机的实际进气质量，进气温度传感器的功用就是给 ECU 提供进气温度信号，作为燃油喷射和点火正时控制的修正信号。在装有热线（膜）式空气流量计的电控燃油喷射系统中，有些也装有进气温度传感器。

在 D 型电控燃油喷射系统中，进气温度传感器一般安装在空气滤清器内或进气总管内，或集成在进气歧管绝对压力传感器内；如图 5-1-13 为大众车系的进气歧管压力与温度传感器。在 L 型电控燃油系统中，进气温度传感器一般安装在空气流量计内。进气温度传感器的结构如图 5-1-14 所示，传感器壳体内装有一个热敏电阻，进气温度变化时，热敏电阻的阻值发生变化，一般采用随进气温度升高热敏电阻的阻值逐渐减小的这种负温度系数传感器。

图 5-1-13 进气歧管压力与进气温度传感器

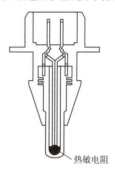

图 5-1-14 进气温度传感器的结构

进气温度传感器电路如图 5-1-15 所示，在 ECU 中有一标准电阻器与传感器的热敏电阻串联，并由 ECU 提供标准电压，E_2 端子通过 E_1 端子搭铁。当热敏电阻的电阻值随进气温度变化时，ECU 通过 THA 端子测得的分压值随之变化，ECU 根据此分压值判断进气温度。

图 5-1-16 为宝来轿车的进气歧管压力与进气温度传感器的电路图。其中，G42 为进气温度传感器，G71 为进气压力传感器；传感器的 3 号针脚为 ECU 提供 5V 电压；2 号针脚为进气温度信号线，经 ECU 内部搭铁；1 号线为传感器的搭铁线；4 号线为进气压力传感器的信号线。

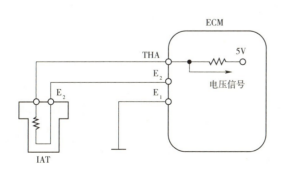

图 5-1-15 进气温度传感器电路原理图

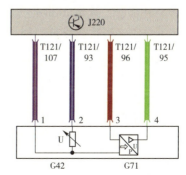

图 5-1-16 宝来车进气压力与进气温度传感器电路

☞ 2.3.2 冷却液温度传感器（ECTS）

冷却液温度传感器给 ECU 提供发动机冷却液温度信号，作为燃油喷射和点火正时控制的修正信号。冷却液温度传感器信号也是其他控制系统（如 EGR 等）的控制信号。

冷却液温度传感器一般安装在汽缸体上或水套出口处。冷却液温度传感器的结构、工作原理与进气温度传感器基本相同，其特性也完全相同。

图 5-1-17 为宝来轿车冷却液温度传感器电路图。G62 和 G2 均为冷却液温度传感器，G3 为冷却液温度表，G2 与 G3 连接，J285 为带显示器的控制单元。G2 的 2 号针脚通过仪表板线束连接搭铁（车速信号）。其中，1、3 号针脚为信号线。

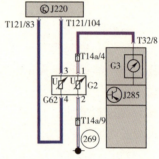

图 5-1-17 冷却液温度传感器电路

3. 任 务 实 施

3.1 空气流量计的检测

☞ 3.1.1 数据流的读取

在对空气流量计检测前，应先读取数据流。以宝来 1.8L 轿车为例，在读数据流时，发动机应满足以下条件：

（1）冷却液温度不低于 85℃；
（2）关闭所有用电器，如车灯、后风窗加热器；
（3）有空调的车，应关闭空调；
（4）带自动变速器的车，变速杆应在 P 或 N 位置；
（5）故障存储器无故障存储。

连接故障诊断仪 V. A. G1551，然后分别输入：01 - 08 - 002。读取测量数据块。

进气量小于 2.0g/s：说明进气管与空气流量计间漏气严重；进气量大于 4.5g/s，说明发动机有额外负荷，排除负荷（空调、助力转向等），自动变速器的汽车如已挂挡，将变速杆置于 P 或 N，再重新测量，如果还未达到规定值应进行电压和电阻检测。

☞ 3.1.2 宝来轿车热膜式空气流量计的检测

1）线束导通性检测

检查空气流量计线束的信号线及搭铁线是否断路，检查空气流量计的 3 号针脚与 ECU 的 27 号针脚、4 号针脚与 ECU 的 53 号针脚、5 号针脚与 ECU 的 29 号针脚间的导线，其阻值应小于 1.5Ω。

2）线束短路性检测

将数字万用表设置在电阻 200Ω 挡，测量空气流量计 2 号针脚与电控单元 26、27、29、53 号针脚之间电阻应为∞。测量空气流量计 1 号针脚与电控单元 27、29、53 号针脚；3 号针脚与电控单元 26、29、53 号针脚；5 号针脚与电控单元 26、27、53 号针脚；4 号针脚与电控单元 26、27、29 号针脚之间的电阻均应为∞。

3) 电源电压检测

打开点火开关，将数字万用表设置在直流电压 20V 挡，红色表笔置于空气流量计的 2 号针脚，黑色表笔置于蓄电池负极或发动机进气歧管壳体，起动发动机时应显示为 12V；将红色表笔置于空气流量计的 4 号针脚，检查空气流量计的供电电压，黑色表笔置于蓄电池负极或发动机进气歧管壳体，应显示 4.5～5.5V。

4) 信号电压检测

(1) 元件检测。用 12V/5V 变压器将 12V 电压施加于空气流量计的 2 号针脚上，将 5V 电压施加于 4 号针脚上，将数字万用表设置在直流电压 20V 挡，测量空气流量计 3 号针脚和 5 号针脚，应有 1.5V 左右的电压；使用吹风机从空气流量计格栅一端向空气流量计吹入空气，测量空气流量计 3 号针脚和 5 号针脚，电压应瞬时上升到 2.8V 回落。若不能满足上述要求，应更换空气流量计。

(2) 就车检测。起动发动机至工作温度，将数字万用表设置在直流电压 20V 挡，测量空气流量计 5 号针脚的反馈信号，红色表笔置于空气流量计的 5 号针脚，黑色表笔置于空气流量计的 3 号针脚、蓄电池负极或进气歧管壳体，怠速时应显示电压 1.5V 左右；急踩加速踏板时应在 1.5～2.8V 之间变化。若不符合规定，或电压反而下降，则应更换空气流量计。

☞ 3.1.3 卡门旋涡式空气流量计的检测

点火开关转至"ON"位置，检测 E_9 连接器 11 号针脚与 18 号针脚之间的电压，测量值应为 4.5～5.5V；检测 E_9 连接器 8 号针脚与 18 号针脚之间的电压，测量值应为 5V 左右。发动机运转时，8 号针脚与 18 号针脚之间的电压应为 2～4V，进气量越大，电压越高。将测量的电压值记录下来，并与标准电压比较。

☞ 3.1.4 半导体压敏电阻式进气管绝对压力传感器的检测

1) 进气管绝对压力传感器电源电压的检测（以丰田皇冠 3.0L 轿车 2JZ—GE 发动机为例）

点火开关置于"OFF"位置，拔下进气歧管绝对压力传感器的导线连接器；将点火开关置于"ON"位置（不起动发动机），用万用表电压挡测量导线连接器中电源端 V_c 和搭铁端 E_2 之间的电压，参见图 5-1-11，其电压值应为 4.5～5.5V。如果测量的电压值不符合要求，应检查进气管绝对压力传感器与 ECU 之间的线路是否导通。

2) 进气管绝对压力传感器输出电压的检测

(1) 将点火开关置于"ON"位置（不起动发动机），拆下连接进气管绝对压力传感器与进气歧管的真空软管，使之与大气相通。

(2) 在 ECU 导线连接器侧，用万用表电压挡测量进气管绝对压力传感器 PIM 与 E_2 端子在大气压力状态下的输出电压，PIM 与 E_2 之间的电压为 3.3～3.9V。如果信号电压不符合上述要求，说明传感器已经损坏，需要更换。

（3）再用真空泵向进气管绝对压力传感器内施加真空，从 13.3kPa（100mmHg）起，每次递增 13.3kPa（100mmHg），一直增加到 66.7kPa（500mmHg）为止，然后测量在不同真空度下进气管压力传感器（PIM－E_2 端子间）的输出电压。该电压值应该随真空度的增大而不断下降。

☞ **3.1.5　进气温度传感器的检测**

1）诊断仪检测

用 V.A.G1552 诊断仪检测大众车系进气温度传感器。

（1）输入地址码 01；进入发动机电子系统测试，输入 08 读取测量数据组；输入组号 004 读取基本功能数据。显示如下：

Read measuring va—lue block 3　　HELP 800r/min　14.000V　93.6℃　39.1℃	解读为：	读测量数据块 3　　　　　　帮助 800r/min　14.000V　93.6℃　39.1℃

显示屏第二行显示的含义为：发动机转速为 800r/min，蓄电池电压为 14V，冷却液温度为 93.6℃（若冷却液温度小于 80℃，则为暖机过程），进气温度为 39.1℃。

显示区 4 的进气温度的规定值为：－48～110℃。用冷却喷剂喷传感器，该值应下降。

（2）如果显示区 4 的显示屏一直显示 －48℃，原因为断路或对正极短路；如果一直显示约 143℃，原因为对搭铁短路；如果显示的温度低于传感器的环境温度，先检查传感器导线接触电阻。

（3）如果显示区 4 的显示屏一直显示约 －48℃，应拔下进气温度传感器的插头，用跨接线将进气温度传感器的两个针脚连接，如果显示值跳变约 143℃，应更换传感器。若仍显示 －48℃，检查导线。

（4）如果显示区 4 的显示屏一直显示约 143℃，应拔下进气温度传感器的插头，如果显示值跳变约 －48℃，则应更换传感器。若仍显示 143℃，检查导线。

2）进气温度传感器的电阻检测

点火开关置于 "OFF"，拔下进气温度传感器导线连接器，测量导线是否断路，导线的阻值最大为 1.5Ω。检测两导线是否对蓄电池正极短路。如果导线无故障，应测量进气温度传感器的电阻。

如图 5-1-18 所示，用电热吹风器或热水加热进气温度传感器，用万用表 Ω 挡测量传感器 1、2 针脚在不同温度下两端子间的电阻值，将测得的电阻值与标准数值（图 5-1-19）进行比较，若温度在 0～50℃ 范围内时，从 A 区读数；若温度在 50～100℃ 范围内时，从 B 区读数。如果测量结果不符合要求，应更换传感器。当安装在空气计量装置内的进气温度传感器损坏时，应更换空气计量装置。

☞ **3.1.6　冷却液温度传感器的检测**

1）诊断仪检测

读数测量数据块。显示区 3 的冷却液温度的规定值为：80～110℃。

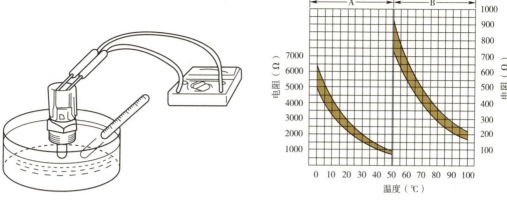

图 5-1-18　进气温度传感器的检测　　　　图 5-1-19　大众车系温度传感器电阻值

如果显示区 3 的显示屏一直显示约 -48℃，原因为断路或对正极短路。应拔下插头，用跨接线将 3、4 针脚连接，若显示值跳到约 143℃，则应更换传感器；若仍显示 -48℃，按电路图检查导线。

如果显示屏一直显示约 143℃，原因为对搭铁短路。应拔下插头，若显示跳变为约 -48℃，应更换传感器；若显示屏仍显示 143℃，按电路图检查导线。

2）冷却液温度传感器电阻的检测

检测方法参见本任务 3.1.5。

3.2　准备工作

阅读维修手册，列出检测所需仪器设备和工具，制订检测与更换方案，领取备品。

3.3　操作流程

（1）检测空气计量装置。
（2）拆卸与空气计量装置连接的软管、线束插头。
（3）拆卸空气计量装置。
（4）按拆卸的相反顺序进行安装。

任务二　检测凸轮轴/曲轴位置传感器

1. 任务引入

当发动机不易起动或起动困难，有故障码，需对凸轮轴/曲轴位置传感器进行检测。

2. 相关理论知识

发动机转速与曲轴位置传感器是发动机集中控制系统最重要的传感器之一，是控制点火时刻和喷油时刻不可缺少的信号源。发动机转速传感器是检测发动机转速的传感器，曲轴位置传感器是检测活塞上止点及曲轴转角的传感器，它们一般制成一体，安装在曲轴前端、凸轮轴前端、分电器内或飞轮上。主要有电磁感应式、光电感应式和霍尔感应式等类型。

2.1 电磁感应式发动机转速与曲轴位置传感器

1）结构与工作原理

电磁感应式发动机转速与曲轴位置传感器主要由信号转子、传感线圈、永久磁铁和导磁磁轭组成，如图 5-2-1 所示。

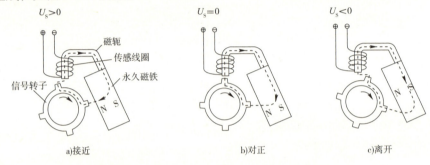

图 5-2-1 电磁感应式发动机转速与曲轴位置传感器的结构

信号转子旋转时，磁路中的气隙就会周期性发生变化，磁路的磁阻和穿过信号线圈磁头的磁通量 φ 随之发生周期性的变化。根据电磁感应原理，传感线圈中就会感应产生交变电动势 U_s。

当信号转子的凸齿接近磁头时，信号转子的凸齿与磁头间的气隙减少，磁路的磁阻减少，磁通量增多，磁通变化率增大，感应电动势为正，如图 5-2-2 中曲线 abc 所示。当转子凸齿接近磁头边缘时，磁通量急剧增多，磁通变化率最大，感应电动势最高，如图 5-2-2 中曲线 b 点所示。信号转子的凸齿转过 b 点位置后，虽然磁通量仍然增多，但磁通量变化率减少，因此感应电动势降低。

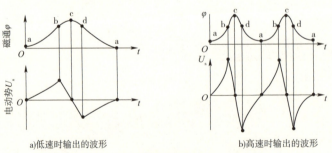

图 5-2-2 传感线圈中磁通与电动势波形

当信号转子凸齿的中心线与磁头的中心线对齐时，信号转子凸齿与磁头间的气隙最小，磁路的磁阻也最小，磁通量最大，但磁通量变化率为零，因此感应电动势为零，如图 5-2-2 中曲线 c 点所示。

随着信号转子的继续旋转，信号转子的凸齿离开磁头时，信号转子的凸齿与磁头间的气隙增大，磁路的磁阻增大，磁通量减少，所以感应电动势为负值，如图 5-2-2 中曲线 cda 所示。当信号转子的凸齿将要离开磁头边缘时，磁通量急剧减少，磁通变化率达到负向最大值，感应电动势也达到负向最大值，如图 5-2-2 中曲线 d 点所示。

可见，信号转子每转过一个凸齿，传感线圈中就会产生一个周期的交变电动势，即电动势出现一次最大值和一次最小值，传感线圈也就相应输出一个交变电压信号。

磁感应式传感器的优点是不需要外加电源，永久磁铁起着将机械能变换为电能的作用，其磁能不会损失。当发动机转速变化时，转子凸齿转动的速度将发生变化，铁芯中的磁通量变化率也将随之发生变化。转速越高，单位时间内的磁通量变化率就越大，传感器线圈中的感应电动势也就越高；反之，电动势就越低。

2）大众车系的电磁感应式曲轴转速与位置传感器

大众车系的捷达 AT、GTX、桑塔纳 2000GSi、3000 型等轿车的曲轴转速与位置传感器采用的是电磁感应式传感器，它安装在曲轴箱内靠近离合器一侧的缸体上，如图 5-2-3 所示，其主要由传感器磁头和信号轮（也称靶轮）组成。

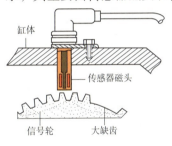

图 5-2-3 大众车系的曲轴转速与位置传感器结构

传感器磁头固定在发动机的机体上，由永久磁铁和感应线圈组成。传感线圈也称信号线圈，永久磁铁上带一个磁头，磁头正对安装在曲轴上的齿盘式信号轮，磁头与导磁轭（导磁板）连接而构成导磁回路。

信号轮为齿盘式，其圆周上间隔均匀地制作有 58 个凸齿、57 个小齿缺和 1 个大齿缺。大齿缺输出基准信号，对应于发动机 1 缸或 4 缸压缩上止点前一定角度。大齿缺所占的弧度相当于 2 个凸齿和 3 个小齿缺所占的弧度。因此，一个凸齿和一个小齿缺所占的曲轴转角为 3°，大齿缺所占的曲轴转角为 15°。

曲轴旋转时，信号轮每转过一个凸齿，传感线圈中就会产生一个周期的交变电动势，传感线圈相应的输出一个电压信号。当大齿缺转过磁头时，其输出信号所占时间较长，即输出信号为一宽脉冲信号，该信号对应 1 缸或 4 缸压缩上止点前一定角度。传感器产生的信号电压将通过线束直接输入电控单元 ECU，经过整形电路处理后的信号电压波形如图 5-2-4 所示。当 ECU 接收到大齿缺信号（宽脉冲）时，曲轴再转过 81°，1 缸或 4 缸活塞就到达上止点（TDC）位置，至于达到压缩上止点的是 1 缸还是 4 缸，还需根据凸轮轴位置传感器输出的汽缸识别信号进行判断。

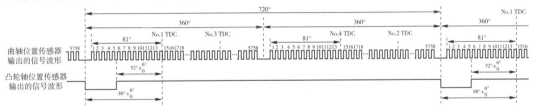

图 5-2-4 大众车系电磁感应式凸轮轴/曲轴位置传感器的输出波形

图 5-2-5 为宝来轿车的曲轴位置传感器（G28）的电路。其中，3 号针脚为信号端，1 号针脚为搭铁，3 号针脚连接屏蔽线。

2.2 光电式曲轴位置传感器

1）结构特点

日产公司生产的光电式曲轴位置传感器是由分电器改进而成，结构如图 5-2-6 所示，主要由信号发生器、信号盘（即信号转子）、配电器、传感器壳体和线束插头等组成。

信号盘压装在传感器轴上，在靠近信号盘的边缘位置制作有间隔均匀的内、外两圈透光孔。其中，外圈制有 360 个长方形透光孔（缝隙），间隔弧度为 1°（透光孔占 0.5°，遮光部分占 0.5°），用于产生曲轴转角与转速信号；内圈制有 6 个透光孔（长方形孔），间隔弧度为 60°，用于发生各个汽缸上止点位置信号，其中有 1 个长方形宽边较长的透光孔，用于发生第一缸上止点位置信号。

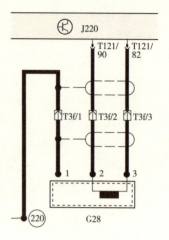

图 5-2-5 曲轴位置传感器电路

信号发生器固定在传感器壳体上，由 Ne 信号（曲轴位置信号）发生器、G 信号（凸轮轴位置信号）发生器以及信号处理电路组成。Ne 和 G 信号发生器均由一只发光二极管 LED 和一只光敏晶体管（三极管）组成，两只 LED 分别正对着两只光敏晶体管。

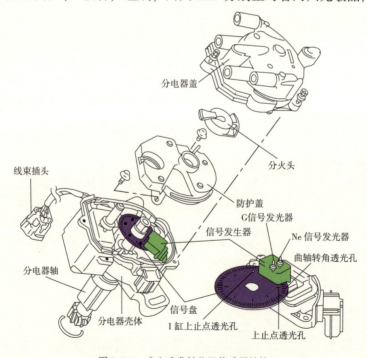

图 5-2-6 光电式曲轴位置传感器结构

2）工作原理

光电式传感器的工作原理如图 5-2-7 所示。因为传感器轴上的斜齿轮与发动机配气结构凸轮轴上的斜齿轮啮合,所以当发动机带动传感器轴转动时,信号盘上的透光孔便从发生器的发光二极管与光敏三极管之间转过。

当信号盘上的透光孔旋转到发光二极管与光敏三极管之间时,LED 发出的光线就会照射到光敏三极管上,此时,光敏三极管导通,其集电极输出低电平(0.1~0.3V);当信号盘上的遮光部分旋转到 LED 与光敏三极管上此时光敏晶体管截止,其集电极输出高电平(4.8~5.2V)。如果信号盘连续旋转,透光孔和遮光部分就会交替地转过 LED 而透光或遮光,光敏三极管集电极就会交替输出高电平和低电平,信号传感器中就会产生与曲轴位置和凸轮轴位置对应的脉冲信号。

图 5-2-8 为光电式曲轴位置传感器电路原理图。

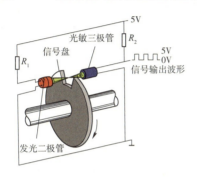

图 5-2-7 光电式传感器的工作原理　　图 5-2-8 光电式曲轴位置传感器电路图

2.3　大众车系霍尔式曲轴位置传感器

1)结构与组成

大众车系霍尔式曲轴位置传感器主要由霍尔传感器、霍尔集成电路、磁铁和靶轮组成,如图 5-2-9 所示。

2)工作原理

大众车系霍尔式曲轴位置传感器的工作原理如图 5-2-10 所示。

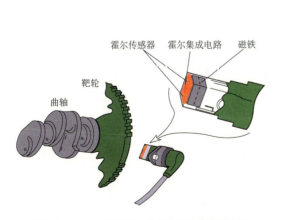
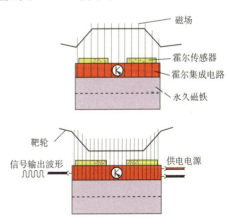

图 5-2-9　大众车系霍尔式曲轴位置传感器结构　　图 5-2-10　大众车系霍尔式曲轴位置传感器的工作原理

当靶轮的齿根部分转到与霍尔传感器对正时,磁场强度弱,霍尔传感器半导体基片上的电子处于自由分布状态。当靶轮的齿顶部分转到与霍尔传感器对正时,磁场强度强,霍尔传感器半导体基片上的电子靠向中间,形成霍尔电流;并在传感器内形成霍尔电压(信号电压)。

图 5-2-11 为大众车系霍尔式曲轴位置传感器的电路图。其中,传感器的 1 号针脚为信号输出端;传感器的 2 号针脚为 ECU 提供的 5V 参考电压;传感器的 3 号针脚为信号屏蔽端,并能通过 ECU 搭铁。

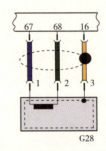

图 5-2-11 大众车系霍尔式曲轴位置传感器电路

3. 任 务 实 施

3.1 检测

☞ 3.1.1 大众车系霍尔式曲轴位置传感器的检测

1)曲轴位置传感器电阻的检测

拔下曲轴位置传感器的 3 孔插头,测量传感器插头的 2、3 号针脚之间的电阻(图 5-2-5 或图 5-2-11),其规定值为 730~1000Ω;检测 1 号针脚与 2 号针脚、1 号针脚与 3 号针脚之间是否短路,规定值为 ∞。若不符合规定值,则应更换曲轴位置传感器 G28。

2)导线的检测

用万用表分别检测传感器与 ECU 连接的三根导线,每根导线都不应有断路现象,每根导线的最大阻值为 1.5Ω,且各导线彼此间不应有短路现象。

3)靶轮的检查

如果上述两项无故障,应拆下传感器,检查靶轮的安装是否牢固、是否损坏及同轴度是否符合要求。

☞ 3.1.2 光电式曲轴位置传感器的检测

1)检测电压

拔下传感器的插头,打开点火开关,检查插头上 2 号针脚与 1 号针脚之间的电压(参见图 5-2-8),应为 5V 或 12V(视车型而定)。若无电压,则应检查传感器至 ECU 之间的线路及 ECU 上相应端子的电压。

2)就车检查

插回传感器插头,起动发动机,转速保持在 2500r/min 左右,测量传感器输出端子的电压,应为 2~3V,否则应更换传感器。

3)波形检查

用示波器检测其输出信号波形,应该有矩形脉冲波输出(图 5-2-7),否则应更换传感器。

☞ 3.1.3 凸轮轴位置传感器的检测

图 5-2-12 为大众车系霍尔式凸轮轴位置传感器的结构图。它安装在凸轮轴的前端，霍尔元件及磁铁安装在传感器壳体内。图 5-2-13 为宝来 BJH 型发动机霍尔式凸轮轴位置传感器的电路图，其中传感器的 1 号针脚为电源端子，2 号针脚为信号输出端子，3 号针脚为电源负极端子。

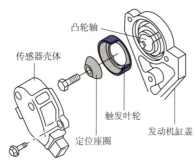

图 5-2-12　霍尔式凸轮轴位置传感器

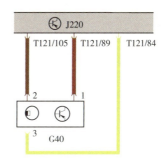

图 5-2-13　霍尔式凸轮轴位置传感器电路图

1) 检测电压

拔下凸轮轴位置传感器的 3 孔插头，打开点火开关，用万用表测量插头的 1 号针脚与 3 号针脚之间的电压，电压标准值大于 4.5V；如电压为 0V，说明线束断路、短路或电控单元 ECU 有故障。

2) 检测线束

关闭点火开关，拔下电控单元线束插头；用万用表欧姆挡（200Ω）分别测量传感器各导线的阻值，标准值应不大于 1.5Ω。如果阻值过大或为无穷大，说明线束端子接触不良或导线断路，应更换线束。

检测线束插头上的 1 号针脚与 ECU 的 84 号针脚、105 号针脚之间的阻值，标准值为 ∞。如不符合要求，说明线束短路，应更换线束。

如果线束无故障，且传感器电源电压正常，应更换传感器；若传感器电压为 0V，说明 ECU 故障，应更 ECU。

3.2　准备工作

阅读维修手册，列出所需的仪器、设备和工具，制订检测方案。

3.3　操作流程

(1) 拔下传感器的插头。
(2) 根据检测内容的需要，决定是否打开点火开关。
(3) 用相应的仪表对传感器进行检测。
(4) 插上传感器的插头。

3.4 操作提示

（1）在对传感器检测前，应先检查蓄电池的电压，电压值应不低于11.5V，否则会影响检测结果。插拔传感器插头前，应关闭点火开关，以防损坏元件。如果发动机是热机状态，插拔传感器插头时，应避免烫伤。

（2）在对曲轴位置传感器的靶轮进行检查时，要注意不要碰伤靶轮的齿槽部分，否则会造成信号输出失准。在对靶轮进行同轴度的检查时，可参考曲轴弯曲检查方法进行检查。

（3）磁感应式曲轴位置传感器其靶轮的凸齿与磁头间的气隙值应在0.2~0.4mm之间。气隙值的大小直接影响磁路的磁阻和传感线圈输出电压的高低，因此在对传感器进行检查时，必须要检查其气隙值，如不符合标准值，应进行调整。

（4）在安装传感器时（尤其是在发动机拆装后的安装），应最后安装传感器，以防碰伤传感器，而导致传感器的工作性能失准。

任务三　检测与更换氧传感器

1. 任务引入

当发动机出现运转不稳、动力不足和油耗过高三种情况时，用解码器检查，有氧传感器故障码，则需对氧传感器进行检测。

2. 相关理论知识

氧传感器也称气体浓度传感器，是发动机控制系统中一个非常重要的传感器，其功能是通过监测排气中氧离子的含量来获得混合气的空燃比信号，并将空燃比信号转变为电信号输入发动机ECU。ECU根据氧传感器信号对喷油时间进行修正，实现空燃比反馈控制（闭环控制），从而将空燃比 A/F 控制在14.7左右（过量空气系数约为0.98~1.02），使发动机得到最佳浓度混合气，从而达到降低有害气体的排放和节油的目的。

目前汽车发动机燃油喷射系统采用的氧传感器分为氧化锆（ZrO_2）式和氧化钛（TiO_2）式两种。氧化锆式又分为加热型和非加热型氧传感器，氧化钛式一般都为加热型传感器。由于实用的氧化钛式价格便宜，且不易受到硅离子的腐蚀，因此大多汽车采用氧化钛式传感器。

2.1　氧化锆型传感器

1）结构

氧化锆型传感器的结构如图 5-3-1 所示，主要由钢质护管、钢质壳体、锆管、加热元件、电极引线、防水护套和线束插头等组成。

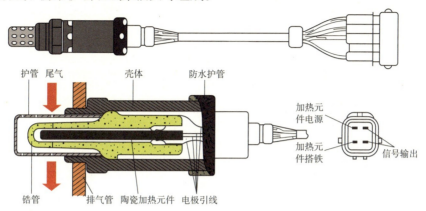

图 5-3-1 氧化锆型传感器的结构

锆管是在二氧化锆（ZrO_2）固体电解质粉末加入添加剂经过压力成形后，再烧结而成的陶瓷管，其加工工艺与火花塞绝缘体的形成完全相同。二氧化锆晶体的体积变化量为 4% 左右，其体积变化容易导致晶体老化而失效（阻止氧离子扩散），加入添加剂（氧化钇 Y_2O_3）的目的就是防止二氧化锆晶体老化。锆管制作成试管形状，以便氧离子能均匀扩散与渗透。锆管的内表面通大气，外表面通排气。为了防止发动机排出的废气腐蚀外层铂电极，在外层电极表面还涂有陶瓷保护层。

锆管强度很低，而且安装在排气管上承受排气冲击。为了防止其受排气压力冲击而造成陶瓷破碎，因此将锆管装在钢质护管内。护管上制作有若干个小孔，以便排气流通。在钢质壳体上制作有六角螺边和螺纹，以便安装和拆卸。

国产轿车大都采用非加热型氧传感器，其线束插头只有一个或两个接线端子；中高档轿车采用加热型氧传感器，其线束插头有三个或四个接线端子。加热器采用陶瓷加热元件制成，设在锆管内侧，由汽车电源通入电流进行加热。氧化锆型传感器在 300℃ 以上的环境时，才能输出稳定信号电压，加热的目的是保证低温（排气温度在 150～200℃ 以下）时，传感器就能投入工作，从而减少有害气体的排放量。

2）工作原理

氧传感器的工作原理与干电池相似，传感器中的氧化锆起类似电解液的作用，氧化锆表面的铂电极起催化剂的作用，如图 5-3-2 所示。

发动机工作时，若供给的是稀混合气（$A/F > 14.7$），废气中氧气的浓度高，CO 浓度低，即使 CO 与 O_2 发生反应，仍有多余的 O_2 存在，使氧传感器内、外表面的氧浓度差小，几乎不产生电动势（约 0V），如图 5-3-3 所示。

发动机工作时，若供给的是浓混合气（$A/F < 14.7$），可燃混合气燃烧后的废气也有一定剩余的氧气，废气与铂电极接触，在铂的催化作用下使残存的低浓度氧气与废气中的 CO、HC 发生反应，使铂金属表面的氧浓度趋于零，氧传感器内、外表面的氧浓度差很大，在电极间产生约 1V 的电动势。

综上所述，可燃混合气在 $A/F = 14.7$（标准可燃混合气）附近，电压产生突变。这样，氧传感器即相当于一个可燃混合气浓稀开关，向 ECU 输送可燃混合气浓或稀的信号，ECU 可根据该信号控制喷油器喷油脉冲的宽度，使可燃混合气尽可能保持在标准可燃混合气（$A/F=14.7$）附近。

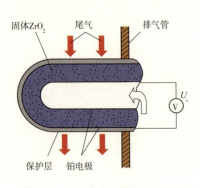

图 5-3-2　氧化锆型传感器的工作原理

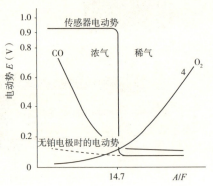

图 5-3-3　气体温度与电压的关系图

3）工作条件

氧化锆传感器必须满足如下条件：

（1）发动机温度高于 60℃；

（2）氧传感器自身温度高于 300℃；

（3）发动机工作在怠速工况和部分负荷工况，才能正常调节混合气浓度。

因此，目前大部分汽车上使用的是一种加热型的氧化锆氧传感器，即在传感器内设置一个加热器，并引出两个电极直接由汽车电源（12~14V）通电进行，在发动机起动后 20~30s 内迅速将氧传感器加热到 300℃以上工作温度。

2.2　氧化钛型传感器

氧化钛型传感器是利用二氧化钛（TiO_2）作为敏感元件，属于 N 型半导体材料，其阻值取决于材料温度以及周围环境中氧离子的浓度，因此可以用来检测排气中的氧离子浓度。

1）基本结构

氧化钛型传感器的外形与氧化锆传感器相似，结构如图 5-3-4 所示，主要由二氧化钛传感元件、钢质壳体、加热元件和电极引线等组成。

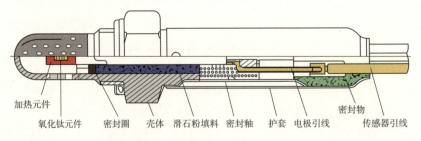

图 5-3-4　氧化钛型传感器的结构

钢质壳体上制有螺纹，以便传感器安装。与氧化锆式传感器不同的是，氧化钛型传感器不需要与大气进行比较,因此传感元件的密封与防水十分方便,利用玻璃或滑石粉等密封即可达到使用要求。此外,在电极引线与护套之间设置一个硅橡胶密封衬垫,可以防止水汽浸入传感器内部而腐蚀电极。

目前使用较多的氧化钛元件有芯片式和厚膜式两种。芯片式将铂金属线埋入二氧化钛芯片中,金属铂兼作催化剂用。厚膜式采用半导体封装工艺中的氧花铝层板工艺制成,从而使成本降低,可靠性提高。

加热元件用钨丝或陶瓷材料制成,加热目的是使二氧化钛芯温度保持恒定,使输出特性不受温度的影响。二氧化钛是一种多孔性的陶瓷材料,利用热传导方式对芯片或厚膜直接加热,可以在规定温度600℃时的短时间内加热,对降低发动机刚刚起动后HC的排放十分有利。

2) 工作原理

二氧化钛半导体材料的电阻具有随氧离子浓度的变化而变化的特性,因此,二氧化钛传感器的信号源相当于一个可变电阻,其电阻值与过量空气系数的关系如图5-3-5所示。

当发动机可燃混合气的空燃比$A/F<14.7$时,燃烧不完全,排气中氧气剩余很少,传感元件周围的氧离子很少,氧分子将脱离,使其晶体出现缺陷,便有更多的电子可用来传递电流,材料的电阻亦随之降低,二氧化钛呈低阻状态,输出高电平,电路原理如图5-3-6所示。与此同时,在催化铂的催化作用下,使剩余氧离子与排气中的一氧化碳产生化学反应,生成二氧化碳,将排气中的氧离子进一步消耗掉,从而大大提高传感器的灵敏度。

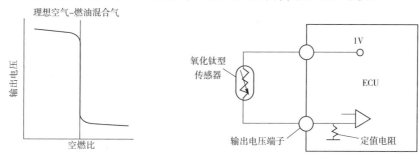

图5-3-5 氧化钛型传感器工作特性图　　图5-3-6 氧化钛型传感器电路原理

当发动机可燃混合气的空燃比$A/F>14.7$时,排气中氧离子较多,传感元件周围的氧离子浓度较大,二氧化钛则呈高阻状态,输出低电平。

可见,氧化钛型传感器的电阻将在混合气的$A/F\approx14.7$时产生突变。当给氧传感器施加稳定的电压时,在其输出端便可得到一个交替变化的信号。该稳定电压一般由ECU内部的稳压电源提供。

3) 工作条件

氧化钛型传感器必须满足如下条件:

(1) 发动机温度高于60℃。

(2) 氧传感器自身温度高于600℃。

(3) 发动机工作在怠速工况和部分负荷工况,才能正常调节混合气浓度。

因此,设计制造氧化钛型传感器时,也将其安装在温度较高的排气管上,同时采用直接加热方式使氧化钛元件温度迅速达到工作温度（600℃）而投入工作。

2.3 宽带型氧传感器

随着汽车尾气排放限值要求的不断提高，传统的开关型氧传感器已不能满足需要，取而代之的是控制精度更高的线性宽带氧传感器（Universal Exhaust Gas Oxygen Sensor，简称UEGO）。宽带氧传感器能够提供准确的空燃比反馈信号给ECU，从而ECU精确地控制喷油时间，使汽缸内混合气浓度始终保持理论空燃比值。宽带氧传感器的使用提高了ECU的控制精度，最大限度地发挥了三元催化转换器的作用，优化了发动机的性能，并可节省大约15%的燃油消耗，更加有效地降低了有害气体的排放。

宽带氧传感器通过检测发动机尾气排放中的氧含量，并向电子控制单元（ECU）输送相应的电压信号，反映空气燃油混合气的稀浓。ECU根据氧传感器传送的实际混合气浓稀反馈信号而相应调节喷油脉宽，使发动机运行在最佳空燃比（$A/F = 14.7$）状态，从而为催化转换器的尾气处理创造理想的条件。如果混合汽太浓（$A/F < 14.7$），必须减少喷油量；如果混合汽太稀（$A/F > 14.7$），则要增加喷油量。

汽车发动机管理系统中，安装在三元催化转换器前的宽带氧传感器，称作控制氧传感器（也称为主传感器或前氧传感器），安装在三元催化转换器的上游位置，监测尾气中氧的浓度，并将信息反馈给控制单元，用于调节喷油量，从而实现发动机的闭环控制，改善发动机的燃烧性能并减少有害气体的排放。根据OBD-II规定，汽车必须对三元催化转换器效率进行持续监控，为此配有诊断氧传感器（也称为副传感器或后氧传感器），安装在三元催化转换器的下游端。通过比较三元催化转换器上游和下游的传感器信号，可以确定三元催化转换器的效率。在稳态运行时，因催化转换器转换碳氧化合物和一氧化碳时消耗了氧，减少了后氧传感器信号的波动，所以后氧传感器比前氧传感器输出的信号曲线波动小得多，当催化转换器完全损坏时，催化剂的转换效率完全丧失，催化转换器后部废气中的氧的含量将十分接近催化转换器前部废气中氧的含量，这就使前、后氧传感器的输出信号曲线相似。

1）分类及基本构造

根据氧传感器的制造材料不同，宽带型氧传感器可分为以ZrO_2为基体的固化电解质型和利用氧化物半导体电阻变化型两大类；根据传感器的结构不同，宽带型氧传感又可分为电池型、临界电流型及泵电池型。下面介绍泵电池型宽带氧传感器，如图5-3-7所示。

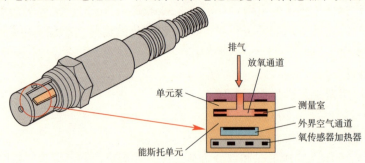

图5-3-7 宽带氧传感器

宽带型氧传感器的基本控制原理就是以普通氧化锆型传感器为基础扩展而来。氧化锆型传感器有一特性，即当氧离子移动时会产生电动势。反之，若将电动势加在氧化锆组件上，即会造成氧离子的移动。根据此原理即可由发动机控制单元控制所想要的比例值。

构成宽带型氧传感器的组件有两个部分：一部分为感应室（也称测量室），另一部分是泵氧元（也称单元泵）。

感应室的一面与大气接触，而另一面是测量室，通过扩散孔与排气接触，与普通氧化锆传感器一样，由于感应室两侧的氧含量不同而产生一个电动势。一般的氧化锆传感器将此电压作为控制单元的输入信号来控制混合比，而宽带型氧传感器与此不同的是：发动机控制单元要把感应室两侧的氧含量保持一致，让电压值维持在0.45V，这个电压只是计算机的参考标准值，它需要传感器的另一部分来完成。

2）工作原理

宽带型氧传感器的另一部分是传感器的关键部件——泵氧元，泵氧元一边是排气，另一边与测量室相连。泵氧元就是利用氧化锆传感器的反作用原理，将电压施加于氧化锆组件（泵氧元）上，这样会造成氧离子的移动。把排气中的氧泵入测试腔当中，或将测量室中的氧泵入排气中，使感应室两侧的电压值维持在0.45V。这个施加在泵氧元上变化的电压，才是我们要的氧含量信号，如图5-3-8所示。

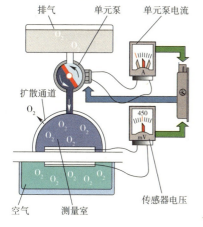

图5-3-8 宽带氧传感器的原理图

如果混合气太浓，那么排气中含氧量下降，此时从扩散孔溢出的氧气较多，测量室的氧气量少，导致电极电压值超过450mv，如图5-3-9所示。为达到平衡发动机控制单元，供给单元泵负向工作电流，使单元泵旋转向测量室中泵入氧气，这样将使电极电压值恢复到450mv。单元泵所需工作电流的大小与排气中氧气的浓度密切相关，即混合气越浓，排气中氧气越少，工作电流越大，泵氧效率越高。控制单元将单元泵的工作电流折算成入电压信号，此信号电压在1~1.5V之间。同时减少喷油量，如图5-3-10所示。

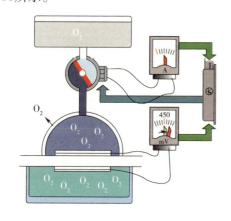

图5-3-9 混合气过浓时的状态

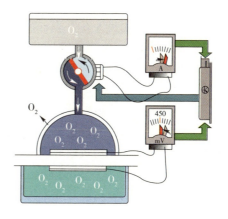

图5-3-10 混合气过浓时的调节

如果混合气太稀，则排气中的含氧量增加，这时氧气要从扩散孔进入测量室，测量室中氧气的含量较多，电极电压降低，如图 5-3-11 所示。此时，为达到平衡发动机控制单元供给单元泵正向工作电流，使单元泵反向旋转，向外排出氧气来平衡测量室中的含氧量，使电极电压值尽快恢复到 450mv 的电压值，工作电流的大小也由排气中氧气的浓度决定。单元泵的工作电流传递给控制单元，控制单元将其折算成电压值信号，此信号电压在 1.2~2.0V 之间，如图 5-3-12 所示。

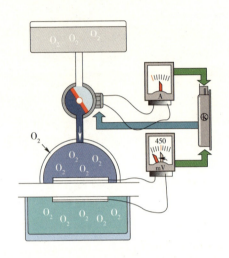 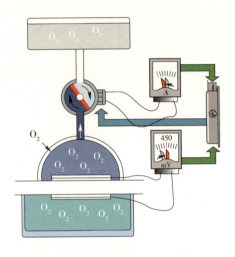

图 5-3-11　混合气过稀时的状态　　　　图 5-3-12　混合气过稀时的调节

总而言之，加在单元泵上的电压可以保证当测量室内的氧气多时，排出室内的氧气，这时发动机控制单元的控制电流是正电流；当腔内的氧气少时，进行供氧，此时发动机控制单元的控制电流是负电流。

泵电流的曲线走势如图 5-3-13 所示。废气稀时得到正的泵电流，而废气浓时则得到负的泵电流。

奥迪、迈腾和宝来等轿车的宽带氧传感器装在三元催化转换器前，插头为 6 针脚；宝来 1.6L 轿车无后氧传感器。图 5-3-14 为迈腾轿车氧传感器的电路原理图；其中：G39 为前宽带氧传感器，G130 为后氧传感器。

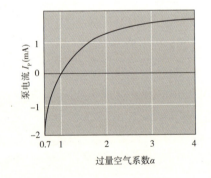

图 5-3-13　泵电流随过量空气系数变化特性

不论是哪种类型的氧传感器，发动机 ECU 采用了它的反馈信号进行闭环控制时，能将实际混合气空燃比控制在理论空燃比附近很窄的范围内。因此对特殊运行的工况，如起动、暖机、怠速、加速、满负荷等需加浓混合气的工况，仍需采用开环控制（即发动机 ECU 暂不采用氧传感器反馈回的信号，而是按实际运行工况进行喷油控制），以充分发挥发动机的动力性能。所以目前普遍采用开环和闭环相结合的控制方式。开环和闭环控制之间的转换由发动机 ECU 完成。

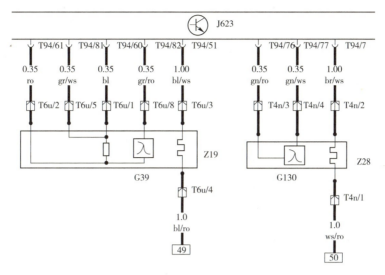

图 5-3-14　迈腾轿车氧传感器电路图

3. 任 务 实 施

3.1　检测

☞ **3.1.1　读取测量数据块**

汽车上一般前氧传感器为宽带型，后氧传感器为窄带型。数据流为氧传感器工作状态和修正偏离值。在工作条件满足时，主要观察工作状态变化的频率和修正值是否超限。

下面以宝来轿车 AUM 型发动机为例说明氧传感器数据流的读取方法。发动机型号不同，数据流显示的内容会有所差别，请参阅维修手册。

检查条件主要为冷却液温度不低于 80℃，且排气系统无泄漏。

1）前氧传感器的自诊断（老化检测）

检查前氧传感器的老化情况：发动机高怠速运转，进入发动机控制单元 08，读数据流 034 组。

034 组：λ 调节－催化转换器前的 λ 传感器自诊断（老化检查）

第 1 区：发动机转速；

第 2 区：催化转换器的温度；它是从转速和发动机负荷计算出的值；

第 3 区：催化转换器前部的宽带氧传感器动态系数；

第 4 区：催化转换器前部的宽带氧传感器的检查结果

从 test OFF 变为 test ON，经过一段时间的检测，变为 B1～SIO K，显示区 4 显示 B1～S1ni.o，说明已经老化。

Read measuring value blook 34			
1800～2200r/min	min.350℃	1.20～1.99	B1～S1 io

2）检查加热器

进入加热器 01—08—041 组。

041 组：λ 调节 - λ 传感器加热器

第一区：前加热器电阻，加热器电阻 2.5~10Ω；

第二区：根据发动机的工况不同，传感器加热器接通或关闭，Hzg. v（n）K. EIN 或交替出现 Hzg. v（n）K. EIN/Hzg. AUS；

第三区：后加热器电阻，加热器电阻 2.5~10Ω；

第四区：与二区显示说明相同。

| Hzg. nK. EIN | Hzg. nK. EIN |
| Hzg. nK. AUS | Hzg. nK. AUS |

Read measuring value blook 41	
前加热器电阻	后加热器电阻

3）检查氧传感器 G39

进入发动机系统 01—08—030 组。

030 组：λ 调节

Read measuring value blook 30	
111	110

第一区：为前氧传感器，规定值为 111。

第二区：为后氧传感器，规定值为 110。

各显示值的显示说明如下。

（1）显示值的第 1 位：λ 加热器已接通为 1；第 2 位：λ 调节已准备好为 1；第 3 位：λ 调节在工作为 1。这 3 位数的第一位在 0 和 1 之间来回变动表示前传感器加热器为频率调节状态，3 位数的第三位在部分负荷及废气温度较高时被设置为 1。后氧传感器的前两位与前氧传感器相同，后氧传感器是用于检测三元催化器的效率，不是用于调节混合气浓度，所以第三位为 0。

（2）显示值较小时，说明混合气过浓，也就是调节过稀。

（3）显示值较大时，说明混合气过稀，也就是调节过浓。

（4）无电压时，所有自适应值均被清除。

（5）add = additiv，表示随转速升高，该故障（如漏气）效果增强不大。这时，喷油时间围绕一固定值变动，该值不依赖于基本喷油时间。

（6）mul = multiplikativ，表示随转速升高，该故障（如喷油嘴损坏）效果增强。这时，自适应值按喷油时间的一个百分比变动，该变动依赖于基本喷油时间。

进行自适应：控制单元状态 04，基本设定。

（1）急速自适应条件：急速，冷却液温度不低于 75℃，进气温度不高于 90℃。

（2）部分负荷自适应条件：冷却液温度不低于 75℃，进气温度不高于 90℃。

如果达到规定值，进入 32 组，检查第一区和第二区。

032 组：λ 调节 - λ 自学习值

```
Read measuring value block 32
-10.0% ~ 10.0%        1.0 ~ 2.0V
```

第一区：急速时的自学习值（additiv）；

第二区：部分负荷时的自学习值。

如果达到规定值，进入033组，检查第一区和第二区。

033组：λ调节 – λ调节值

```
Read measuring value block 33
-10.0% ~ 10.0%        1.0 ~ 2.0V
```

第一区：催化转换器前的λ调节器，以至少2%的幅度在0左右波动；

第二区：前氧传感器电压值1.0~2.0V，1.0~1.5V为混合气过浓、1.5~2.0V为混合气过稀。第二区：若恒定1.5V为断路；恒定为4.9V对正极短路；恒定为0V对地短路。电压应以20次/min的幅度波动（因正常氧传感器周期为2.5~3.0s）。

036组：λ调节 – 催化转换器后部的工作准备状态

```
Read measuring value block 33
0.0 ~ 1.0V            B1 – S2 io
```

第一区规定值：0.0~1.0V（可稍微波动），若恒定为0.4~0.5V为断路、10.5V以上为对正极短、0V为对搭铁短路。

第二区2规定值：B1~S2 OK，显示区2变为B1~S2 OK可能需要几分钟的时间。如果显示B1~S2 NO OK，清除传感器上的沉积物。再次检查如果未达到规定值，检查线路。

☞ **3.1.2 前/后部氧传感器加热器的电压检查**

检测条件：熔断丝正常，蓄电池正常，油泵继电器正常。

拔下传感器G39的六孔插头，用万用表200Ω档检查插头3、4号针脚间（图7-3-14）是否导通，如确定有断路，应更换传感器G39。

如导通，起动发动机，使之急速运转，用电压档检测3、4号针脚间的电压值，并注意显示组041，显示区2。若显示：Hzg VK EIN，标准值为11.0~14.5V；若交替显示：Hzg VK EIN/Hzg VK AUS，标准值为0.0~12.0V之间波动。关闭点火开关，如无电压显示，检查导线是否断路。

3.2 准备工作

阅读维修手册，列出检测所需仪器设备和工具，制定检测与更换方案，领取备品。

3.3 操作流程

（1）将解码器接到诊断端口上。

（2）读取数据流。

（3）传感器电压的检查。

（4）拆卸传感器。

（5）更换并安装传感器。

3.4　操作提示

（1）在对氧传感器进行检查时，要注意避免被烫伤。

（2）为防止氧传感器出现硅中毒现象，在安装氧传感器时，应避免使用硅类密封胶。

（3）要注意检测氧传感器前方的排气管及其连接部位是否密封，以免因空气进入排气系统和尾气泄漏影响氧传感器的调节灵敏度。

（4）传感器插座线及引出线在安装的过程中不应处于张紧状态，其挠度应大于15mm。防止由于引出线弯曲或者拉力作用导致的损坏。

（5）传感器如果坠落到地上就不能再使用，因为其中的陶瓷绝缘体可能破裂。

：

氧传感器的"中毒"

氧传感器失效的主要原因是传感元件老化和中毒。氧传感器老化的主要原因是传感元件局部表面温度过高。氧传感器的传感元件受到污染而失效的现象称为中毒。氧传感器中毒主要是指铅（Pb）中毒、硅（Si）中毒和磷（P）中毒。

1）铅中毒

燃油或润滑油添加剂中的铅离子与氧传感器的铂电极发生化学反应，导致催化剂铂的催化性能降低的现象，称为铅中毒。试验证明：氧化锆式氧传感器在每升汽油中含有1.8g铅的情况下行驶480km或每升汽油中含有0.15g铅的情况下行驶1 000km之后，就会出现严重中毒现象。由于含铅汽油中添加有四乙基铅来提高汽油的辛烷值和抗爆震性能，因此配装氧化锆式氧传感器以及三元催化转换器的汽车禁止使用含铅汽油。此外，由于燃油或润滑油的添加剂中含有多种铅化合物，因此铅中毒也是不可避免的。

2）磷中毒

在传感器表面，磷很少以纯磷状态析出，而是以某种化合物状态析出，这些磷化物污染氧传感器的现象，称为磷中毒。磷化物的应用很广，可以用作润滑剂、防锈剂和清洗剂。在发动机磨合期间或活塞环磨损之后，发动机润滑油添加剂中的磷化物就会窜入汽缸中燃烧并随排气排出。在低温状态下，磷化物是以微粒子状态析出，并沉淀在传感器保护层的表面将气孔堵塞而导致传感器中毒；在高温状态下，磷化物会附着在氧传感器以及三元催化转换器表面使其受到污染。

3）硅中毒

因为发动机上的硅密封胶、硅树脂成型部件、铸件内的硅添加剂等都含有硅离子，这些硅离子会污染氧传感器的外侧电极，氧传感器内部端子处密封用的硅橡胶会污染内侧电极。硅离子与氧传感器的铂电极发生化学反应而导致催化剂铂的催化性能降低的现象，称为硅中毒。由于氧化钛式氧传感器没有安装内侧电极，且外侧铂电极只是为了实现电器连接，因此硅中毒程度比氧化锆式传感器要轻得多。

由此可见，无论氧化锆式氧传感器，还是氧化钛式氧传感器，其传感元件老化和中毒都是不可避免的。因此当汽车行驶一定里程（一般为8000km）后，应当更换氧传感器。更换氧传感器时，一定要用专用防粘胶液刷涂氧传感器安装螺纹，否则下次检修时很难拆卸。刷涂防粘胶液时，切勿涂到氧传感器的透气孔中。就氧传感器的抗污染能力和抗老化而言，氧化钛式优于加热型氧化锆式，加热型氧化锆式优于非加热型氧化锆式。

任务四 检测与更换节气门位置传感器

1. 任务引入

（1）若发动机怠速不稳或加速不灵敏时，有故障码或数据流超标，需对节气门体进行清洁或对节气门位置传感器进行检测。

（2）装有自动变速器的轿车，急加速时，车速不能随发动机转速的提高而迅速提高，有故障码或数据流超标，需对节气门位置传感器进行检测。

（3）装有电控悬架的轿车，当急加速时，车身出现后倾现象（也有叫做抬头的），有故障码或数据流超标，需对节气门位置传感器进行检测。

（4）不易起动，换挡熄火，需对节气门位置传感器进行检测。

2. 相关理论知识

2.1 节气门体

节气门体的主要功用是通过改变节气门开度的大小，来改变进气通道截面积，控制发动机运转工况，并通过节气门位置传感器检测发动机的负荷。节气门体用于安装节气门、节气门位置传感器等节气门控制部件。由于不同的车型其燃油的喷射方式和发动机的控制方式的不同，其节气门体的结构组成也不完全相同。

单点喷射式节气门体，除节气门、节气门位置传感器外，还装有集中喷油的主喷油器、燃油压力调节器、冷起动喷油器、怠速控制阀等，如图5-4-1所示。

多点喷射式节气门体由节气门、节气门位置传

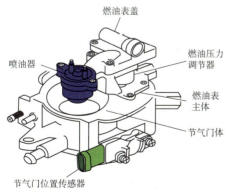

图5-4-1 单点喷射节气门体

感器、怠速调整螺钉、怠速空气阀等组成。

大众车系的节气门体已取消了怠速调整装置，其节气门在怠速时的调整与控制，由 ECU 通过控制电动机及其传动机构直接控制。

大众车系的电子节气门的结构如图 5-4-2 所示。电子节气门的节气门体由节气门、控制电机、减速齿轮和节气门位置传感器等组成。控制电动机通过两级齿轮减速带动节气门运动，在怠速时节气门并不完全关闭，而是由两只扭簧定位在应急开度位置（图 5-4-3），并通过控制电动机的双向转动进行控制，与节气门轴相连的滑片式线性电位器用于采集节气门开度。

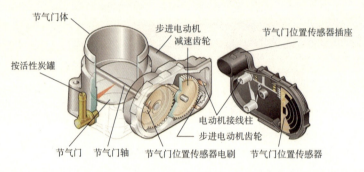

图 5-4-2 大众车系电子节气门的结构

控制电动机的输出力矩与复位弹簧力矩平衡时，节气门开度才能保持不变。当占空比增大时，电动机驱动力矩大于复位弹簧阻力矩，节气门开度增加；当占空比减小时，电动机驱动力矩小于复位弹簧阻力矩，节气门开度减小，占空比越小节气门开度也越小。在减小节气门开度时，为了克服由于电动机磁滞造成的节气门换向滞后现象，采用在脉冲宽度调节器（PWM）驱动信号中加反向电压脉冲的办法保证响应快速、动作灵敏。与节气门轴相连的开度传感器将节气门开度信号反馈给电控单元，构成闭环位置控制系统。节气门开度不仅由加速踏板控制，而且也要由其他控制系统控制，最终按照发动机的扭矩需求精确调节节气门开度。

图 5-4-3 大众车系电子节气门的应急开度状态

在电子节气门中省略了怠速触点，怠速工况识别不在节气门位置传感器上，而转移到加速踏板位置传感器上。控制电动机反向电流可使节气门的应急开度向小关闭，从而实现了怠速区域的自动控制；控制电动机正向电流可使节气门的应急开度向大开启，保证正常行车控制。

2.2 节气门位置传感器

节气门位置传感器的功用是检测节气门的开度及开度变化，此信号输入 ECU，用于控制燃油喷射及其他辅助控制（EGR、开闭环控制等）。节气门位置传感器安装在节气门轴的一侧，且与节气门轴固定连接。节气门位置传感器有电位计式、触点式和综合式三种。

☞ 2.2.1 电位计式节气门位置传感器

大众车系电子节气门位置传感器为电位计式节气门位置传感器,如图 5-4-4 所示,电路原理见图 5-4-5。传感器向 ECU 提供一个 0~5V 的电压信号,用来检测节气门开度,ECU 根据其输出电压的大小和电压变化率的大小及正负,能够确定发动机处于何种工况,据此进行喷油量和点火提前角等参数的修正。

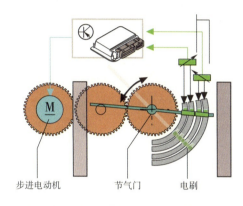

图 5-4-4 大众车系电子节气门位置传感器

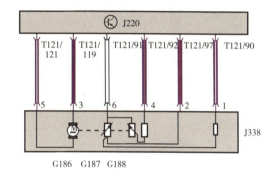

图 5-4-5 宝来 BJH 型发动机节气门位置传感器电路图

若节气门电位计无信号传至发动机控制单元,则控制单元根据发动机转速及空气质量信号计算出一个替代值。

节气门位置传感器是节气门状态检测元件,从控制的角度讲,只需一个位置传感器就够了,采用双传感器可大大增加识别硬件故障的可靠性。这些传感器都是线性电位器,两个传感器由同一 5V 电源供电,设计成电阻值同向或反向变化。反向即一个电阻值增加时另一个减小,其输出电压成互补的方式(图 5-4-6),两个传感器输出电压信号之和始终等于供电电压,这样可保证当其中一个传感器出现故障或电源电压低于规定值时,能及时识别;同向时,两个信号间的差值不允许超过一定范围,否则也视为故障。

☞ 2.2.2 触点式节气门位置传感器

触点式节气门位置传感器主要由一个滑动触点和两个固定触点组成,如图 5-4-7 所示,活动触点(TL)随节气门轴一起转动,活动触点在节气门全关(怠速)时与怠速固定触点(IDL)闭合,而在节气门接近全开时与全开触点(PSW)闭合;节气门开度在中间位置时,滑动触点与两个固定触点均断开。ECU 根据触点的闭合情况确定发动机处于怠速工况、中等负荷工况或全负荷工况。

触点式节气门位置传感器与 ECU 之间有三个连接端子,ECU 通过滑动触点端子给传感器提供电源,两个固定触点端子给 ECU 输送节气门位置信号。

☞ 2.2.3 综合式节气门位置传感器

综合式节气门位置传感器由一个电位计和一个怠速触点组成,如图 5-4-8 所示。在其导向凸轮下面，装有一个电位计式传感器。其电路如图5-4-9所示，工作原理请参阅前两种节气门位置传感器。

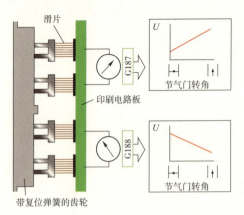

图5-4-6 电阻值反向方式

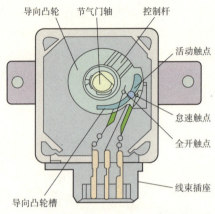

图5-4-7 触点式节气门位置传感器

图5-4-8 综合式节气门位置传感器的结构

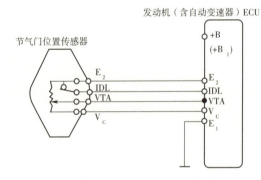

图5-4-9 综合式节气门位置传感器的电路图

2.3 加速踏板位置传感器

很多发动机都采用电子节气门，即节气门开闭由计算机根据加速踏板的位置以及其他参数综合来控制，提高发动机的综合性能。而且，加速踏板位置信号不准也会引起加速不灵敏的故障现象。加速踏板位置传感器的结构，如图5-4-10所示。它由踏板机构、滑动片、踏板位置传感器1（G79）、踏板位置传感器2（G185）组成，安装在加速踏板支架上。

工作原理：两个踏板位置传感器实际上都是一个线性电位器，利用滑动变阻器原理将加速踏板移动量转换成带有不同输出特性的两类电子信号，然后信号被输入给发动机ECU。

怠速工况的识别：计算机主要根据踏板位置传感器G79和G185信号识别驾驶人右脚

是否正在踩加速踏板，如果输出电压低于一个限定值，计算机自动识别怠速，计算机控制电动机 G186 在怠速控制范围内控制节气门。如果输出电压高于一个限定值，计算机自动识别非怠速，计算机控制电动机 G186 在大于怠速控制范围内控制节气门。节气门位置传感器 G187 和怠速节气门位置 G188 用于把信号反馈给计算机以利更精确地控制。

传感器信号中断：一个传感器信号失真或中断，如果另一个传感器处于怠速位置，则发动机进入怠速工况；如果是负荷工况，则发动机转速上升缓慢。

若两个传感器同时出现故障，则发动机高怠速（1500r/min）运转。

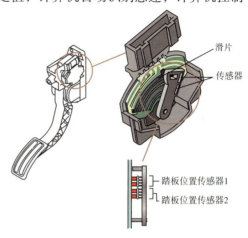

图 5-4-10 加速踏板位置传感器

3. 任务实施

3.1 检测方法

☞ 3.1.1 节气门位置传感器的检测

检查节气门位置传感器 G187 和 G188 （01 - 08 - 062）。

读取数据块 062 →	<屏幕显示 理论值	评价
1→节气门角度 G187	3% ~ 97%	
2→节气门角度 G188	97% ~ 3%	
3→加速踏板位置传感器 G79	12% ~ 97%	
4→加速踏板位置传感器 G185	4% ~ 49%	

慢慢将加速踏板踩到底，观察显示区 1 和 2 的百分比，

显示区 1 的百分比应均匀升高，公差范围 3 ~ 97% 并未完全使用。

显示区 2 的百分比应均匀下降，公差范围 97 ~ 3% 并未完全使用。

显示区 1 中的显示值升高，而显示区 2 中显示值下降，原因在于节气门控制单元电位计（角度传感器）的可逆转性，也就是说：

传感器 G187 的分压向 5V 靠拢（节气门开得越大，电压越高）。

传感器 G188 的分压由 5V 向 0V 靠拢（节气门开得越大，电压越低）。

如果未达到规定标准，检查供电及导线连接。117 ~ 118 之间的电阻：规定值为 1 ~ 5Ω。

☞ 3.1.2 节气门控制单元的基本设定方法

更换节气门控制单元后,必须进行新节气门控制单元与发动机控制单元间的基本设定;带自动变速器的车还应进行与自动变速器控制单元的基本设定。

基本设定:01-04-060 三区达到 8 以上;四区出现 OK。

基本设定 060 →	<屏幕显示 理论值	评价
1→节气门角度 G187	3% ~ 97%	
2→节气门角度 G188	97% ~ 3%	
3→自学习步数	0 ~ 8	
4→匹配状态	ADP OK	

带自动变速器的车辆,更换发动机控制单元和加速踏板后,应进行强制低挡的基本设定。方法:踏下加速踏板到底,触动牵制低挡开关,并保持 3 秒钟以上,观察显示区 3 和 4。

基本设定 063 →	<屏幕显示 理论值	评价
1→加速踏板位置传感器 G79	12% ~ 97%	
2→加速踏板位置传感器 G185	4% ~ 49%	
3→加速踏板位置	Kick Down	
4→操作模式	ADP OK	

☞ 3.1.3 触点式节气门位置传感器的检测

在维修中,对触点式节气门位置传感器,可拆开传感器线束插接器,就车检查各端子之间的通断情况。检查滑动触点端子与怠速触点端子之间:节气门接近全关时应导通,节气门在其他位置时应不导通。检查滑动触点端子与全开触点子端子之间:节气门中小开度时应不导通,节气门接近全开时应导通。如果不符合上述要求,说明传感器内部断路或绝缘不良,应更换节气门位置传感器。

3.2 准备工作

阅读维修手册,列出检测所需仪器设备和工具,制订检测与清洗方案。

3.3 操作流程

(1) 将解码器接到自诊断插口。
(2) 读取数据流。
(3) 拔下插接器插头。
(4) 拆卸与节气门体连接的管路。
(5) 拆卸节气门体。

(6) 安装顺序与拆卸顺序相反。

3.4 操作提示

(1) 拆卸节气门体时，如有冷却液的，应先放掉一部分冷却液，以拆卸节气门体时不从冷却液管中流出为准。

(2) 更换节气门体后，要对节气门体进行匹配，否则发动机工作不正常。

(3) 拆卸过程中，要防止有异物进入进气道。

项目六　点火系统的维修

汽油发动机汽缸内的可燃混合气在压缩终了时，经电火花点燃后燃烧，产生的巨大能量使发动机作功。产生电火花的系统被称为点火系统。目前，汽车上大都已采用了微机控制的电子点火系统，从某种意义上讲，现在的点火系统已是发动机控制系统的一个组成部分。

任务一　更换点火开关

1. 任务引入

打开点火开关，仪表没有显示，15 线没有电源电压（信号），经诊断为点火开关失效，应更换。

2. 相关理论知识

2.1　点火系统作用

点火系的作用是将低压电变成高压电，按照发动机的作功顺序与点火时间的要求，适时、准确地配送给各缸火花塞，产生电火花，点燃混合气。

2.2　电控点火系统组成

电控点火系统主要由电源、点火开关、控制单元、传感器、点火模块、火花塞等组成，如图 6-1-1 所示。

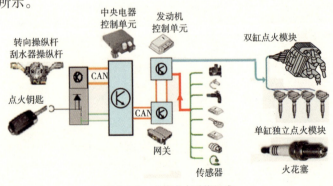

图 6-1-1　电控点火系统组成

1）电源

汽车的电源包括蓄电池和发电机。其中蓄电池是在发动机起动、低速时向汽车供电；当发动机在中速以上运转时，则由发电机向汽车供电。发电机发出的电除供给汽车上的用电设备外，多余的电还可对蓄电池进行充电。

2）点火开关

点火开关也称钥匙门，主要是用来控制点火电路，另外也控制发电机磁场电路、起动电路，并为整车电器系统供电等。点火开关同时还具有拔出钥匙转向盘自动锁定功能、为电控系统提供识别信号的功能及防止重复起动功能。

3）传感器

传感器包括空气流量传感器（或进气压力传感器）、曲轴位置传感器、凸轮轴位置传感器、爆震传感器、发动机冷却液温度传感器、氧传感器、海拔高度传感器、大气压力传感器。其中曲轴位置传感器、凸轮轴位置传感器检测的信号是点火的主控信号，其他传感器检测的信号是辅助信号，用于对主控信号进行修正。

4）控制单元

控制单元包括中央电器控制单元、发动机控制单元、网关。它接收各传感器传来的检测信号，通过分析、计算后，发出指令（脉冲信号）给执行器。

5）执行器

执行器包括点火驱动模块、点火线圈、火花塞等。它接收控制单元发出的指令，并按指令完成相应的动作。

2.3　发动机正常工作对点火系统的要求

☞ 2.3.1　能产生足够高的次级电压

用于点燃可燃混合气的电火花是在发动机汽缸内火花塞的两个电极之间的气体经电离作用产生电弧放电而产生的，使气体电离的先决条件是必须有足够高的电压。这个能使火花塞两电极间产生电火花的足够高的电压称为击穿电压。一般为1万~2万V。影响击穿电压的因素有：

1）汽缸内混合气的压力与温度

事实上击穿电压的大小与混合气的压力和温度并无直接关系，而是与混合气的密度有关。因电离是在分子之间相互碰撞之后产生足够能量后实现的，而混合气密度大，即每单位体积中气体的分子的数量就越多，离子的自由运动距离就越短，碰撞的能量变小，故就不易发生电离作用，只有提高击穿电压，增大作用分子上的电场力，提高分子运动的加速度来实现。因而混合气压力高，单位容积的密度就加大，相应的击穿电压就要增大。而温度提高导致混合气的密度减小，击穿压力就相应降低。

2）火花塞电极的间隙

火花塞电极的间隙越大，产生的电场的强度就越弱，所需的击穿电压就越高。

3）火花塞的电极温度

由于火花塞的电极温度相对较高时，包围在电极周围的气体的密度就相对较小，故当火花塞电极的温度超过混合气温度时，击穿电压可降低30%～50%。

4）发动机的工况

发动机的工作情况不同时，火花塞的击穿电压也不相同，其值随发动机的功率、转速、负荷、温度、压缩比、点火时刻以及混合气成分等多种因素的改变而变化。发动机起动时，因汽缸内的混合气的温度低、气体的相对密度较大，加之火花塞电极处于冷态，还可能在电极之间存有油滴，因此击穿电压最高。在其他工况下由于压缩终了的混合气的压力和温度均不相同，因而火花塞的击穿电压也就随之改变。

☞ 2.3.2　电火花要有足够的点火能量

日常生活中我们都有这样的经历，要想点燃一个物品，比如一块木条，用烛光小火和用熊熊炉火点燃所用的时间是不同的，炉火很快就会使木条燃烧起来，这是因为炉火单位时间内提供的能量较多的缘故。

汽车发动机汽缸也是一样，要想使混合气可靠点燃，火花塞产生的电火花必须具有一定的能量。发动机正常工作时，由于混合气压缩终了的温度已接近其自燃温度，因此所需的火花的能量很小，一般只需点火系统提供15～50mJ的火花能量就足以点燃混合气了。但在发动机起动、怠速和急加速等情况下，由于混合气的温度较低或混合气过浓、过稀等原因就需要有较高的点火能量才能保证混合气的可靠点燃。因此点火系统应该保证发动机在正常工作时有50～80mJ的点火能量，在发动机起动时有大于100mJ的点火能量。

☞ 2.3.3　点火系要保证适时点火

点火系统应满足发动机工作顺序的点火要求，例如：一般直列六缸发动机的点火顺序为1-5-3-6-2-4；直列四缸发动机的点火顺序为1-3-4-2。其次，必须在最佳的时刻进行点火。点火时刻是用点火提前角来表示的。

点火提前角是指从火花塞电极产生电火花开始到活塞行至上止点时为止这一段时间内曲轴所转过的角度，用 θ 来表示。通常把发动机发出最大的功率和最小的油耗时的点火提前角称为最佳点火提前角。大众车系点火提前角一般为0°～12°（正常怠速时为5°～7°）。当发动机火花塞产生电火花点火后，混合气需要先进入着火延迟期，然后才进入猛烈的速燃期，这样就说明混合气从开始点燃到完全燃烧是需要一定时间的，所以必须在活塞到达压缩行程上止点前点燃可燃混合气才能使发动机发出最大的功率。实验表明：如果点火时间适当，则混合气燃烧后出现最大压力应在上止点后10°～15°。因此混合气燃烧对应的曲轴转角为10°～27°。

如果点火过迟，例如火花塞已到达上止点才点火，则混合气燃烧是在活塞下行过程中进行的，即燃烧过程是在容积增大的过程中实现的，炽热的气体与汽缸壁接触面积增加，热传导损失增大，转变为有效功的热量相对减小，气体产生的最高压力也因容积的增大而下降，从而导致发动机过热和功率下降。

如果点火过早，则混合气的燃烧完全是在压缩行程进行，汽缸内的压力急剧升高，在活塞还没到上止点前就产生最大值，使活塞受到反冲阻力，这不仅使发动机的功率降低，同时也会引起爆震和发动机抖动现象，还会加快各零件的损坏。

2.4 影响点火提前角的因素

1) 转速

最佳的点火提前角随发动机的转速升高而加大。因转速增加，活塞运动速度加大，同样行程所需时间缩短，而混合气燃烧时间基本不变，这样就应增大点火提前角来保证最佳燃烧时间。发动机在起动或怠速时转速较低，要求点火提前角减小（一般为5°~6°）或不提前。转速信号由曲轴位置传感器提供。

2) 负荷

最佳点火提前角随负荷增大而减小。与转速影响最佳点火提前角一样，因为发动机负荷大节气门开度大时，吸入汽缸的混合气量增加，压缩行程终了时的气体压力和温度增加，使燃烧速度加快，点火提前角相应减小。负荷信号由加速踏板位置传感器提供。

3) 辛烷值

辛烷值表示汽油牌号，辛烷值大的汽油抗爆性能好，不易产生爆震，故可以增大点火提前角，提高发动机的功率。爆震信号由爆震传感器提供。

4) 压缩比

压缩比增大则最佳点火提前角相应减小。因为如果压缩比增大时，压缩终了时的压力和温度增高，导致燃烧的速度相对加快，故要求最佳点火提前角要有所减小。信息由计算机存储。

5) 空燃比

空燃比是表示可燃混合气成分的。当空燃比 $\alpha=0.8~0.9$ 时的点火提前角最小，这说明这种混合气的成分燃烧速度最快。混合气过浓和过稀都会影响火焰传播速率，使燃烧速度变慢，应适当增减点火提前角。信号由氧传感器提供。

6) 大气压力

大气压力的改变直接影响发动机的进气压力。进气压力减小会使混合气雾化和扰流变坏，导致燃烧速度变慢，因此点火提前角应该相应增大。信号由大气压力传感器提供。

7) 大气温度

大气温度低时导致进入到汽缸内的气体的温度也相应降低，混合气的雾化受到影响，燃烧速度变慢，因此要求点火提前角适当增加。信号由进气温度传感器提供。

2.5 点火开关电路

汽车用的点火开关有两种，接触式和感应式，都设有五个挡，如图6-1-2所示。

图6-1-2 点火开关

P0-关闭；P1-S触点接通；P2-15号线接通；P3-15驱动接通；P4-起动，50号线接通

图6-1-3为迈腾1.8L DSG公务版的点火系统电路图。

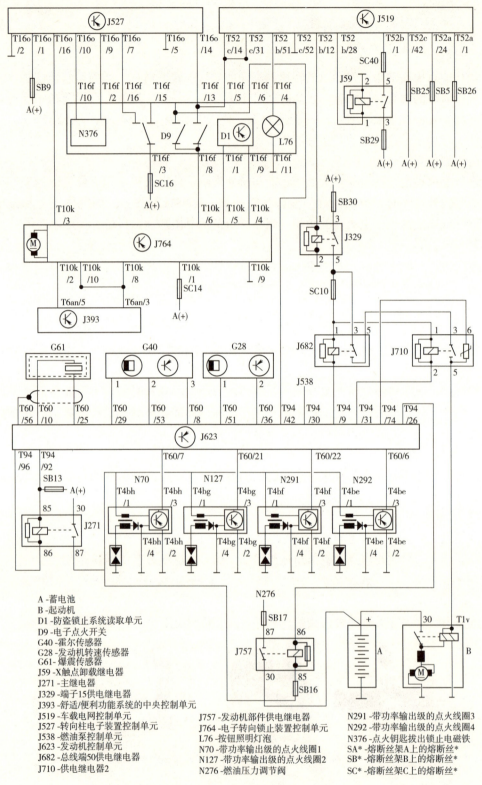

图 6-1-3 迈腾 1.8L DSG 公务版点火电路

当将点火钥匙按至 S 挡时，点火开关 D9 经 T16f/16 端子给 J527 一个信号，然后经 J527 的 T16o/16 给 J764 一个信号，J764 接收到此信号后，经 D1 读取点火钥匙的防盗信息；J764 将此信息传递给 J393 进行识别，信息匹配成功后，J393 将解锁信息传回给 J764 进行转向柱解锁。

当将点火钥匙按至 15 挡时，点火开关 D9 经 T16f/13 和 T16f/5 给 J519 一个信号，从而控制 J329、J271、J757 和 J59 继电器工作，为相应的用电设备供电。

当将点火钥匙按至 50 挡时，点火开关 D9 经 T16f/6 将起动信息传递给 J623，从而控制 J682、J710 继电器工作，使起动机运转。J623 采集 G40、G28 传感器的信号，进行运算，确定喷油和点火时刻，然后向喷油器和点火线圈发出工作指令，使发动机起动。

当发动机起动后，松开点火钥匙，点火钥匙将退回到 P2 位置，发动机处于正常工作范围。

3. 任务实施

3.1 点火开关的检查

☞ 3.1.1 用万用表检查点火开关

将点火开关打到各挡，用万用表检查相应引脚通断或通电（信号）情况。

☞ 3.1.2 用 VAS 5051B 读取点火开关数据块

（1）连接车辆诊断、测量和信息系统 VAS 5051B。
（2）在车辆诊断、测量和信息系统 VAS 5051B 中选择运行模式"引导型故障查询"。
（3）通过"跳转"按钮选择"功能/部件选择"，并依次选择以下菜单项：
①车身；
②电气设备；
③01 具有自诊断功能的系统；
④防盗锁止系统；
⑤防盗锁止系统的电子部件；
⑥D9 电子点火锁。

图 6-1-4 点火开关数据块

从屏幕上读取相关数据，依此判定点火开关的好坏，如图 6-1-4 所示。

3.2 准备工作

阅读维修手册，列出检测所需仪器设备和工具，制订检测与更换方案，领取备品。

3.3 操作流程

（1）摆正转向盘。

(2) 断开电源（注意密码）。
(3) 断开气囊连接器。
(4) 拆卸转向柱电子控制单元。
(5) 拆卸转向角传感器。
(6) 拆卸点火开关。
(7) 以相反顺序安装所有部件。

任务二 检查与更换火花塞

1. 任务引入

发动机不易起动或工作不稳，经检查为火花塞失效，需更换火花塞。

2. 相关理论知识

2.1 点火线圈的组成

点火线圈由高压接头、铁芯初级线圈和次级线圈组成，如图 6-2-1、图 6-2-2 所示。一般，初级线圈的漆包线较粗，只有几百匝，而次级线圈匝数则高达数万。大众车系初级线圈电阻为 $0.6 \sim 0.7\Omega$，次级线圈电阻为 $6 \sim 8.5 k\Omega$。

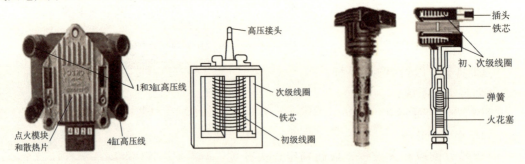

图 6-2-1 双缸点火线圈　　　　　　图 6-2-2 单缸独立点火线圈

2.2 点火系统的工作原理与工作过程

☞ 2.2.1 工作原理

点火线圈是利用电磁感应（互感）原理将低压电变为高压电的，如图 6-2-3 所示。当线圈 1 的电路中开关闭合后，电流从无到有，线圈 1 的磁场便会发生变化，磁场的变化便会在线圈2中产生感应电动势。在线圈2中产生感应电流的大小一方面取决于两个线圈的匝数比（即匝数比越大，感应电动势就越大）；另一方面还取决于线圈2中磁场变化的快慢（即磁通的变化率），磁场变化的速度越快，所产生的感应电动势就越大。

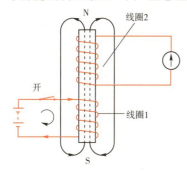

图6-2-3　变压器的基本原理

如果把线圈1直接接到汽车的低压电源，线圈1中的电流不会发生变化，线圈2中也不会产生感应电动势。为此必须在线圈1的电路中加入一对触点或晶体管开关电路，并使其不断地接通和断开，使线圈1中的电流不断变化，线圈2中便会产生感应电动势。当初级线圈电路接通时，初级电流从蓄电池正极→点火开关→点火线圈的初级线圈→晶体管开关电路→搭铁回蓄电池负极，如图6-2-4a）所示。当初级电路被断开时，初级电路被切断，铁芯中的磁场突然消失，在点火线圈的次级绕组中感应出15000～20000V的高压电动势，该电动势作用在火花塞上，产生高压火花，点燃汽缸中的混合气，如图6-2-4b）所示。次级电路为：搭铁→火花塞→点火线圈的次级线圈。在点火线圈初级电路接通和断开一次，则在点火线圈次级绕组中便产生一次高压电，火花塞跳火一次。

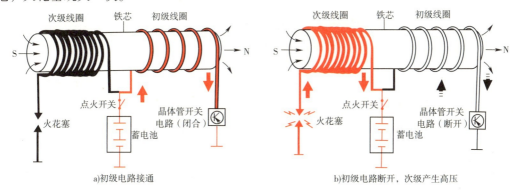

a) 初级电路接通　　　　　b) 初级电路断开，次级产生高压

图6-2-4　点火的基本原理

☞ 2.2.2　工作过程

1) 储能阶段

如图6-2-5所示，发动机电控单元接受到点火开关电信号和发动机转速信号时，输出方波信号，通过点火模块中的控制电路控制初级电路通断；当控制信号为高电平时，初级电路接通，初级电流增长，由于初级绕组产生反向自感电动势阻碍电流增长，使磁场变化率较低，次级绕组只产生1～2kV的互感电动势。不能击穿火花塞产生电火花，积聚磁场能，使电能转化为磁场能。

2) 高压产生阶段

当控制信号为低电平时，初级电路断开，虽然初级绕组产生同向自感电动势，但由于电路被切断，电流瞬间消失，使磁场变化率很大，次级绕组便产生15～20kV的互感电动势，磁场能转化为电能。

3）跳火阶段

高压电击穿火花塞间隙，形成电火花。

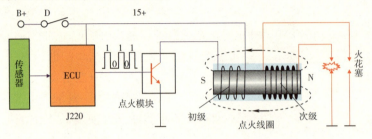

图 6-2-5　点火系工作过程

2.3　点火系统的点火方式

1）双缸同时点火方式

双缸同时点火方式是指两个汽缸共用一个特制的点火线圈（图6-2-1），该点火线圈有两个高压输出端，分别与各自的火花塞相连，负责对两个汽缸点火。这两个汽缸的组合原则必须是其中一个汽缸处在压缩行程上止点时另一个汽缸处在排气行程上止点，既曲轴旋转360°后两缸所处的行程相反。例如六缸发动机是1、6缸组合，2、5缸组合和3、4缸组合。

双缸同时点火方式的工作原理如图 6-2-6 所示，当点火线圈的初级电路断路时，两汽缸同时跳火，由于处于排气行程的汽缸正是后燃末期，气体压力很小，气体中有导电离子的存在，因而，火花塞电极跳火很容易，能量的损失也很小。而处于压缩行程的汽缸则因汽缸内的压力高，气体密度大，从而导致火花塞跳火时必须有足够的电压。因此，这种双火花塞同时点火的方式，不会因是两缸同时点火而使正常点火汽缸的火花塞造成较大的能量损失。

为了防止点火线圈初级电路接通时，次级绕组中所产生的1000V左右的感应电压在火花塞中产生误跳火影响发动机正常工作，在电路中加装了高压二极管，防止了误跳火现象的发生。

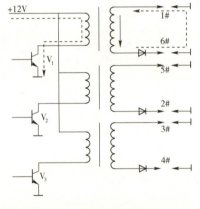

图 6-2-6　双缸同时点火方式工作原理图

丰田皇冠轿车微机控制电子直接点火系统是典型的双缸直接点火方式的点火装置，如图 6-2-7 所示。曲轴位置和发动机转速传感器可输出 G1、G2 和 Ne 三个信号，用于判别汽缸、检测曲轴转角和确定初始点火提前角。

（1）G1 信号线圈产生信号电压波形的时刻设定在六缸压缩行程上止点附近，因此，只要出现 G1 信号，ECU 即可以计算出点火的基准，然后根据 Ne 信号决定点火提前角和闭合时间。

（2）G2 信号和 G1 信号的波形相同，但两者相隔360°的曲轴转角，因此当 G2 信号出现时，就可判别一缸压缩行程上止点。

（3）Ne 信号转子有 24 个小齿，所以每转一周就会产生 24 个与 G1、G2 相同波形的信号脉冲，每个波形占30°的曲轴转角。30°的曲轴转角对于点火控制会产生较大的误差，因此，在丰田皇冠汽车微机控制电子直接点火系统中通过转角脉冲发生器，将 Ne 转子转一圈所产生的 24 个脉冲转变成为 1440 个脉冲，即每个波形表示 0.5°曲轴转角。实际点火控制就是以 G 信号作为基准信号，根据 Ne 信号确定点火提前角。当发动机起动的瞬间，如果超过了 G1 信号的产生期，而 G2 信号又没有出现时，是无法判别汽缸的，因此，必须等到 G 信号产生判别汽缸后才能执行点火控制。

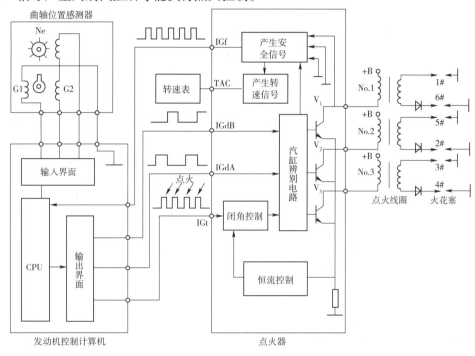

图 6-2-7　丰田皇冠汽车微机控制电子直接点火系统原理框图

（4）接收到 G1、G2 和 Ne 信号的 ECU 经过比较、分析和计算后，确定信号状态，向点火器输出 IGt、IGdA、IGdB 三个信号。其中 IGt 是点火正时信号，IGdA 和 IGdB 是汽缸判别信号。如图 6-2-8 和表 6-2-1 所示，点火器的汽缸判别电路根据输入 IGdA 和 IGdB 的信号状态，判断出各个三极管 V_1、V_2、V_3 的工作状态，将点火正时信号 IGt 送往和已处于导通状态的三极管 V 相连接的点火线圈初级电路中，完成对某缸的点火过程。

图 6-2-8　IGdA、IGdB 信号

IGdA、IGdB 的信号状态与汽缸点火的关系　　　　表 6-2-1

信号状态 点火线圈	IGdA	IGdB	结　果
一缸、六缸	0	1	点火
二缸、五缸	0	0	点火
三缸、四缸	1	0	点火

2）单缸独立点火方式

单缸独立点火方式是1983年由德国开发采用的，它在每一个火花塞上压装一个点火线圈（图6-2-2）所示，这样不仅取消了分电器，而且也取消了高压线，因此，彻底消除了分电器和高压线所带来的缺陷。但在点火控制方面就相对比较复杂，ECU必须根据曲轴位置和发动机转速传感器、空气流量传感器、温度传感器、爆震传感器和点火开关信号等有关输入信号与存储器中的预置数据相比较，进行分析、计算，输出与发动机汽缸数相同的控制信号给点火器，指令有与汽缸数相同的大功率三极管的点火器工作，接通和断开相应的点火线圈的初级电路，如图6-2-9所示。

单缸独立点火方式特别适合4气门和5气门发动机。其特点有：

（1）取消了高压线，点火线圈与火花塞直接连接在一起，由金属罩包覆，其电磁干扰大大减小；

（2）点火线圈的时间常数比其他线圈小，即使发动机转速达到9000r/min，点火线圈仍然能正常工作；

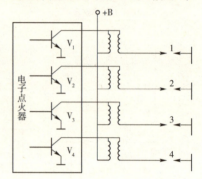

图6-2-9　单缸独立点火方式工作原理图

（3）由于取消了高压线，在检查次级线圈点火电压波形时，必须用专用感应元件；

（4）这种方式的点火系统必须有判缸信号，否则无法工作。

2.4　高压线

高压导线是一种用于汽油机点火系统线路的缆线，它用于连接点火线圈和火花塞。为了避免过大的电压损失，其表面带有一厚层橡胶绝缘层，高压线应有良好的绝缘性和较高的传输效率，多采用碳素原料做内芯导体，每根高压线电阻一般为4~6kΩ。国产汽车用高压导线有铜芯线和阻尼线两种，为了衰减火花塞产生的电磁波干扰，目前已广泛使用了高压阻尼线。高压阻尼线的制造方法和结构有多种，常用的有金属阻丝式和塑料芯导线式。国产高压导线的型号与规格见表6-2-2。高压导线的绝缘性能是主要指标，其耐压应高于15kV。

高压导线的型号和规格　　　　　　　　表6-2-2

型　号	名　称	线芯结构		标称外径（mm）
		根数	单线直径（mm）	
QGV	铜芯聚氯乙烯绝缘高压点火线	7	0.39	7.0±0.3
QGXV	铜芯橡皮绝缘聚氯乙烯护套高压点火线			
GX	铜芯橡皮绝缘氯丁橡胶护套高压点火线			
QG①	全塑料高压阻尼点火线	1	2.3	

2.5　火花塞

火花塞的作用是将点火线圈产生的高压电引入发动机的燃烧室并在其电极间形成电火花，点燃可燃混合气。

由于火花塞工作时受到高温、高压和燃烧物的强烈腐蚀，即火花塞的工作条件极其恶劣，因此，火花塞必须符合以下要求。

(1) 要有足够的绝缘强度。一般要求火花塞应承受 3 万 V 以上的高压。

(2) 要有适当的热特性。火花塞工作时应能在进气时的 50~60℃ 和排气时的 1500~2000℃ 的环境下，保证其裙部的温度维持在使火花塞不产生积炭的自净温度 500~600℃ 的范围之内。这一点很重要，火花塞裙部的温度过高会产生早燃，温度过低则不易点火且火花塞容易形成积炭，温度的大小取决于汽缸的压缩比和火花塞裙部的长度。

(3) 要有足够的机械强度。一般要求火花塞的裙部应能承受 4.88~6.86MPa 以上的冲击压力。

(4) 要有足够的抗氧化和耐腐蚀能力。由于火花塞的裙部工作时的温度很高，又处于多种活性物质（如氧、碳氧化合物、氮氧化物和硫化物等）之中，因而要求火花塞的电极必须用难熔、耐腐蚀的材料制成。火花塞由金属导柱、绝缘瓷管、螺栓套、中心电极组成，火花塞的结构如图 6-2-10 所示。金属导电杆和中心电极用绝缘瓷管绝缘，同时中心孔上部装有带螺母的金属杆，下部装有中心电极，金属导电杆和电极之间填充有导体玻璃，

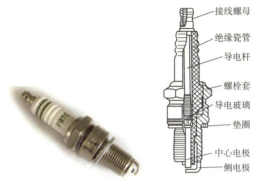

图 6-2-10 火花塞的构造

导体玻璃可以导电、密封和吸收热变形能，壳体的下部有安装螺纹和弯曲的侧电极。火花塞的中心电极和侧电极之间有一定的间隙，该间隙叫火花塞间隙，一般火花塞间隙约为 0.7~1.0mm。

为了适应不同车型的需要火花塞又分为标准型、突出型、细电极型、多极型、沿面跳火型等，如图 6-2-11。

标准型　　绝缘突出型　　细电极型　　锥座型　　多极型　　沿面跳火型

图 6-2-11 火花塞的类型

还可以根据发动机不同的压缩比把火花塞分为热型和冷型。热型就是火花塞的裙部较长，散热困难，因而裙部的温度高，一般用于压缩比低、转速低、小功率的发动机上，而冷型火花塞正好与热型相反。我国标定火花塞的热特性，是依据绝缘体裙部的长度，并分别用热值 1~11 来表示，如表 6-2-3 所示，热值小的为热型火花塞，热值大的为冷型火花塞。

裙部长度与热值　　　　　　　　　　　表 6-2-3

裙部长度	15.5	13.5	11.5	9.5	7.5	5.5	3.5
热值	3	4	5	6	7	8	9
特性	热←					→冷	

根据 QC/T 430—2005《火花塞产品型号编制方法》的规定，火花塞的型号由三部分组成。

第一部分：以单或双字母表示火花塞结构类型及主要形式尺寸。

第二部分：以数字表示火花塞热值。

第三部分：以若干字母或阿拉伯数字表示派生产品结构、发火端特征、材料特性及技术要求。若在热值数后出现紧连的阿拉伯数字，则以连字符"–"分隔；若代表电极材料的字母连用，则前表示中心电极，后表示侧电极。

例如：DF7REC2型火花塞。DF表示螺纹规格M12X1.25，螺纹旋合长度19mm，壳体六角对边16mm，平座；7表示火花塞的热值代号7；R表示电阻型；E表示绝缘体突出型点火位置为3mm；C表示电极为Ni–Cu复合中心电极；2表示快热结构。

3. 任 务 实 施

3.1 准备工作

阅读维修手册，列出拆装所需工具，制订检测与更换方案。

3.2 操作流程

（1）发动机冷却后方可拆卸。
（2）用吹枪吹净火花塞周围的污物。
（3）拆卸火花塞。
（4）安装火花塞。

3.3 操作提示

（1）拆卸火花塞时，要防止异物掉入汽缸内。
（2）按厂家规定的火花塞型号换新的火花塞。
（3）火花塞的热值应与发动机相匹配。
（4）安装火花塞时，要先用手轻轻拧入，直到拧不动为止，然后再使用火花塞扳手按规定的力矩将其拧紧。

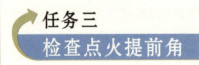

任务三 检查点火提前角

1. 任 务 引 入

发动机不能起动或怠速不稳、加速不良时，需对电控点火系统点火提前角及点火波形进行检查。

2. 相关理论知识

2.1 点火时刻控制

在微机控制电子点火系统中，点火提前角包括初始点火提前角、基本点火提前角、修正点火提前角和信息反馈修正点火提前角。

1）初始点火提前角

发动机刚起动时，各项技术指标还没有达到标准值，例如水温。ECU 这时不经过计算，根据设计时设定的程序，对于每个汽缸在压缩行程上止点前的某一固定位置发出点火指令，控制点火器工作，这一点火时刻与活塞到达上止点时所对应的曲轴所转过的角度称为初始点火提前角。初始点火提前角取决于曲轴基准位置传感器信号及其最初调整值，其大小因发动机而异，一般发动机在上止点 10°左右。

2）基本点火提前角

基本点火提前角是最主要的点火提前角，发动机正常工作时，ECU 根据进气量信号或进气歧管绝对压力信号、发动机转速信号、节气门位置信号、燃油品质选择信号等，通过与存储器 ROM 存储的点火提前角控制脉谱图进行比较、运算得出的点火提前角。基本点火提前角是电子控制器能够实现最佳点火提前角控制的主要数据。

3）修正点火提前角

在确定基本点火提前角后，ECU 又根据进气温度信号、冷却液温度信号、空燃比信号、空调开关信号等与混合气燃烧速度有关的传感器信号，对基本点火提前角信号进行暖机修正、过热修正、怠速稳定性修正等工作，使点火提前角处于最佳状态。

4）信息反馈修正点火提前角

最初的微机控制电子点火系统是开环控制，就是 ECU 根据传感器的信号给出点火信号，不考虑发动机工作状态的好坏，这种系统不存在信息反馈修正点火提前角。现在，大多数微机控制电子点火系统都是采用闭环控制，它在 ECU 提供修正点火提前角信号使发动机工作后，利用爆震传感器采集发动机燃烧状况，反馈给 ECU，ECU 再通过与 ROM 中爆震脉谱图的比较，对修正点火提前角进一步修正，这样使 ECU 再发出的点火提前角的指令更完美。

2.2 点火控制过程

下面以大众车型为例说明点火提前角的控制过程。

第一步：确定点火提前角。

在某种运转状态下，ECU 综合发动机转速信号和发动机负荷信号，从存储器中选取最适当的点火提前角，这个提前角称为基本点火提前角。由发动机温度、氧传感器的反馈信号、外加负荷（如空调介入、动力转向介入、挂挡介入、用电器负荷介入）等修正信号对基本点火提前角进行修正，如果有爆震发生，最后还要经过爆震传感器确定爆震推迟角修正。即：实际点火提前角 = 基本点火提前角 + 修正点火提前角 + 爆震推迟角。假设最后这个工况最佳点火提前角为8°。

第二步：确定累计记数基准点。

由于点火在压缩上止点前发生，所以微机反映1缸压缩上止点前XX°的信号出现的时刻必须要比点火提前角要早得多，否则第三步的累计记数就来不及了。记数基准点信号就是凸轮位置传感器G40信号（判缸信号），大众汽车发动机电脑通过凸轮轴信号轮上的标记信号确定1缸活塞到达压缩上止点前72°，即在压缩行程活塞上行时，曲轴再转72°到达压缩上止点。这里72°是大众车系的使用值。不同的设计1缸压缩上止点前标记距离上止点的度数不同。电脑则以此点为记数基准点。

第三步：开始累计记数。

转速信号是电脑产生1°信号的必备信号，以1缸压缩上止点时刻72°为基准，微机开始累计64个1°信号后截止初级点火线圈的大功率晶体管，此时恰好为点火提前角8°。

第四步：多缸点火。

以上说的只是1缸的点火，下面假设发动机是4缸（点火顺序是：1-3-4-2，点火间隔角180°），在1缸压缩上止点前72°信号出现，距3缸压缩上止点为180°+72°=252°。若点火间隔角不变电脑在基准点出现后累计252°-8°=244个1°信号开始点火，以此类推直到电脑综合发动机转速信号（决定离心点火提前角）、发动机负荷信号（决定真空点火提前角）、其他修正信号以及爆震推迟角修正后，计算机最适当的点火提前角不再是8°时，累计记数的数值也跟随改变，即"点火角刷新"。

常见车系的累计记数基准点，即信号出现时距离1缸压缩上止点的度数：

（1）大众车系：累计记数基准点信号出现时距离1缸压缩上止点72°。

（2）尼桑车系：累计记数基准点信号出现时距离1缸压缩上止点70°。

（3）丰田车系：累计记数基准点信号出现时距离1缸压缩上止点10°。

需要说明的是丰田车系累计记数基准点信号出现时距离1缸压缩上止点10°，实际点火提前角都比10°大，此时点火来不及了，在应用时，实际压缩上止点前10°开始输入的压缩上止点信号并不直接为本缸应用，它是为下一工作缸的点火准备。对不同车系，思路都一样，都是先看此工况的点火角多少度最佳，再等压缩上止点前XX°信号出现，压缩上止点前XX°信号出现后，向后开始累计减点火角XX个1°信号点火。

2.3 闭合角的控制

闭合角的控制即点火线圈初级大功率晶体管导通时间的控制。实际应用中不是根据发动机的转速和曲轴的转角确定通电时间。一般是点火模块根据电源电压，从点火模块内存储器中查得导通时间。发动机运转时转速越高，发电电压在调节范围内越高，所以电压可以反映发动机转速。这样的设计是考虑发动机转速和初级线圈的电感都与蓄电池电压有关系，可进行简化。

2.4 爆震控制系统

爆震控制系统实际上是在电子控制点火系统中增加了爆震传感器，ECU根据爆震传感器的信号对点火提前角实行反馈控制。

☞ 2.4.1 爆震的识别

发动机在工作时，由于其他因素导致汽缸体产生机械振动是不可避免的，为了准确的识别汽缸体的震动是因发动机爆震所致，在 ECU 控制电路中设有爆震信号识别电路（图 6-3-1），用以识别和确定发动机是否发生了爆震。

安装在汽缸体上的爆震传感器可检测到发动机不同频率范围内的机械振动，发生爆震时传感器产生的电压信号有较大的振幅，如图 6-3-2 所示。爆震传感器向 ECU 输送的信号，先经过滤波电路进行过滤，只允许特定频率范围的爆震信号通过滤波电路。再将滤波后的信号峰值电压与爆震强度基准值进行比较，若其值大于爆震强度基准值，控制系统可由此判定发动机发生了爆震。

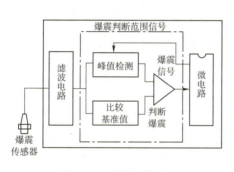

图 6-3-1　爆震识别电路

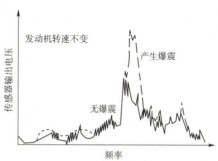

图 6-3-2　爆震传感器信号

当 ECU 判定发动机出现爆震后，会将点火提前角推迟。推迟的方法有以下三种，如图 6-3-3 所示。

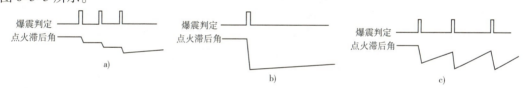

图 6-3-3　点火时刻的推迟方法

（1）当判定爆震发生时，慢慢地推迟点火提前角，直到爆震消除。这种方法在每一次点火进行时都进行一次爆震程度的判定，因此在发生爆震的下次燃烧中，如判定发动机仍发生爆震时，就推迟点火提前角。这种方法会使爆震持续时间长、消失慢。

（2）一收到爆震判定信号，大幅度推迟点火，然后慢慢地恢复到原来的点火时刻。这种方法可以立即制止爆震，但点火时间复原较慢，这期间将会影响到发动机的最佳工作性能。

（3）每当判定爆震发生时，大幅度推迟点火，而且快速复原。这种方法也可立即制止爆震，且对发动机工作性能无大影响，但因点火时刻变动大，将使输出转矩稍有波动。

综上所述，减小点火提前角是消除爆震的有效手段。然而，为了发挥发动机的最佳工作性能，应在不发生爆震的前提下尽可能地加大点火提前角，这不仅可以避免爆震的发生，而且还能进一步提高发动机的工作性能。

2.4.2 爆震强度的确定

如图 6-3-4 所示,ECU 根据爆震信号超过基准值的次数来判定爆震强度。次数越多,爆震强度愈大;否则,爆震强度就愈小。

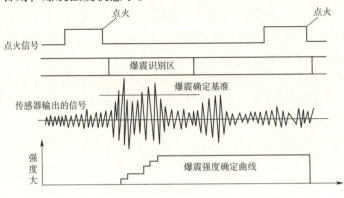

图 6-3-4　爆震强度的确定

2.4.3 爆震传感器

爆震传感器是爆震控制系统的主要元件,其功能是用来检测发动机有无爆震发生及爆震强度。爆震传感器有电感式和压电式两种类型,压电式爆震传感器又分为共振型、非共振型两种。

1)电感式爆震传感器

电感式爆震传感器主要由铁芯、永久磁铁、线圈及外壳等组成,如图 6-3-5 所示。

电感式爆震传感器是利用电磁感应原理来检测发动机爆震的。当发动机发生爆震时,铁芯受振动而使线圈磁通发生变化,从而产生感应电动势。当传感器的固有振动频率与发动机爆震时的振动频率相同时,传感器输出的信号电压最大,如图 6-3-6 所示。

2)压电式爆震传感器

压电式爆震传感器是利用压电效应原理检测发动机爆震的。

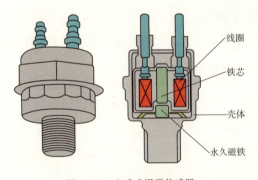

图 6-3-5　电感式爆震传感器

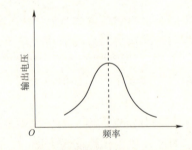

图 6-3-6　电感式爆震传感器的频率与输出电压的关系

(1)压电式共振型爆震传感器。该传感器主要由压电元件、振子、基座、外壳等组成,如图 6-3-7 所示。压电元件紧贴在振子上,振子则固定在基座上。压电元件检测振子的振动压力，并转换成电信号输送给 ECU，输出信号与电感式爆震传感器相似。

当发动机发生爆震时，振子与发动机共振，压电元件输出的信号电压会明显增大，易于测量。但是，由于共振型爆震传感器振子的固有频率与发动机爆震时产生的振动频率一致，必须与发动机配套使用，所以其通用性较差。

（2）压电式非共振爆震传感器。该传感器由压电元件、惯性配重块、引线及壳体等组成，如图 6-3-8 所示。它与共振型爆震传感器相比，其内无振子，但设置了一个配重块，配重块以一定预应力压在压电元件上。它是以接收加速度信号的形式来检测爆震的。

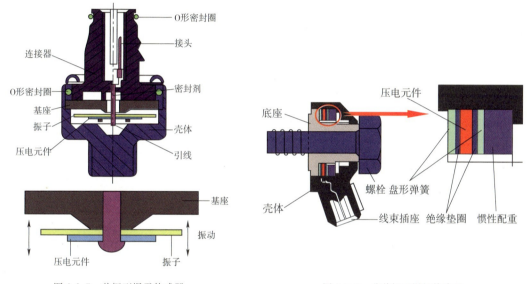

图 6-3-7　共振型爆震传感器　　　　　图 6-3-8　非共振型爆振传感器

当发动机发生爆震时，安装在发动机缸体上的爆震传感器内部配重因受振动的影响而产生加速度。因此，压电元件受到惯性力的作用，而产生电压信号，并被送至发动机 ECU。

非共振爆震传感器在发生爆震与未发生爆震时输出的信号电压没有明显增加，因此需要在 ECU 中增加爆震识别电路进行爆震的识别。如果调整滤波器的频率范围，这种传感器就可用于不同的发动机上，所以，这种传感器的通用性比较好。

2.5　失火检测

☞ 2.5.1　失火检测原理

汽缸不作功（失火）必定伴随着短时间的转矩下降，其结果是曲轴转速的下降。计算机同检测爆震缸的道理一样，检测曲轴转速变动所在相位，确定不作功汽缸位置。图 6-3-9 所示为不作功汽缸的识别。

3 缸不点火或不喷油使 CD 时间延长时，电脑判定为 3 缸失火，开始对 3 缸进行断油控制。电脑存储失火（不作功）缸故障码时，可能是不点火故障，也可能是不喷油造成的，诊断用执行元件功能诊断03功能检查对应缸的喷油情况来确定。

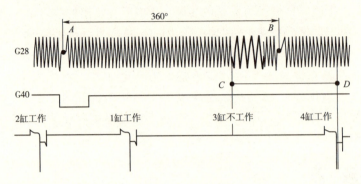

图 6-3-9 失火检测

☞ 2.5.2 数据流分析

08 功能—阅读测量数据组，显示组 11：点火—失火识别。

Read measured value block 11			
xxxx rpm	xxx%	xxx	Text
1	2	3	4

显示区 1：发动机怠速转速（740~820r/min）。
显示区 2：发动机负荷（15%~35%）。
显示区 3：失火总和（0~5/min），若超过5，则：
（1）火花塞失效。
（2）点火线圈故障。
（3）喷油嘴有故障。
显示区 4：失火识别。

3. 任务实施

3.1 检查方法

☞ 3.1.1 点火控制系统数据块分析

08 功能－阅读测量数据组，显示组 10：点火提前角

Read measured value block 10			
xxxx rpm	xxx%	x<xx.x°	BTDC
1	2	3	4

显示区 1：发动机怠速转速（740~820r/min）。
显示区 2：发动机负荷（15%~35%）。
显示区 3：节气门开度（<0°~6°），若显示值 >6°

(1) 发动机没做基本设定。
(2) 节气门电位计失效。
(3) 节气门卡死。

显示区 4：点火提前角（上止点前 0°~12°）

☞ 3.1.2 点火系统次级点火波形检查

(1) 正常次级点火电压波形如图 6-3-10 所示，点火波形用 VAS 5051 示波功能检查。

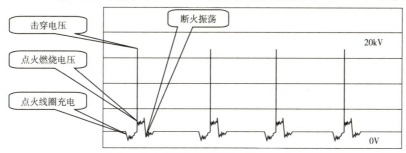

图 6-3-10 次级点火电压波形

(2) 如出现如图 6-3-11 波形时，可能故障原因：火花塞间隙过大。
(3) 如出现如图 6-3-12 波形时，可能故障原因：火花塞有积炭。

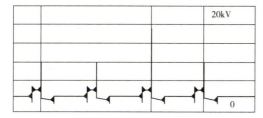

图 6-3-11 间隙过大波形图　　图 6-3-12 积炭波形图

(4) 如出现如图 6-3-13 波形时，可能故障原因：
①点火线圈漏电。
②点火线漏电。
③火花塞漏电。

(5) 如出现如图 6-3-14 波形时，可能故障原因：
①次级线圈断路。
②初级线圈断路。
③ECU 内部故障。

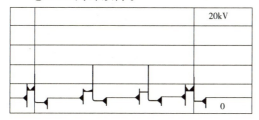 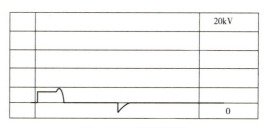

图 6-3-13 漏电波形图　　图 6-3-14 断路波形图

3.2　准备工作

阅读维修手册,列出检测所需仪器设备和工具,制订检测及分析方案。

3.3　操作过程

(1) 将解码器连接到自诊断插口上。
(2) 读取数据流。
(3) 查看点火波形。

项目七 冷却系统的维修

冷却系统是发动机的一个很重要的系统,其功用是使工作中的发动机得到适度的冷却,从而使发动机保持在最适宜的温度范围内工作。在可燃混合气的燃烧过程中,汽缸内气体温度可高达 1800~2000℃。直接与高温气体接触的机体(如汽缸体、汽缸盖、气门等)若不及时冷却,则其中运动机件将可能因受热膨胀而破坏正常间隙,或因润滑油在高温下失效而卡死;各机件也可能因高温而导致其机械强度降低甚至损坏。所以,为保证发动机正常工作,必须冷却这些在高温条件下工作的零件。

应当指出的是,发动机的冷却必须适度。如果发动机冷却不足,由于汽缸充气量减少和燃烧不正常,发动机功率下降,且发动机零件也会因润滑不良而加速磨损。但如果冷却过度,一方面由于热量散失过多,使转变为有用功的热量减少,而另一方面由于混合气与冷汽缸壁接触,使其中原已汽化的燃油又凝结并流到曲轴箱,使磨损加剧。

任务一

检查与更换冷却液

1. 任务引入

当遇到以下情况之一时,需要对冷却液进行检查与更换:
(1) 发动机温度过高时应检查冷却液储液罐液面高度;
(2) 冷却液每使用两年应进行更换;
(3) 检查冷却液的冰点。

2. 相关理论知识

2.1 冷却系统的组成

汽车的冷却系统通过发动机中的管道和通路进行液体的循环。当液体流经高温发动机时会吸收热量,从而降低发动机的温度。液体流过发动机后,转而流向热交换器(或散热器),液体中的热量通过热交换器散发到空气中。

冷却系统的组成如图 7-1-1 所示。它由水泵、散热器、节温器、电动风扇、膨胀水箱、汽缸体和汽缸体中的水套、分水管以及水温表等附加装置组成。而最主要的三部件是散热器、水泵与风扇。

2.2 散热器

1）功用

将水套出来的热水自上而下或横向地分成许多小股并将其热量散给周围的空气。

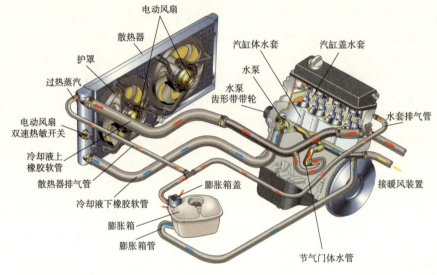

图 7-1-1 冷却系统的组成

2）结构

散热器由上水室、下水室、散热器芯等组成，如图 7-1-2 所示。

作为散热器，必须有足够的散热面积，而且导热性也要好，所以现在轿车上绝大多数安装的都是铝制散热器。

散热器上的加液口，是为了防止冷却液溅出，平时用散热器盖严密盖住。有些发动机冷却液的加液口设置在膨胀箱上，如图 7-1-1 所示。常见冷却系统的散热器盖具有自动阀门，发动机热状态正常时，阀门关闭，将冷却系统与大气隔开，防止水蒸气逸出，使冷却系统内的压力稍高于大气压力，从而可增高冷却水的沸点，防止冷却系统发生"开锅"现象。但如果冷却系统中水蒸气过多，将使冷却系统压力过大，可能导致散热器破裂。因此必须在加液口处设置排出水蒸气的通道。因而在冷却系统内压力过高或过低时，自动阀门则开启以使冷却系统与大气相通。

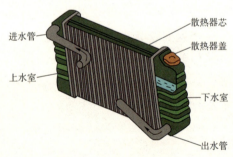

图 7-1-2 横流式散热器

目前冷却系统广泛采用具有空气—蒸汽阀的散热器盖，如图 7-1-3 所示。装有蒸汽阀和空气阀的散热器盖紧盖在加水口上，由于在一般情况下，两阀均在弹簧力作用下处于关闭状态。

蒸汽阀一般在散热器内压力达到 126～137kPa 时，阀门开启，部分水蒸气经泄气管排入大气，避免损坏散热器。

散热器盖安装在加液口上。对于闭式冷却系统来说，系统与外界大气不直接相通，所以散热器盖上带有空气—蒸汽阀，使冷却系统的压力高于大气压力，冷却液的沸点有所提高。

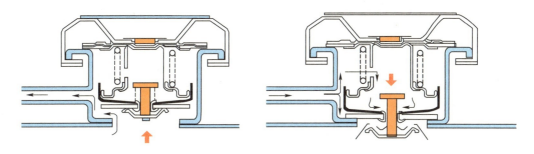

图 7-1-3　散热器盖

2.3　储液罐

1）结构

储液罐多用半透明材料（如塑料）制成，如图 7-1-4 所示。透过箱体可直接方便地观察到液面高度，无需打开散热器盖。储液罐的上部用一个较细的软管（蒸汽回流管）与发动机汽缸盖的水套相连，底部通过水管与水泵的进水侧相连接，通常位置略高于散热器。

图 7-1-4　储液罐

2）功用

（1）把冷却系统变成永久性封闭系统，减少了冷却液的损失；

（2）避免空气不断进入，避免了机件的氧化腐蚀；

（3）减少了穴蚀；

（4）使冷却系统中水、气分离，保持系统内压力稳定，提高了水泵的泵水量。

3）储液罐的工作原理

一般冷却系统冷却液的流动是靠水泵的压力来实现的。水泵吸水侧压力低，易产生蒸汽泡，使水泵的出水量显著下降，并引起水泵叶轮和水套的穴蚀，在其表面产生麻点或凹坑，缩短了叶轮和水套的使用寿命。加装储液罐后，其冷却液利用储液罐的高位置而形成的液压力通过储液罐下端的水管及时补充到冷却系的小循环回水管内，以填补水泵吸水侧的低压；同时储液罐内的冷却液温度比小循环管的冷却液温度低，对冷却液在水泵的吸水侧产生蒸汽泡起着抑制的作用。而散热器中的蒸汽泡和水套中的蒸汽泡则通过汽缸盖处的蒸汽回流管进入储液罐，从而使气、水彻底分离。由于储液罐温度较低，进入的气体得到冷凝，一部分变成液体，重新进入水泵。而积存在储液罐液面上的气体起缓冲作用，使冷却系统内压力保持稳定状态。

储液罐盖的结构与原理与散热器盖基本相同。

2.4 风扇

1）风扇的功用

提高流经散热器的空气流速和流量，以增强散热器的散热能力并冷却发动机附件。

2）安装位置

风扇多为轴流式，安装在散热器的后面。

3）风扇扇风量的相关因素

风扇的扇风量主要与风扇的直径、转速、叶片形状、叶片安装角及叶片数目有关。

4）结构类型

风扇的结构类型如图7-1-5所示。风扇叶片材料有钢板、塑料和铝合金。为了减轻振动噪声，叶片间夹角不等；叶片数一般为4~6片；叶片与叶轮旋转平面之间有一偏扭角，偏扭角可为定值，也可为变值。因风扇旋转时叶和叶尖的气流速度外大内小，为了提高风扇的效率，叶片从叶根到叶尖偏扭角逐渐减小。

5）电动风扇

由于发动机横置或后置，轿车多采用电动风扇，其工作状况受控于热敏开关，当冷却液或发动机舱达到一定温度时，该开关自动接通风扇电路，使电动风扇工作。这样，在一般行驶条件下，电动风扇几乎不转，功率消耗减少，油耗率降低。而在低速大负荷时又能得到充分的冷却。

电动风扇有单电动风扇和双电动风扇两种形式。

单电动风扇有高、低挡两个挡位。低速挡用于冷却强度不高的情况；高速挡用于冷却强度要求较高的情况。电动单风扇的控制电路如图7-1-6所示。

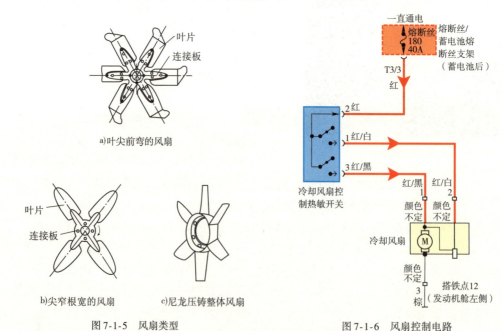

图7-1-5 风扇类型　　图7-1-6 风扇控制电路

双电动风扇也是根据发动机的冷却强度的要求，确定是一个风扇工作还是两个风扇同时工作。

停车关闭发动机后,因发动机仍处于热态,电动风扇还将继续运转一段时间,待发动机冷却至一定温度后停止运转。

2.5 冷却液

冷却液用来使发动机冷却。冷却液添加剂的比例对于冷却液的冬季防冻能力十分重要。

汽车的发动机冷却系统在出厂时已加注长效冷却液,无需更换。冷却液由水和冷却液添加剂 G12 ++ 混合而成。此添加剂是一种带有防腐添加剂的乙二醇基防冻剂。

1)冷却液添加剂

冷却液添加剂的比例取决于汽车使用地的气候条件。如果防冻剂的比例过低,那么冷却液可能结冰,并由此导致冷却循环和加热循环(暖风)失灵。

一般情况下混合比为60%水和40%冷却液添加剂。按此比例的混合物不仅在气温最低达25℃时仍具有防冻能力,而且还能防止冷却系统中的金属部件腐蚀。此外,它还能防止结垢并明显提高冷却液的沸点。

2)冷却液的种类及性能要求

冷却液由水、防冻剂、添加剂三部分组成,按防冻剂成分不同可分为酒精型、甘油型、乙二醇型等类型的冷却液。

乙二醇型冷却液是用乙二醇作防冻剂,并添加少量抗泡沫、防腐蚀等综合添加剂配制而成。由于乙二醇易溶于水,可以任意配成各种冰点的冷却液,其最低冰点可达 -68℃,这种冷却液具有沸点高、泡沫倾向低、黏温性能好、防腐和防垢等特点,是一种较为理想的冷却液,目前国内外发动机所使用的和市场上所出售的冷却液几乎都是这种乙二醇型冷却液。

3)对冷却液使用性能的要求

(1)良好的防锈,抗穴蚀,导热性好。

(2)良好的高温稳定性及对硬水的高容忍性。

(3)高沸点、低冰点,有良好的防沸及防冻功能。

(4)与橡胶和金属部件有良好的相容性。

(5)低泡沫、无沉淀。

4)冷却液的使用注意事项

正确使用冷却液,可起到防腐蚀、防穴蚀渗漏、防散热器开锅、防水垢和防冻结等作用,能够使冷却系统始终处于最佳的工作状态,保持发动机的正常工作温度,从而使发动机具有良好的技术状态。如果在使用中不注意,将会给冷却系统造成伤害,严重影响发动机的性能和使用寿命,因此在使用中应特别加以注意。

(1)要坚持常年使用冷却液,要注意冷却液使用的连续性。只在冬季使用冷却液的观点是错误的。冷却液除了有防冻功能,还有防腐、防沸、防垢等作用。

(2)要根据汽车使用地区的气温,选用不同冰点的冷却液,冷却液的冰点至少要比该地区最低温度低10℃,以免失去防冻作用。

（3）要针对各种发动机具体结构特点选用冷却液种类，强化系数高的发动机，应选用高沸点冷却液；缸体或散热器用铝合金制造的发动机，应选用含有硅酸盐类添加剂的冷却液。另外，有一些高档汽车还为其发动机配有专用的冷却液，例如，一汽大众发动机就要求只能使用符合 TL VW 774D 标准的冷却液添加剂 G12。因此，在选用冷却液时要严格按照发动机使用说明书中的要求选用。

（4）要购买经国家指定的检测站检测合格的冷却液产品，应向商家索要检测报告、质量保证书、保险以及使用说明书等资料，切勿贪便宜购买劣质品，以免损坏发动机，造成不必要的经济损失。

（5）冷却液的膨胀率一般比水大，若无膨胀水箱，冷却液只能加到冷却系容积的95%，以免冷却液溢出。

（6）如果发动机冷却系统原先使用的是水或换用另一种冷却液，在加入新的一种冷却液之前，务必要将冷却系统冲洗干净。

（7）不同牌号的冷却液不能混装混用，以免发生化学反应，破坏各自的综合防腐能力，未用完的冷却液应在容器上注明名称，以免混淆。

（8）在使用后，若因冷却系统渗漏引起散热器液面降低时，应及时补充同一品牌冷却液，若液面降低系水蒸发所致，则应向冷却系统添加蒸馏水或去离子水，切勿加入井水、自来水等硬水；当发现冷却液中有悬浮物、沉淀物或发臭时，证明冷却液已起化学反应，已变质失去功效，应及时地清洗冷却系统，并全部更换其冷却液。

（9）要注意防止冷却液的渗漏，渗漏的结果不但会造成冷却液的损失，而且严重的渗漏会稀释机油，使润滑系统产生故障。要定期检查汽缸盖接合情况，保证汽缸垫密封完好，缸盖螺栓要按规定拧紧。

（10）乙二醇冷却液有毒，对肝脏有害，切勿吸入口中，皮肤接触后，应立即用水清洗干净，如不慎进入眼睛，立即用大量清水冲洗至少 15min，直至刺激感消失为止，另外这种冷却液中的亚硝酸盐防腐添加剂具有致癌性，废液不要乱倒，以免污染环境。

3. 任务实施

3.1 检查

3.1.1 冷却液的检查

从储液罐上察看冷却液液位。在发动机冷态时，冷却液液位必须在标记"min"（最低）和"max"（最高）之间。在发动机热态时，冷却液液位会略超过标记"max"（最高）。只有在发动机关闭时才能正确检查冷却液液位。

入冬前对车辆维护时，应使用冷却液检测仪对冷却液的冰点进行检测。如冷却液的冰点低于当地的最低气温时，应更换，以防冷却液结冰，冻裂发动机。

☞ 3.1.2 冷却系统的泄漏检查

以目视的方法检查发动机外部是否漏水，还可以借助专用工具来进行。其方法是：在发动机冷车时拆下散热器盖，在散热器的加液口上装上冷却系统压力试验器，用压力试验器上的手动压气泵向冷却系统内加压，直至压力试验器上的压力表读数达到汽车制造厂规定的散热器盖的标定压力为止（通常为 105～120kPa）。保持施压 15min 后，检查试验器上的压力表读数。如果在此时间内压力表的读数没有下降，说明冷却系统没有泄漏。反之，说明冷却系统有泄漏，可在保持施压的状态下检查冷却系外部有无泄漏，并应注意检查散热器下部泄漏出的冷却液。如果没有发现外部泄漏，可以拆下发动机的火花塞以检查有无冷却液漏入汽缸。在拆下火花塞后，拔下点火控制器和各缸喷油器上的线束插头，使喷油及点火系统不能工作，同时起动发动机，此时如有冷却液从火花塞孔中排出，则说明汽缸盖或汽缸垫有泄漏或裂纹，应拆卸汽缸盖进行检修。

3.2 准备工作

阅读维修手册，列出所需工具，制订检测与更换冷却液的方案。

3.3 操作流程

（1）检查冷却液。
（2）拆下冷却液储液罐盖。
（3）拆下散热器出水口的软管，放掉发动机冷却液。
（4）安装冷却液软管。
（5）加注新冷却液。
（6）起动发动机，在 2000r/min 的情况下运转约 3min，直至散热器风扇转动。
（7）检查液位，如必要，添加冷却液。

3.4 操作提示

（1）打开冷却液储液罐盖时可能溢出蒸汽，用布包住盖，慢慢打开，以防烫伤。
（2）应按厂家规定的冷却液牌号更换冷却液。

任务二　更换水泵

1. 任务引入

（1）发动机冷却液沸腾，经分析确定是水泵的原因引起的，需对水泵进行更换。
（2）发现水泵出现异响或渗漏等情况，需更换水泵。

2. 相关理论知识

2.1 水泵

☞ 2.1.1 水泵的功用

水泵一般安装在发动机的前部,由曲轴通过皮带驱动。它的功用是对冷却水加压,使之在冷却系统中循环流动。

由于离心式水泵具有尺寸小、出水量大、结构简单、损坏后不妨碍水在冷却系统中自然循环的特点,故为强制循环式冷却系普遍采用。常见的水泵在机体外安装与风扇同轴驱动,也有装在机体内(内藏式)单独驱动的。

☞ 2.1.2 水泵的结构

1)组成

图 7-2-1 为大众车系的水泵结构组成图,它主要由壳体、叶轮、水泵轴、支撑轴承、密封组件等组成。

2)结构

水泵的叶轮固定安装在水泵轴上,水泵轴通过轴承支撑在水泵壳体的承孔内;水泵的叶轮安装在缸体水道的水泵腔内。为防止冷却液腐蚀轴承,在球轴承和圆柱滚子轴承的外侧装有密封组件。在水泵轴的另一侧,固定安装有水泵的齿形带轮。

☞ 2.1.3 水泵的工作原理

发动机的水泵一般为离心式水泵,其工作原理如图 7-2-2 所示。在发动机工作时,曲轴通过齿形皮带驱动水泵齿形带轮带动叶轮一起旋转。由于离心力的作用,水被甩向叶轮边缘,在泵腔内将动能转变为压能,经与叶轮成切线方向的出水孔被压送到发动机水套内。与此同时,叶轮中心处压力降低,散热器(或发动机水套出水管)中的水便经进水管被吸进叶轮中心部分。水泵连续运转,冷却水在水路中不断地循环。

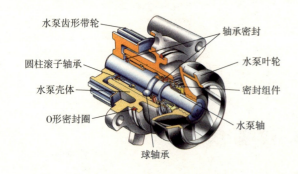

图 7-2-1 水泵的结构

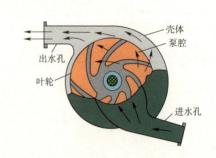

图 7-2-2 离心式水泵工作原理图

2.2 节温器

🖙 2.2.1 节温器的作用

随发动机负荷和水温的大小而自动改变冷却液的流量和循环路线，保证发动机在适宜的温度下工作，减少燃料消耗和机件的磨损，自动调节发动机冷却强度。

🖙 2.2.2 蜡式节温器的结构

蜡式节温器由上支架、下支架、主阀门、旁通阀、感应体、中心杆、橡胶管和弹簧等组成。

蜡式节温器有双阀式和单阀式两种，如图 7-2-3 和图 7-2-4 所示。双阀节温器既控制大循环也又控制小循环，单阀节温器只控制大循环水路，不控制小循环。阀座与支架铆接在一起，紧固在阀座上中心杆的锥形下端插在橡胶管内。橡胶管与感温体之间的空腔内充满特制的石蜡。双阀节温器副阀门与主阀门一起动作，当阀门开启时，旁通阀门将小循环水道关闭。

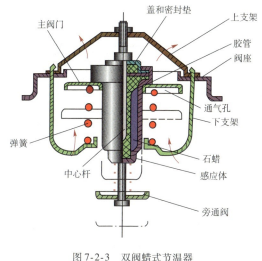

图 7-2-3 双阀蜡式节温器

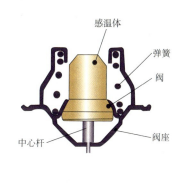

图 7-2-4 单阀蜡式节温器

🖙 2.2.3 工作原理

双阀蜡式节温器的工作原理如图 7-2-5 所示。

当冷却水温度低于 85℃ 时，节温器体内的石蜡体积膨胀量尚小，故主阀门受大弹簧作用紧压在阀座上，来自散热器的水道被关闭，而旁通阀门则离开来自发动机的旁通水道，所以冷却液便不经过散热器，只在水泵与发动机水套之间作小循环流动。因此，冷发动机开始工作时，冷却液快速升温，能很快暖机，在短时间内达到发动机正常工作温度。

当冷却水温度高于 85℃ 时，石蜡体积膨胀，使橡胶管受挤压变形，对中心杆锥形端部产生向上的轴向推力。但由于中心杆是固定不动的，于是杆对橡胶管、感温器产生向下的轴向反推力，迫使感温器体压缩大弹簧，使主阀门逐渐开启，旁阀门逐渐关闭，来自发动机缸盖出水孔的水经节温器流向散热器，冷却液进行大循环流动。

图7-2-6为单阀蜡式节温器的工作原理。图7-2-7和图7-2-8分别为大、小循环的流路线图。

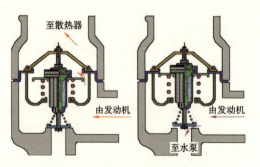

图7-2-5 双阀蜡式节温器的工作原理

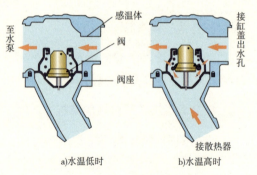

图7-2-6 单阀式节温器的工作原理

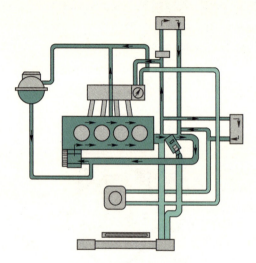

图7-2-7 冷却液的小循环

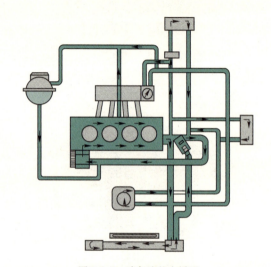

图7-2-8 冷却液的大循环

小循环：小循环工作使发动机尽快热机，达正常工作温度。此时，未按发动机冷却特性图进行工作，水泵使冷却液循环。冷却液经过发动机缸盖、分配器上平面流入，此时，小循环阀门打开，冷却液进过小阀门直接流回水泵处，形成小循环。

大循环：发动机全负荷运转时，要求较高的冷却能力。控制单元根据传感器信号得出的计算值对温度调节单元加载电压，溶解石蜡体，使大循环阀门打开，接通大循环。同时，机械关闭小循环通道，切断小循环。

大循环经过散热器散热，小循环不经过散热器散热，靠节温器控制。

3. 任务实施

3.1 准备工作

阅读维修手册，列出所需工具，制订检测与更换冷却液的方案。

3.2 操作流程

(1) 排空冷却液。
(2) 拆卸皮带。
(3) 拆卸皮带张紧器。
(4) 拆卸齿形皮带护罩。
(5) 拆卸齿形皮带。
(6) 拆卸水泵。
(7) 领取并更换新水泵。
(8) 安装水泵按拆卸相反的顺序进行。

3.3 操作提示

用冷却液浸湿 O 形密封环，将冷却液泵插入缸体，拧紧紧固螺栓，拧紧力矩为 15N·m，调整配气相位，安装和张紧齿形传动带，加注冷却液。起动发动机，将转速保持在 2000r/min 约 3min，直至散热器风扇转动。检查液位，如必要，添加冷却液。发动机处于正常工作温度时，液位须达阴影区域上标记。冷态时，液位约处于阴影区域中间。

项目八 润滑系统的维修

发动机工作过程中,内部零件的相对运动表面之间(如曲轴主轴承、活塞与汽缸壁等)必然存在着摩擦。而金属表面之间的摩擦不仅会增加发动机的功率消耗,使零件表面迅速磨损,并且因为摩擦产生的大量热量可能导致零件表面的烧损,导致发动机不能运转。所以,为了确保发动机正常工作,必须对相对运动零件的表面加以润滑,以减小摩擦阻力,减轻机件的磨损,降低功率消耗,从而延长发动机的使用寿命。润滑工作由润滑系统来完成。

润滑系统具有润滑、冷却、密封、清洁和防腐等功能。润滑系统一般由油底壳、机油泵、机油滤清器、限压阀、机油压力传感器、机油尺和机油报警装置等组成。

1. 任务引入

(1) 当汽车行驶里程或使用时间达到厂家规定的维护周期时,需要更换发动机润滑油。
(2) 当发动机润滑油过脏、变质时。
(3) 当发动机大修时需更换润滑油和滤芯。

2. 相关理论知识

2.1 润滑油概述

发动机润滑油简称发动机油(俗称机油),发动机在设计制造上越来越精密,可靠性也越来越高,其保障条件之一就是润滑油的保护作用。所以,润滑油的日常检查和更换是汽车维护中最重要的内容,特别是在汽车性能不断提高的今天,润滑油的使用至关重要。

☞ **2.1.1 润滑油的减磨机理**

发动机中相对运动零部件的接触表面看上去很光滑,但在高倍显微镜下观察这些接触表面却是凹凸不平的。若不对这些表面进行润滑,它们之间会产生强烈的干摩擦而产生金属屑,加剧零件工作表面的磨损。当润滑油进入到摩擦表面时,会在摩擦表面之间形成油膜，实现了液体摩擦，这样大大减轻了零件摩擦表面之间的磨损。

与其他物体一样，润滑油也是由分子组成。这些润滑油分子具有两个重要的工作特性：一是润滑油分子比其他的油分子更容易黏到金属表面上；二是润滑油分子会彼此靠着自由滑动。

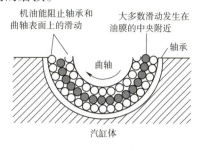

图 8-1-1 润滑油的减磨机理

如果曲轴和轴承之间有一层油膜，如图 8-1-1 所示（放大的），顶层的润滑油分子将黏到曲轴上，底层的润滑油分子将黏到轴承上。当曲轴转动时，内层的润滑油分子彼此靠着滑动，由此作用的液体摩擦比没有油膜的两个金属表面接触滑动时产生的摩擦要小很多。

☞ 2.1.2　润滑油的使用性能

1）黏度

润滑油的黏度对发动机性能有很大的影响。黏度过小，在高温、高压下容易从摩擦表面流失不能形成足够厚度的油膜；黏度过大，冷起动困难，润滑油不容易被泵送到摩擦表面。

2）抗氧化性

抗氧性是指润滑油在储存和使用中抵抗氧化的能力。当润滑油在储存与使用过程中与空气中的氧气接触而发生氧化作用时，润滑油的颜色变暗，黏度增加，酸性增大，并产生胶状沉积物。氧化变质的润滑油将腐蚀发动机零件，甚至破坏发动机的工作。因此，要求发动机润滑油具有良好的抗氧化能力，特别是在高温下的抗氧化能力（热氧化稳定性）。因此，在润滑油中添加有各种抗氧化剂。

3）防腐性

润滑油在使用过程中不可避免地被氧化而生成各种有机酸。这类酸性物质对金属零件有腐蚀作用，可能使铜铅和镉镍一类的轴承表面出现斑点、麻坑或使合金层剥落。为提高润滑油的防腐性，除加深润滑油的精制程度外，还需要在润滑油中添加防腐剂。

4）清净分散性

润滑油的清净分散性是指润滑油分散、疏松和移走附着在零件表面上的积炭和污垢的能力。为使润滑油具有良好的清净分散性，必须在润滑油中添加清净分散剂。

5）抗泡沫性

由于润滑油在润滑系统中快速循环和飞溅，必然会产生泡沫。如果泡沫太多，或泡沫不能迅速消除，将造成摩擦表面供油不足。因此，要求发动机油有良好的抗泡沫性，一般会在润滑油中添加泡沫抑制剂。

☞ 2.1.3　润滑油分类

目前，国际上广泛采用 API 使用分类法和 SAE 黏度分类法。

1）API 使用分类法

我国新的国家标准 GB/T 7631.3—1995《内燃机油分类》，参照国际通用的 API（美国石油学会）使用分类法。API 品质编制分为汽油和柴油两种，其中汽油 API 品质编制一一般分为 SA、SB……SJ 九个等级。SA 等级品质较低，已被淘汰出市场，SJ 等级品质最高，现在市面上出售的机油大都在 SG 等级以上；柴油 API 品质也被分为 CA 至 CG 七个等级。

汽油 API 品质编制是根据机油的工作能力，采用简单的代码来描述发动机机油的。其中"S"表示适用于汽油发动机，从"SA"一直到"SH"，每递增一个字母，机油的性能就会好过前一种许多，机油中就会有更多用来保护发动机的添加剂。

除上述汽油机油和柴油机油系列分类外，国家标准 GB 11121—1995 还规定了 SD/CC、SE/CC、SF/CD 3 个等级的汽油机/柴油机通用油的使用等级。

2) SAE 黏度分类法

我国的国家标准 GB/T 14906—1994《内燃机油黏度分类》，采用国际通用的 SAE（美国汽车工程师协会）黏度分类法，将润滑油分为冬季用油（W 级）和非冬季用油。冬季用油按低温黏度、低温泵送性划分，共有 0W、5W、10W、15W、20W 和 25W 6 个等级，其级号越小，适应的温度越低；非冬季用油按 100℃ 时的运动黏度分级，共有 20、30、40、50 和 60 5 个等级，其级号越大，适应的温度越高。

另外，为增大润滑油对季节和气温的适应范围，国家标准还规定了多级油的黏度级号，如 5W/30、5W/40、10W/30、20W/40 等多级油，其分子表示低温黏度等级，分母表示 100℃ 时的运动黏度等级。多级油在油中添加了黏度指数改进剂，能同时满足某 W 级油和非 W 级油的黏度要求，有较宽的温度使用范围。例如，5W/40 既符合 5W 级油黏度要求，又符合 40 级油黏度要求，在全国冬夏季均可通用。

2.1.4 润滑油牌号与选用

1) 润滑油的牌号

润滑油的牌号由使用性能级别代号和黏度级别代号两部分组成。其中使用性能级别代号是按 API（美国石油学会）使用分类法进行分类的；黏度级别代号是按 SAE（美国汽车工程师协会）黏度分类法进行分类的。如：API SF/SAE10W—30 其含义为发动机的润滑油为汽油发动机润滑油，在使用性能上符合 API 的 SF 级的要求，在黏度上符合 SAE 的 10W 和 30 两个黏度等级的要求。

2) 润滑油的选用

黏度等级的选用是根据车辆使用地区和环境使用温度来选择的，我国发动机润滑油黏度等级与适用温度范围见表 8-1-1。由于单级润滑油不可能同时满足低温及高温的要求，因此只能根据当地季节气温适当选用；而多级油的优越性是其黏温性能好、适用温度范围宽，特别是在严寒地区、短途运输、低温起动较多时，其优越性更为明显，故应尽量选用多级油。也可按图 8-1-2 所示进行选用。

发动机润滑油黏度等级与适用温度范围　　　　表 8-1-1

SAE 黏度级号	适用温度（℃）	SAE 黏度级号	适用温度（℃）
5W—30	−30 ~ 30	20W—20	−15 ~ 20
10W—30	−25 ~ 30	30	−10 ~ 30
15W—30	−20 ~ 30	40	−5 ~ 40 以上
15W—40	−20 ~ 40 以上		

项目八 润滑系统的维修

☞ 2.1.5 涡轮增压发动机对润滑油的要求

涡轮增压发动机的零部件材料及加工精度、装配技术等比普通发动机均有较大提高，因此，对润滑油性能的要求自然很高。

由于涡轮增压器的作用，使进入燃烧室的空气质量与体积有大幅度的提高，发动机结构更紧凑、更合理，较高的压缩比使发动机的工作强度更高，机械加工精度也更高，装配技术要求更严格。所有这些都保证了涡轮增压发动机的高温、高转速、大功率、大转矩、低排放的工作特点。同时，也就决定了发动机的内部零部件要承受较高的温度及更大的撞击、挤压和剪切力的工作条件。所以，在选用涡轮增压发动机润滑油时，就要考虑到它的特殊性。

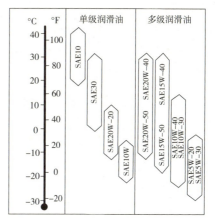

图 8-1-2　发动机润滑油的选择

如要更换非原厂润滑油就应选用合成润滑油或半合成润滑油。这是因为涡轮增压器的转速高且工作温度也很高，因此，要求润滑油必须抗磨性好、耐高温、建立润滑油膜快、油膜强度高、稳定性好。而合成润滑油或半合成润滑油则能满足这一要求。所以，润滑油除了使用原厂规定润滑油外，还可以选用合成润滑油或半合成润滑油等高品质润滑油。

2.2　发动机的润滑方式

发动机各零件的润滑强度取决于该零件的环境，相对运动速度和承受机械负荷、热负荷的大小。根据润滑强度的不同，发动机润滑系统采用下面几种润滑方式。

☞ 2.2.1 压力润滑

压力润滑是利用机油泵，将具有一定压力的润滑油源源不断地送到零件的摩擦面间，形成具有一定厚度并能承受一定机械负荷的油膜，尽量将两摩擦零件完全隔开，实现可靠的润滑。

发动机上一些相对速度高、机械负荷大的零件，都采用这种润滑方式，如曲轴各轴颈与轴承之间、凸轮轴颈与轴承之间、摇臂轴与摇臂之间等部位。采用压力润滑，必须在缸体或者缸盖上设有专门的油道来向这些部位输送润滑油。

☞ 2.2.2 飞溅润滑

飞溅润滑是利用发动机工作时某些运动零件（主要是曲轴和凸轮轴）旋转时飞溅起的或从连杆大头上专设的油孔喷出的油滴和油雾，对摩擦表面进行润滑的一种方式。飞溅润滑适合于：暴露的零件表面，如缸壁、凸轮等；相对运动速度较低的零件，如活塞销等；机械负荷较小的零件，如挺柱等。汽缸壁采用飞溅润滑，还可防止由于润滑油压力过高、油量过大而窜入燃烧室，导致发动机工作条件的恶化。

☞ 2.2.3 定期润滑

对一些不太重要、分散的部位，采用定期加注润滑脂的方式进行润滑，如发动机水泵轴承、发电机、起动机和分电器等总成的润滑，即采用这种方式。

☞ 2.2.4 自润滑

近年来也有一些发动机采用了含有耐磨材料轴承（如尼龙、二硫化钼等）来代替加注润滑脂的轴承。这种轴承使用中不需加注润滑脂，故称为自润滑。

一般汽车发动机的润滑采用复合润滑，既有压力润滑，也有飞溅润滑和定期润滑。

2.3 润滑油路

汽车发动机润滑油路的布置方案大致相同，但由于润滑系统的工作条件和具体结构的不同而略有差异。

当发动机工作时，机油泵从油底壳中吸取润滑油，经由机油滤清器过滤后的润滑油在机油滤清器支架内分为三路（图8-1-3）：一路进入汽缸体主油道，经主油道将润滑油分配到各曲轴主轴承，再由曲轴上的斜油孔通往各连杆轴承，由连杆体上的油孔通往连杆小头衬套；第二路通过安装在机油滤清器上的一个止回阀进入汽缸体，通向汽缸体上平面油道，经汽缸盖的第四个螺栓孔进入汽缸盖主油道，由此将润滑油分配到各凸轮轴轴颈和液压挺柱（止回阀的作用是在发动机停机时能保持汽缸盖油道内存油，防止发动机再次起动时汽缸盖供油不足，导致液压挺柱不能正常工作）；第三路通往一个减压阀，油道内的压力过大时该阀打开，将部分润滑油旁通流回油底壳。

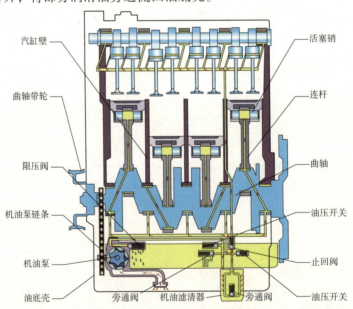

图8-1-3 润滑系统的组成及润滑油路

在发动机润滑系统的机油滤清器支架上装有两个油压开关，以检测润滑系统的油压大小。同时，为保证系统的正常工作，在润滑油路中还装有两个减压阀（开启压力为

0.35~0.45MPa），一个减压阀装在机油泵上，另一个减压阀装在机油滤清器支架上。

2.4 机油滤清器

机油滤清器的功用是滤除机油中的金属磨屑、机械杂质和机油氧化物。如果这些杂质随同机油进入润滑系统，将加剧发动机零件的磨损，还能堵塞油管和油道。

机油滤清器按过滤能力分为集滤器、粗滤器和细滤器三种。

☞ 2.4.1 集滤器

集滤器多采用滤网式结构，安装于油底壳内机油泵进油管上，其功用是防止较大的杂质进入机油泵。集滤器有浮动式和固定式两种。

1）浮动式机油集滤器

浮动式集滤器的结构如图8-1-4所示，浮动式集滤器主要由浮子、滤网、罩、吸油管和固定管组成。浮子是中空的，以便浮在油面上；固定管与机油泵进油口连接，安装后固定不动；吸油管与固定管活动连接，使浮子能自由随油面高低而升降；浮子下面装有金属丝滤网，滤网具有弹性，中间开有环口，平时依靠滤网本身的弹性，使环口紧压在罩上。罩边缘有缺口，与浮子装合后便形成狭缝，以便进油。

当机油泵工作时，润滑油从罩的边缘被吸入，经过滤网滤除较大的杂质后进入机油泵。若滤网堵塞时，滤网上部产生真空，从而克服滤网弹性将滤网吸起，滤网上的环口离开罩，润滑油便不经过滤网而从环口直接被吸入机油泵，这样可保证润滑不致中断。

2）固定式集滤器

固定式集滤器的结构如图8-1-5所示，固定式集滤器主要由吸油管、滤网和罩组成。吸油管上端用螺栓与机油泵连接，下端与滤网支座连成一体；罩利用翻边安装在滤网支座外缘凸台上，滤网夹装在支座与罩之间；罩的边缘有4个缺口，形成进油通道。当机油泵工作时，润滑油从罩的缺口处经过滤网滤除较大的杂质后，通过吸油管进入机油泵。

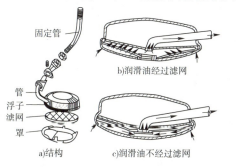

图8-1-4 浮动式机油集滤器

图8-1-5 固定式机油集滤器

与浮动式集滤器相比，固定式集滤器虽然吸入的润滑油的清洁度稍差，但结构简单，并可防止油面上的泡沫被吸入润滑系统，所以被广泛应用。

☞ 2.4.2 粗滤器

1）组成与结构

粗滤器属于全流式滤清器,串联安装于机油泵出油孔与主油道之间,可滤掉机油中粒度较大(直径为0.05~0.1mm以上)的杂质。粗滤器和细滤器都安装于缸体外面,以方便维护。

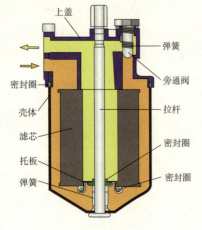

图8-1-6 机油粗滤器

图8-1-6为一般货车用粗滤器,主要由外壳、端盖和滤芯等组成。滤芯采用新型酚醛树脂材料为黏结剂的锯末滤芯,滤芯筒由薄铁皮制成,上面加工出许多小孔。滤芯安装于外壳滤芯底座和端盖下端面之间,并用弹簧压紧。密封圈用来防止外壳内的机油不经过滤直接进入滤芯筒内。端盖与外壳之间用密封圈固定,端盖通过螺栓固定于缸体,并和缸体上相应的油孔对齐。

2)工作原理

从机油泵输出的压力油经端盖上的进油孔进入粗滤器与滤芯之间,经滤芯过滤后,进入滤芯筒并经端盖上的出油孔进入主油道。旁通阀装于端盖上,当滤芯发生堵塞而阻力增加时,旁通阀打开,外壳内的机油经旁通阀和端盖出油孔进入主油道。旁通阀还起指示器的作用。当滤芯阻力增大到油压达0.1MPa时,指示器将驾驶室仪表上的指示灯接通,指示灯闪亮,表明需要更换滤芯或者对粗滤器进行维护。发动机冷起动时,由于润滑油黏度大,使滤芯阻力增加,指示灯也闪亮,但当发动机温度升高润滑油变热时,该灯熄灭。

☞ 2.4.3 细滤器

细滤器用来滤除润滑油中粒度细小(直径为0.001mm以上)的杂质。它对润滑油的流动阻力较大,一般与主油道并联,属于分流式机油滤清器。

细滤器可分为过滤式和离心式两种类型。过滤式细滤器存在着滤清与通过能力之间的矛盾,而离心式细滤器具有滤清能力强,通过能力高且不受沉淀物影响等优点,所以车用发动机多采用离心式细滤器。

1)离心式细滤器的组成与结构

解放CA6102型发动机离心式细滤器由壳体、转子体、滤清器盖等零件组成,其结构分解如图8-1-7所示。壳体上装有进油限制阀和带中心孔的转子轴,转子轴用止推片锁紧。转子体套在转子轴上,其上下镶嵌着两个铜制衬套,以限定转子体的径向位置。转子体可以绕转子轴自由转动,其下端装有两个按中心对称水平安装的喷嘴。导流罩套装在转子体上,紧固螺母将转子罩与转子体紧固在一起,形成一个空腔,通过导流罩、转子体及转子轴上对应的径向油孔与转子轴中心孔相通。整个转子用外罩盖住,并通过盖形螺母和外罩密封圈将其固定在壳体上。

2)工作原理

解放CA6102型发动机细滤器的工作原理如图8-1-8所示。发动机工作时,从机油泵来的润滑油进入细滤器进油口,当进油口压力低于147kPa时,进油限制阀关闭,润滑油不能进入细滤器而全部供给主油道,以保证发动机的可靠润滑;当进油口压力超过147kPa时,进油限制阀开启,润滑油由转子轴中心孔向上经转子轴、转子体、导流罩上对应的油孔流入转子罩内腔后，又经导流罩引导从两个喷嘴向着完全相反的方向喷出，转子体在喷射反作用力的推动下高速旋转。当进油压力为294kPa时，转子体转速可达5500r/min，润滑油中的机械杂质和胶质在离心力的作用下不断被甩向转子罩的内壁上，洁净的润滑油不断从喷嘴喷出，并经出油口流回油底壳。转子体上的喷嘴，也是润滑油限量孔，限制了通过细滤器的出油量。

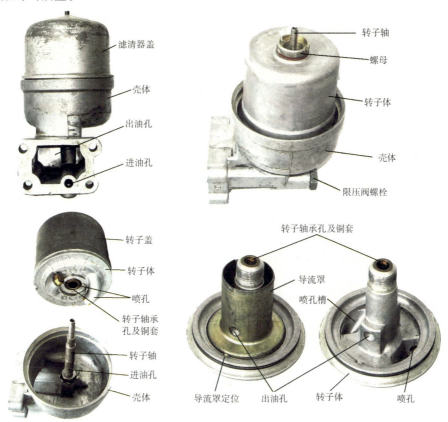

图8-1-7 解放CA6102型发动机机油细滤器的结构分解图

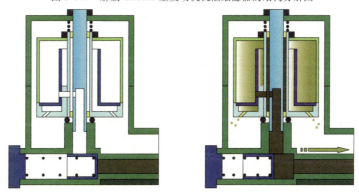

图8-1-8 解放CA6102型发动机机油细滤器的工作原理

离心式滤清器滤清能力强，并且不需要滤芯，但它对胶质的滤清效果差。转子上的喷嘴又是机油的限量孔，它保证了通过细滤器的油量为油泵出油量的10%~15%左右。

2.5 单级整体式滤清器

"单级"是指滤清器内只有一个滤芯,"整体"是指不可分解。在采用单级整体式机油滤清器的发动机润滑系统中,由于滤清器旋装在机油滤清器支座上,且与主油道串联,所以又称之为旋装式机油滤清器或全流式机油滤清器。这种滤清器成本低,维修方便,在轿车发动机上被广泛应用。

单级整体式机油滤清器的结构如图 8-1-9 所示,滤清器壳体用薄钢板冲压而成,壳体内装有带金属骨架的纸质滤芯,滤芯下部设有旁通阀。发动机工作时,从机油泵输出的润滑油经进油道进入滤清器壳与滤芯之间,经滤芯滤除杂质后,清洁润滑油从与滤芯内腔连通的出油口进入主油道。当滤芯堵塞时,旁通阀被顶开,润滑油不经滤清即可直接进入主油道。

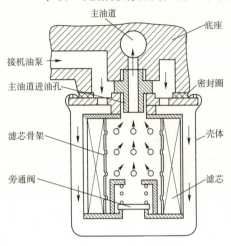

图 8-1-9　单级整体式滤清器的结构

单级整体式机油滤清器不需维护。在使用中,一般汽车每行驶 15000km 应予以更换。

3. 任务实施

3.1 机油的检查方法

☞ 3.1.1 机油存量的检查

检查机油的存量应在起动发动机之前或停机 30min 以后进行,检查之前应将车停在便于机油排放与加注的平坦场地上。将起动开关钥匙拧到关闭位置,把驻车制动杆拉到制动位置,变速杆放到空挡位置。

打开发动机舱盖,抽出机油尺,将油尺用抹布擦净油迹后再插入导孔,然后拔出查看,油位在上下刻线之间即为合适。如果超出上刻线,应放出少量油;如果低于下刻线,可从加油口处添加机油,待 10min 后,再次检查油位。补充时应严格注意清洁,并检查是否有渗漏现象。

☞ 3.1.2 机油质量的检查

在检查油位时,应同时检查机油的质量。检查油尺上的机油,不应有变色(机油变黑除外)的现象。当机油达到使用的间隔里程或达到换油时间时,应及时更换机油。运用"看、闻、捏、想"的方法,可简便、迅速、准确地判断机油是否变质。

1)看

用油尺取两滴机油分别滴在一张洁净的中性滤纸(可临时用白纸替代)和一张塑料纸上,过 10min 左右,仔细观察两滴机油的形状和光泽度。中性滤纸上的油滴已扩散,若扩散斑点周围存在环圈，这是机油含水的特征，环圈数越多，含水量越多。含水量极高时，用油尺取样，油滴呈乳浊状并有泡沫，热机时抽出的油尺表面可发现有蒸发的水珠。塑料纸上的油滴上层颜色若逐渐变得暗淡，甚至完全失去光泽，说明机油内的添加剂已失效。

2）闻

靠近滤纸上的机油扩散斑点闻气味，若闻到有汽油的味道，说明机油里混有汽油。

3）捏

取一滴机油放在食指和拇指间搓捏，若有细粒感，说明机油含杂质较多（如金属磨屑、由空气带进发动机内的灰尘以及汽油燃烧后产生的氧化铅微粒等）；两指分开，机油丝的长度大于3mm，则表明黏度过大；两手指搓捏无滑腻感，手指分开油丝长度小于2mm，则说明机油过稀。

4）想

把发动机近期的有关机械故障和由"看、闻、捏"而知的现象加以联想，便可作出机油是否变质的正确结论。

3.2 准备工作

阅读维修手册，列出所需工具、仪器与设备，制订换油方案，领取备品。

3.3 操作流程

（1）将车停在工位上，发动机处于熄火状态。
（2）记录车辆的基本信息。
（3）装上三件套。
（4）将机油抽净。
（5）更换机油滤清器。
（6）加入新机油。
（7）试运转，检查有无漏油现象，停机检查机油油面高度。
（8）交车。

3.4 操作提示

（1）如采用放油的方式，应用举升器将车辆支撑稳固。放油螺塞不可用其他同尺寸螺塞替代。

（2）换机油必须同时换机油滤清器。

（3）在安装新的机油滤清器时，先将机油滤清器灌满清洁的新机油，然后在机油滤清器油封表面均匀地涂上少许的机油。先用手装上机油滤清器，待油封与接合面接合上时，再拧紧，以防损坏螺纹或机油滤清器。

（4）机油的型号不得低于车辆制造商规定的型号。

（5）换油操作过程中，注意不要让机油滴落到地面上或机器上，否则应及时擦净。

（6）注意废弃物处理规定。

> **拓展知识：**
>
> **离心式细滤器的维护**
>
> 在发动机熄火后的 2~3min 内，将耳朵贴近离心式转子细滤器，应能听到转子旋转的"嗡嗡"声。如听不到声音，则说明转子转速低或不转动，应及时进行检查。
>
> 离心式细滤器对金属屑和砂粒胶质具有良好的滤清效果，通过能力好，不需更换滤芯，只需定期清洗即可。一般汽车每行驶 6000~8000km 应清洗一次转子，清除转子罩内壁的沉积物，并疏通喷嘴。但它对胶质滤清效果差且装配精度要求较高，所以在使用维护时应注意不要直接碰撞、敲击，避免机件变形而影响转子体的转动，甚至导致细滤器失去滤清能力。
>
> 在清除转子盖内壁的沉积物时，为防止损伤转子盖，必须使用竹片、木条或塑料板，不可用金属件；疏通喷嘴时，必需使用直径为 1.8mm 以下的铜丝，切勿使用钢丝，以免使喷嘴孔径扩大。
>
> 在装配转子总成时，必须将转子盖与转子体上的装配标记对准，否则会破坏转子总成的平衡；不要漏装密封圈，最好更换所有的密封圈，并检查其密封性；转子总成安装到转子轴上时，应将止推轴承光滑面取下套入转子轴，转子盖压紧螺母拧紧后，应保证转子总成的轴向间隙为 0.4~0.8mm，以便转子总成灵活转动。

任务二　更换机油泵

1. 任务引入

如出现下列情况之一：
（1）机油压力过低；
（2）机油压力过高。
经分析怀疑是由机油泵的原因引起的，需对机油泵进行检测，视情况更换。

2. 相关理论知识

机油泵的功用是把一定量的机油压力升高，强制地将机油压送到发动机各摩擦表面。

机油泵一般安装在曲轴箱内，由曲轴、凸轮轴或中间轴驱动。汽车发动机多采用齿轮式机油泵和转子式机油泵。

2.1 齿轮式机油泵

齿轮式机油泵有外啮合式和内啮合式两种。

☞ 2.1.1 外啮合齿轮式机油泵

1）组成与结构

齿轮式机油泵的结构如图 8-2-1 所示。泵壳用螺栓安装在曲轴箱内第一道主轴承座两侧，泵壳内装有主动轴和从动轴，主动齿轮和从动齿轮分别安装在主动轴和从动轴上。泵盖用螺栓安装在泵壳上，机油泵的进油口和出油口均设在泵盖上，带有固定式集滤器的吸油管用螺栓固定在进油口处，出油管用螺栓固定在机油泵出油口与发动机机体上的相应油道之间。主动轴的前端伸出泵壳，并用半圆键、锁片和螺母将传动齿轮固定安装在主动轴上。发动机工作时，通过传动齿轮与曲轴正时齿轮啮合驱动机油泵工作。限压阀安装在机油泵出油口处，限压阀主要由阀体、球阀、弹簧和弹簧座组成，开口销用来固定弹簧座的位置。

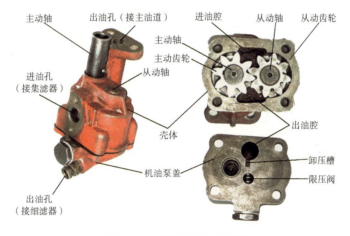

图 8-2-1 外啮合齿轮式机油泵

2）工作原理

外啮合齿轮式机油泵的工作原理如图 8-2-2 所示。发动机工作时，机油泵齿轮按图中箭头所示方向旋转，进油腔的容积因齿轮向脱离啮合的方向转动而增大，进油腔内产生一定的真空度，润滑油便从进油口被吸入进油腔。随齿轮旋转，轮齿间的润滑油被带到出油腔。由于出油腔内齿轮进入啮合状态使其容积减小，油压升高，润滑油便经出油口被压送到润滑油道中。发动机工作时，机油泵不断工作，保证润滑油在润滑系统中不断循环。

为保证齿轮转动的连续性，当前一对轮齿还未脱离啮合时，后一对轮齿已进入啮合，这样在两对啮合轮齿之间的润滑油会因轮齿逐渐啮合而被挤压，产生很高的压力，不仅会增加齿轮转动的阻力，而且此压力通过齿轮作用在主动轴和从动轴上，加剧齿轮和轴的磨损。为此，通常在泵盖上加工有卸压槽，使啮合轮齿间的润滑油流回出油腔。

外啮合齿轮式机油泵具有泵油效率高、功率损失小、结构简单、工作可靠等优点，但需要中间传动机构，制造成本较高。

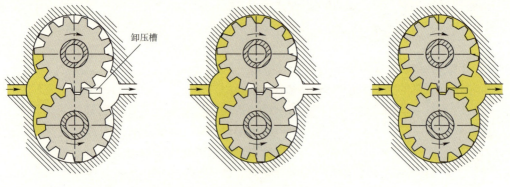

图 8-2-2　外啮合齿轮式机油泵的工作原理

☞ **2.1.2　内啮合齿轮式机油泵**

1）组成与结构

有些发动机上采用了内啮合齿轮式机油泵，其结构如图 8-2-3 所示。机油泵的机体内腔装有内齿圈，小齿轮的中心线与内齿圈的中心线不重合，啮合后留形成一个牙形空腔，在该空腔内安装一个月牙形块，将内、外齿分开。小齿轮为主动齿轮。

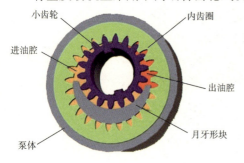

图 8-2-3　内啮合齿轮式机油泵

2）工作原理

工作时，机油从进油口吸入两齿轮轮齿之间，小齿轮各齿之间带入的机油被推向出油口，并随着内、外齿间啮合间隙的逐渐减小，使润滑油加压流入油道。若出油口处机油压力超出正常范围，限压阀开启，部分机油经此阀门进入油底壳，以减小机油泵出油压力。

内啮合齿轮式机油泵具有制造成本低（无需中间传动机构，所需的零件数量少）、占用空间小等优点，但由于内、外齿轮间有一处无用的空间，使机油泵的泵油效率降低。

2.2　转子式机油泵

☞ **2.2.1　组成与结构**

转子式机油泵的结构如图 8-2-4 所示，主要由泵壳、泵盖、内转子、外转子、转子轴、机油泵链轮、限压阀等零件组成。内转子固定在机油泵转子轴上，其外端装有机油泵链轮。外转子自由地安装在泵壳内，并与内转子啮合传动，泵壳上设有进油孔和出油孔。内、外转子之间有一定的偏心距。一般内转子有 4 个或 4 个以上的凸齿数，外转子的凹齿数比内转子的凸齿数多一个。机油泵用螺栓安装在曲轴箱内，由中间轴通过传动链驱动。

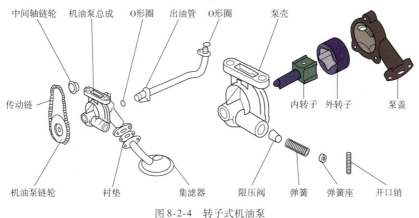

图 8-2-4 转子式机油泵

2.2.2 工作原理

转子式机油泵的工作原理如图 8-2-5 所示。当机油泵工作时，转子轴带动内转子旋转，同时带动外转子朝同一方向转动。无论转子转到任何角度，内转子与外转子每个齿的齿形轮廓线上总有接触点，内、外转子间的接触点将外转子的内腔分成 4 个工作腔。由于内转子与外转子的齿数不同，且存在一定的偏心距，所以在机油泵工作时，4 个工作腔的位置和大小都不断变化。当某一工作腔转过进油口时，容积增大，产生真空，润滑油经进油孔被吸入工作腔内。当该工作腔转过出油口时，容积减小，油压升高，润滑油经出油口被压出。

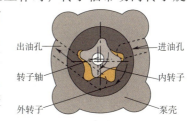

图 8-2-5 转子式机油泵的工作原理

转子式机油泵具有结构紧凑、供油量大而且油压均匀、工作噪声小、吸油真空度高等优点。所以当机油泵安装在曲轴箱以外或安装位置较高时，采用转子式机油泵比较合适。但内、外转子啮合表面的滑动阻力比齿轮泵大，功率消耗较大。

3. 任务实施

3.1 机油泵的检修

3.1.1 齿轮泵的检修

齿轮式机油泵在使用中，主动齿轮与从动齿轮、轴与轴孔、齿轮顶与泵壳、齿轮端面与泵盖均会产生磨损，造成机油泵供油量减少和供油压力降低等。

（1）齿轮与泵壳径向间隙的检查。拆下泵盖，在齿轮上选一与啮合齿相对的轮齿，用厚薄规测量齿顶与泵壳间的间隙，如图 8-2-6 所示。然后转动齿轮，用相同的方法测量其他轮齿与泵壳间的间隙，若径向间隙超过允许极限值，应更换机油泵总成。

（2）齿轮端面间隙的检查。用千分尺检查齿轮端面与壳体平面之间的间隙，如图 8-2-7 所示。所测值加上泵盖垫片厚度即为齿轮端面与壳体平面之间的间隙，该间隙值应符合规定值。如不符合，可通过增减垫片厚度的方法来调整。

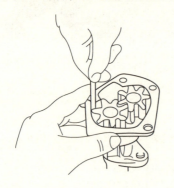

图 8-2-6　齿轮与泵壳径向间隙的检查

图 8-2-7　齿轮端面间隙的检查

（3）检查齿轮啮合间隙。拆下泵盖，用厚薄规测量主动齿轮与从动齿轮啮合一侧的齿侧间隙，如图 8-2-8 所示。若超过允许极限值，应更换机油泵总成。

（4）主动轴与轴孔配合间隙的检查。分别测量机油泵主动轴直径、泵体上主动轴孔径，并计算其配合间隙。若配合间隙超过允许极限值，应进行修复或更换新件。

（5）从动轴与衬套孔配合间隙的检查。分别测量机油泵从动轴直径及其衬套孔径，并计算其配合间隙，若配合间隙超过允许极限值，应更换衬套。

（6）机油泵限压阀的检查。限压阀常见故障是发卡而导致机油压力过高或过低，检查时，拆下限压阀，清洗阀孔和阀体，将限压阀钢球（或柱塞）装入阀孔，移动时应灵活无卡滞现象。在实验台上检查限压阀的开启压力，应符合标准。

☞ 3.1.2　转子式机油泵的检修

（1）转子轴与轴孔配合间隙的检查。分别测量机油泵转子轴直径和泵壳上的轴孔内径，并计算其配合间隙。若配合间隙超过允许极限值，应更换机油泵总成。

（2）外转子与泵盖配合间隙的检查。如图 8-2-9 所示，拆下泵盖，用厚薄规测量外转子与泵壳之间的间隙，若超过允许极限值，应更换机油泵总成。

图 8-2-8　齿轮啮合间隙的检查

图 8-2-9　外转子与泵盖间隙的检查

（3）内转子与外转子啮合间隙的检查。如图 8-2-10 所示，拆下泵盖，用厚薄规测量内转子与外转子啮合间隙，若超过允许极限值，应更换机油泵总成。

（4）转子端面与泵盖轴向间隙的检查。如图 8-2-11 所示，拆下泵盖，用厚薄规和直尺测量转子端面与泵盖轴向间隙，若超过允许极限值，应更换机油泵总成。

 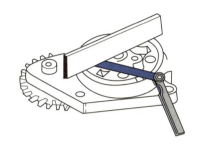

图 8-2-10　内外转子啮合间隙的检查　　　　图 8-2-11　转子端面与泵盖

☞ 3.1.3　机油泵的装配与调试

机油泵装配时，应边安装边复查各部位配合间隙，尤其是要复查机油泵齿轮或转子端面与泵盖的轴向间隙，此间隙过大，机油泵工作时，润滑油会从此间隙漏出，使供油压力降低。

机油泵装配后应进行调试。简便的方法是：将进油口浸入清洁的润滑油内，用手转动机油泵轴，润滑油会从出油口流出来，用拇指堵住出油口，会有压力感，且泵轴转动困难。如条件允许，最好在试验台上对机油泵的泵油量和泵油压力进行测试。

装配时要注意，涂密封胶 30min 后再加注机油。

3.2　准备工作

阅读维修手册，列出更换机油泵所需工具及设备，制订更换方案，领取备品。

3.3　操作流程

（1）将车停放在工位上，并熄火。
（2）装上三件套。
（3）用举升机将车辆支撑稳固。
（4）放尽润滑油。
（5）拆卸油底壳。
（6）拆卸机油泵。
（7）装复过程与拆卸过程相反。

3.4　操作提示

（1）注意废弃物处理规定。
（2）注意密封胶的有效期。
（3）必须在敷涂密封胶 5min 内安装油底壳。
（4）密封胶不应敷涂得太厚，否则，多余的密封胶会进入油底壳堵塞滤网。
（5）安装油底壳后，必须等密封胶干燥之后（大约需要 30min）才可注入机油。

参 考 文 献

[1] 陈文华. 汽车发动机构造与维修 [M]. 北京：人民交通出版社，2001.
[2] 汤定国. 汽车发动机构造与维修 [M]. 2版. 北京：人民交通出版社，2011.
[3] 解福泉. 汽车典型电控系统构造与维修 [M]. 2版. 北京：人民交通出版社，2011.
[4] 阙广武. 汽车发动机新技术入门 [M]. 北京：中国电力出版社，2009.
[5] 李百华. 汽车发动机电控技术 [M]. 北京：人民邮电出版社，2009.
[6] 安宗权. 汽车发动机电控系统维修 [M]. 北京：人民邮电出版社，2009.
[7] 陈新亚. 画解宝马 [M]. 北京：机械工业出版社，2011.